H 行业战略·管理·运营书系

本书得到了陕西省自然科学基金项目（2014JM9362）、陕西省社会科学基金项目（13D302）、陕西省教育厅科学研究计划项目（12JK0069）、西安科技大学哲学社会科学繁荣计划项目（2013SZ02）等资助。

陕西煤炭业可持续发展研究

■ 袁显平 著

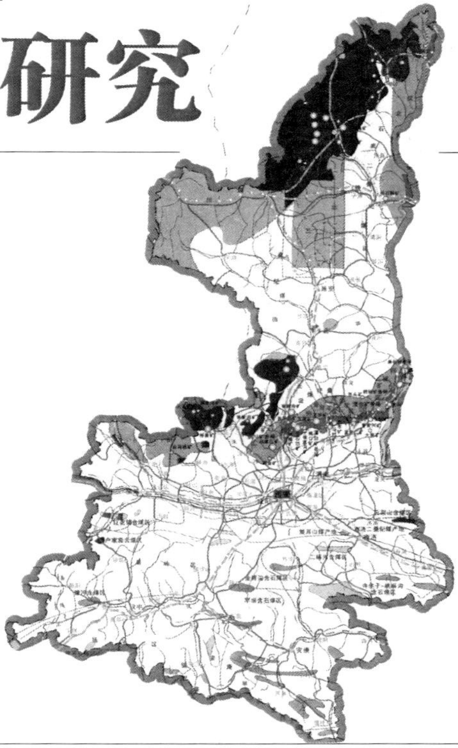

知识产权出版社
全国百佳图书出版单位

图书在版编目（CIP）数据

陕西煤炭业可持续发展研究/袁显平著. —北京：知识产权出版社，2015. 8
ISBN 978－7－5130－3736－5

Ⅰ. ①陕… Ⅱ. ①袁… Ⅲ. ①煤炭工业—可持续性发展—研究—陕西省
Ⅳ. ①F426. 21

中国版本图书馆 CIP 数据核字（2015）第 205606 号

内容提要

陕西煤炭资源丰富，但生态环境脆弱。在国家强化生态文明建设和煤炭市场持续低迷的大背景下，陕西煤炭业需要持续优化煤炭资源开发模式，加快现代化矿井建设步伐，重视科技投入以实现创新驱动发展，强调本质安全，坚持安全、绿色、高效地开发利用煤炭资源，节能降耗，生态发展，真正走上可持续发展道路，才能持续提升核心竞争力，在激烈市场竞争中立于不败之地。

本书适合关注煤炭业可持续发展相关主题的各类人员阅读、参考。

责任编辑： 荆成恭　　**责任校对：** 董志英
封面设计： 刘　伟　何睿烨　　**责任出版：** 孙婷婷

陕西煤炭业可持续发展研究

袁显平　著

出版发行： 知识产权出版社有限责任公司　　**网　　址：** http://www.ipph.cn
社　　址： 北京市海淀区马甸南村 1 号　　**天猫旗舰店：** http://zscqcbs.tmall.com
责编电话： 010－82000860 转 8341　　**责编邮箱：** jcggxj219@163.com
发行电话： 010－82000860 转 8101/8102　　**发行传真：** 010－82000893/82005070/82000270
印　　刷： 北京中献拓方科技发展有限公司　　**经　　销：** 各大网上书店、新华书店及相关专业书店
开　　本： 720mm×1000mm　1/16　　**印　　张：** 13
版　　次： 2015 年 8 月第 1 版　　**印　　次：** 2015 年 8 月第 1 次印刷
字　　数： 210 千字　　**定　　价：** 58.00 元
ISBN 978－7－5130－3736－5

前　言

十八大报告将生态文明建设放在与经济、政治、文化和社会建设同等重要的地位，这为我国煤炭资源开发与利用，指明了发展方向。换言之，我国能源发展要坚持“节约、清洁、安全”的战略方针，加快构建清洁、高效、安全、可持续的现代能源体系，大力推进煤炭清洁高效开发利用，控制煤炭消费总量、降低煤炭消费比重，才能“适应新常态、引领新常态”。陕西煤炭资源丰富，开发潜力大，然而生态环境脆弱，实现安全、节约与清洁发展任务艰巨。面对国家提出的能源行业发展战略方针和当前低迷的市场环境，陕西唯有进一步优化煤炭资源开发模式，持续推进煤炭生产与消费革命，节能降耗，生态发展，才能使陕西煤炭业真正转向可持续发展轨道，才能持续提升核心竞争力，在激烈竞争的市场中立于不败之地。

本书综合运用了煤矿开采学、企业管理学、产业经济学、可持续发展等相关理论，采用系统分析法、比较分析法、综合评价法、调查法、实例法、描述统计等理论与实证相结合的方法，在全面梳理和评述了国内外研究现状的基础上，系统地分析了陕西煤炭资源分布与矿井建设条件，回顾和分析了陕西煤炭业及煤炭资源开发模式，盘点了我国煤炭业和陕西煤炭业在“黄金十年”所取得的成绩，构建了煤炭资源开发模式综合评价指标体系，并对陕西煤炭资源开发模式进行综合评价；随后，设计了陕西现代化矿井的评价体系，提出了评价标准，探讨了陕西现代化矿井建设模式；继而，实证分析了煤炭企业研发投入与经营绩效的关系，回顾并分析了陕西煤炭业科技创新情况，论证了科技创新对陕西煤炭业可持续发展的重要意义，并提出了政策建议；最后，回顾和分析了我国煤矿安全生产情况，具体分析了陕西煤矿安全生产情况，论证了强化安全生产对陕西煤炭业可持续发展的重要意义。主要研究工作及结论有以下五个方面。

（1）应用描述统计和比较分析法，对陕西煤炭业发展历程及地位、我国煤炭业和陕西煤炭业在“黄金十年”取得的成绩、陕西煤炭开发模式演变及现状进行了系统的梳理和分析。研究发现：陕西煤炭业取得了巨大发展，规模以上企业生产总值已占全省的10%以上，原煤产量自2009年起一直稳居全国第3位，即陕西煤炭业在陕西国民经济中和全国煤炭开采领域已占据了重要地位。在2003—2012年的“黄金十年”里，我国煤炭业和陕西煤炭业均得到了快速发展，取得了优异成绩。自新中国成立以来，陕西煤炭开发模式日趋完善，生产布局得到较大改善，生产结构得到较大优化，大中型煤矿产量已占到全省总量的93.2%，全省煤矿机械化采煤程度已达到90%以上；多元化经营、产业融合取得较大发展，“三个转化”（煤向电转化、煤电向载能工业品转化、煤气油盐向化工品转化）成绩斐然。

（2）基于对国家能源政策、煤炭行业发展背景以及神华集团公司先进煤炭资源开发模式的分析，提出了煤炭资源开发模式综合评价指标体系设计的指导思想、评价指标选择的原则，并进一步完善评价指标选择依据，构建了煤炭资源开发模式综合评价指标体系。综合评价指标体系一级指标包括六大要素，即产业布局与结构、开采现代化程度与效率、生态与环境保护、产业融合发展、安全生产，以及社会与经济效益，综合评价指标体系还包含19个二级指标和18个三级辅助指标。通过问卷调查方法，确定了6个一级指标（六大要素）和19个二级指标的权重。基于所构建的煤炭资源开发模式综合评价指标体系，从六个方面综合评价了陕西煤炭资源开发模式，并发现相对兄弟省区，陕西在煤炭资源开发六大方面多数表现良好，但在生态与环境保护方面还有待加强。

（3）从生产与营运效果、生产与营运保障两个维度，研究并提出了现代化矿井的评价指标与标准，构建了陕西现代化矿井的评价指标与标准体系，探讨了陕西现代化矿井的建设模式。研究认为：①在对陕西现代化矿井实施评价时，要考虑矿井的自然环境、资源赋存、开采条件等客观因素，以及矿井生产与保障系统和矿井生产与营运效果。②对陕西现代化矿井的评价，应基于“生产与营运效果”“生产与营运保障”两个层面进行。③描述分析了我国大型煤炭基地现代化矿井（安全高效矿井）的建设情况，给出了其建设成绩及发展方向。从建设规模、开采工艺、安全设施、信息化建设，以及管理体系建设与环保等层面，对陕西现代化矿井的建设提出了建设性意见和建议。④由于资源赋存、自然环境、开采条件等方面存在的或多或少的差异，陕西各基地现代化矿井建设不能搞一刀切和采用同一种模式。

（4）全面梳理回顾了我国煤炭业及陕西煤炭业近10年来科技投入与产出情况，实证研究了研发投入与煤矿企业经营绩效的关系。研究发现：①近年来我国煤炭业日益重视科技投入，然而与其他行业相比，我国煤炭业拥有专门研发机构的煤炭企业较少，开展研发活动的煤炭企业不多，新产品收入占主营收入比例还远低于全国平均水平。②基于2003—2013年的时间序列数据，运用广义的C－D生产函数进行分析表明，研发投入对我国大中型煤炭企业经营绩效具有显著的正向作用，去除控制变量后正向作用更为显著。基于2006—2012年我国100强煤炭企业截面数据的实证结果，进一步证实了研发投入对煤炭企业经营绩效具有显著的正向作用。同时实证检验并分析了作为控制变量的资本投入和劳动投入对煤炭企业经营绩效的作用关系。③陕西省煤炭开采与洗选业近年来较为重视科技投入，在数量和百分占比上，2013年绝大多数指标均较前两年有更好表现。然而，虽然陕西煤炭业在陕西省国民经济与社会发展中占有重要地位，但其煤炭企业在科技投入与产出中的表现，远远逊色于其“规模以上企业数量、工业总产值、从业人员平均数”等指标在全省总量中的百分占比。因此，从全省平均来看，陕西煤炭业科技投入与产出还有较大的提升空间。

（5）全面梳理回顾了我国及陕西省煤矿事故发生情况，并分析了总体特征与具体特征及演变趋势。研究发现：①总体上，在全球煤炭大国中，我国是煤矿事故爆发最为频繁、死亡率最高的国家。具体而言，我国煤矿事故呈现地域、时间、煤矿类型、事故类型、伤亡等级等分布特征。演变趋势上，近年来我国煤矿安全形势有所好转，事故发生次数与致死亡人数均迅速下降，但与国际先进水平相比，总量依然很大，煤炭业仍然属于“高危”行业。

②总体上，与我国煤矿事故高发省区相比，陕西煤矿安全生产情况较好，尤其是2000年以后，陕西煤矿百万吨死亡率低于全国平均水平，远低于事故多发的兄弟省区。全国50个煤矿安全重点县中仅有一个来自陕西，即陕西渭南的韩城市。具体特征上，陕西煤矿事故也存在地域、时间、煤矿类型、事故类型、伤亡等级等分布特征，个别具体特征与全国不完全类似，如陕西煤矿水害事故相对较少。研究认为，我国目前煤矿事故仍然频发、死亡人数众多，关注煤炭业安全生产意义重大。陕西煤炭业近十年来安全生产形势总体向好，但近两年有反弹趋势，因此强化安全生产，减少甚至杜绝煤矿事故，仍然是陕西煤炭业不容忽视的重大任务。

目　录

第一章 概 论

第一节 研究背景分析

在我国，“文明”一词最早出现于《易经》，即“见龙在田，天下文明”。在现代汉语中，文明是指一种社会进步状态，与“野蛮”对立。英文中的文明（Civilization）一词源于拉丁文“Civis”，引申意义为“一种先进的社会和文化发展状态，以及到达这一状态的过程”。“生态”（Eco-）一词源于古希腊语，指家（House）或者我们的环境。简单地说，生态就是指一切生物的生存状态，以及它们之间及它们与环境之间环环相扣的关系。生态文明是由生态和文明两个概念组合构成，是人类为保护和建设美好生态环境而取得的物质成果、精神成果和制度成果的总和，是贯穿于经济建设、政治建设、文化建设、社会建设全过程和各方面的系统工程，反映了一个社会的文明进步状态[1]。

十八大报告将生态文明建设放在与经济、政治、文化和社会建设同等重要的地位。2015 年 4 月，中共中央与国务院共同发布了《关于加快推进生态文明建设的意见》（以下简称《意见》）[1]。《意见》认为“生态文明建设是中国特色社会主义事业的重要内容，关系人民福祉，关乎民族未来，事关‘两个一百年’奋斗目标和中华民族伟大复兴中国梦的实现”“推进生态文明建设是加快转变经济发展方式、提高发展质量和效益的内在要求，是坚持以人为本、促进社会和谐的必然选择，是全面建成小康社会、实现中华民族伟大复兴中国梦的时代抉择，是积极应对气候变化、维护全球生态安全的重大举措”。《意见》要求以健全生态文明制度体系为重点，优化国土空间开发格局，全面促进资源节约利用，加大自然生态系统和环境保护力度，大力推进绿色发展、循环发展、低碳发展[1]。这为我国煤炭资源的开发与利用，指明了发展方向。

可持续发展（Sustainable Development）概念最先于1972年在斯德哥尔摩举行的联合国人类环境研讨会上得到正式讨论，1980年由世界自然保护联盟（IUCN）、联合国环境规划署（UNEP）、野生动物基金会（WWF）共同发表的《世界自然保护大纲》，明确提出了可持续发展这一概念[2]。1987年世界环境与发展委员会（WCED）发表了报告《我们共同的未来》[3]，这份报告正式使用了可持续发展概念，并对该概念进行了定义，即“既满足当代人的需要，又不对后代人满足其需要的能力构成危害的发展”。这一定义得到广泛的接受，并在1992年联合国环境与发展大会上取得共识。1994年我国政府编制了《中国21世纪人口、环境与发展白皮书》，首次把可持续发展战略纳入我国经济和社会发展的长远规划[4]。1997年的中共“十五大”把可持续发展战略确定为我国“现代化建设中必须实施”的战略。2012年6月中国政府对外正式发布了《中华人民共和国可持续发展国家报告》（以下简称《报告》）[5]，《报告》客观分析了中国在可持续发展方面面临的挑战和存在的压力，明确提出了我国进一步推进可持续发展的总体思路，围绕可持续发展的三大支柱（经济发展、社会进步、生态环境保护），详尽阐述了在可持续发展各个领域所做的工作和取得的进展，等等。

我国“富煤、贫油、少气”的能源格局，决定了煤炭是支撑我国经济和社会发展的第一大主体能源，煤炭在我国一次能源消费中长期占70%上下。传统的煤炭资源开发与利用方式，造成了资源的严重浪费，也严重地破坏了生态环境。传统的煤炭开采与利用方式已对土地资源造成了破坏、对水资源造成了破坏和污染，产生的煤矸石也会引起自然及环境污染，排放的甲烷污染大气并产生温室效应，传统燃煤方式已产生了较严重的大气污染，等等[6]。近些年来，我国煤炭业在可持续发展方面做出了相应贡献，《中华人民共和国可持续发展国家报告》对此进行了总结，即“努力加大煤炭洗选加工比例，减少煤炭运输和直接燃烧利用。鼓励利用中煤、泥煤和煤矸石发电。积极推进整体煤气化联合循环、超临界大型循环流化床、超临界发电机组等清洁发电示范工程建设，提高煤炭清洁发电比例。鼓励开发可工程化应用的催化剂系列产品，在世界上率先实现了煤炭直接液化项目的商业运行”[6]。然而，当前我国能源资源约束正日益加剧，生态环境问题依然突出，调整结构、提高能效和保障能源安全的压力进一步加大，能源发展面临一系列新问题和新挑战。因此，在强调生态文明建设，以及经济新常态背景下，继续深化煤炭工业可持续发展战略，是我国未来发展的自身需要和必然选择。

“十二五”规划中，我国煤炭资源开发总体布局是“控制东部、稳定中部、发展西部”[7]。陕西省煤炭资源丰富，是我国能源大省之一。从2009年起，陕西省原煤产量仅低于内蒙古自治区和山西省，一直稳居全国第三位。然而，陕西省主要煤炭产区生态环境脆弱，实现安全、节约与清洁发展任务艰巨，煤炭业可持续发展相关问题有待进一步深入研究。为此，本书将着力探讨陕西煤炭资源的开发模式，并对现有开发模式给予系统全面评价，揭示其优势与短板；探索性研究陕西现代化矿井评价体系与建设模式，探讨煤炭业研发投入及其绩效，以及陕西煤炭业的安全生产情况，以推动陕西煤炭资源生产革命，促进煤炭安全、绿色与高效开发，最终走上可持续发展轨道。

第二节 相关研究综述

一、煤炭业可持续发展相关研究

国际上，有关煤炭业发展方面的研究成果涉及美国、印度、澳大利亚、印度尼西亚、俄罗斯、南非与波兰等主要采煤国家。美国能源信息署（EIA）在《2012年能源展望》中揭示，归因于较低的天然气价格、煤炭价格的上升、电力需求增长乏力、新能源供应的增长，以及对温室气体减排的要求，美国近四年来煤炭产量不升反降（2011年约9.928亿t）；但是，2015年以后随着电力需求的增长及天然气价格的上涨，美国煤炭产量将会每年上升1个百分点，直至2035年[8]。而Mikael与Kjell（2009）的研究认为，21世纪美国煤炭产量最大值有望达到25亿t/年[9]。Bhattacharyya（2010）、COSTA等人（2004）、Stephan Schmidt（2011）等的研究结果表明，尽管受温室气体排放的影响，但基于煤液化（CTL）及地下煤气化（UCG）等减排技术，印度、澳大利亚、南非等主要采煤大国的煤炭业仍然具有较为乐观的前景[10-12]。Minchener与McMullan（2007）、Kavouridis与Koukouzas（2008）的研究认为，世界煤炭消费正在递增并在2030年可能达到峰值45亿t油当量。为确保欧盟煤炭利用的可持续发展，碳捕捉和封存技术已被视为保证减少温室气体排放的重要技术[13,14]。可见，由于温室气体限排，国外主要采煤大国煤炭业发展已受到了一定影响，但随着碳捕捉、碳运输和碳封存技术的成熟和运用，煤炭业的发展前景依然乐观。

比较而言，国内学界对煤炭业发展的相关研究则相对滞后，但成果丰硕。设定检索期间为1949年1月1日至2015年6月30日，检索中国知网（CNKI）总库平台，结果发现篇名含“可持续发展”与“能源”的文献达1691篇（见表1－1），其中期刊论文共计1034篇（核心期刊及以上论文225篇），其次为报纸文章504篇，重要会议论文86篇，博硕士论文66篇，学术辑刊i篇。篇名含“可持续发展”与“煤”的文献达297篇（见表1－1），其中期刊论文共计133篇（核心期刊及以上论文34篇），其次为报纸文章130篇，博硕士论文17篇，重要会议论文14篇，学术辑刊3篇。

表1－1　煤矿事故相关文献统计

检索词	总库（篇）	期刊论文（核心期刊及以上）（篇）	博硕士论文（篇）	重要会议论文（篇）	报纸文章（篇）	学术辑刊（篇）
可持续发展及能源	1691	1034（225）	66	86	504	1
可持续发展及煤	297	133（34）	17	14	130	3
合计	1988	1167（259）	83	100	634	4

注：核心期刊及以上论文包括SCI，EI，CSSCI源期刊及中文核心期刊论文。

时间分布上，篇名中含“可持续发展”与“能源”的论文最早发表于1995年（谢克昌，1995）[15]，而篇名中含“可持续发展”与“煤”的学术论文最早发表于1997年（尹守仁，1997）[16]。表1－2统计了这两类篇名核心及以上期刊论文的发表时间，从表中数据可以看出，绝大多数文献发表于2000年以后。这些文献主要探讨可持续发展战略、发展路径、评价体系与模型等方面问题。

表 1-2 核心期刊及以上论文发表时间统计

检索词	总数（篇）	1999 年及以前（篇）	2000—2009 年（篇）	2010 年以后（篇）
可持续发展及能源	234	24	139	71
可持续发展及煤	34	5	16	13

有关我国能源工业可持续发展研究方面，周德群和汤建影（2001）探讨了能源工业可持续发展的内涵，认为其具体含义包括能源利用的可持续、环境可持续、经济可持续以及人口与社会可持续。设计了能源工业可持续发展的测度指标体系并进行了测度。结果显示，自 1985 年以来，我国能源工业发展水平与协调水平总体呈上升趋势，协调程度明显提高[17]。国家发改委能源研究所课题组（2003）研究认为开发利用西部地区的能源资源，必须走可持续发展的道路，实施可持续发展的能源战略。并认为其核心是把西部地区的经济发展、生态环境保护、满足西部地区的能源需求以及为中东部地区提供能源供应四者统一起来[18]。苗韧、周伏秋等（2013）基于我国能源系统特点，综合考虑经济社会、资源环境、技术进步、政策影响等因素，提出了针对能源可持续发展的情景分析和量化评价方法，其中量化评价模块含四层，即总体层（中国能源可持续发展指数）、系统层（安全、高效、经济、清洁、低碳与公平）、专题层（23 个指标）、要素层（132 个指标）。并对 2000—2020 年中国能源可持续发展的历程和趋势进行了评价，结果显示，2000—2010 年间中国能源可持续发展水平总体呈下降趋势。2010—2020 年是我国能源可持续发展的关键期，如不采取适当的发展战略，可能朝着不可持续的方向偏离；反之，能源可持续发展程度有望改善[19]。

有关我国煤炭业可持续发展研究方面，魏同等人（1997）[6]、张玉祥（1998）[20]、李龙清（2006）[21]等人分别建立了煤炭业可持续协调发展模型。其中，魏同和潘惠正等学者（1997）界定了煤炭业可持续发展的概念，并提出了由“煤炭业可持续发展、煤炭经济发展水平、社会发展水平、环境容量、资源承载程度、综合开发、洁净煤技术、清洁开采技术、环保措施、资源管理、团体及公众参与”等 11 个要素所构成的煤炭业可持续发展结构模型。构思了煤炭工业可持续发展系统工程框架，介绍了可持续发展系统评价体系和评价的方法步骤，并基于国有重点煤矿资料，测算了当时可持续发展程度

(综合评价值为0.422，属传统发展)[6]。李克健和史士东（2001）研究认为，用资源丰富的煤炭通过直接液化的方法来生产液体燃料，是实现中国能源可持续发展的一项可行有效的技术途径[22]。倪维斗和陈贞（2010）、赵剑峰（2011）等人的研究认为，通过煤炭的清洁转化，将高碳能源转换为低碳能源，实现能源、经济、环境协调发展，将是21世纪我国能源发展的重要方向[23,24]。

有关陕西煤炭业可持续发展方面，冯勤科（2008）探索性地研究了陕北新型煤化工可持续发展思路，研究认为针对陕北具体地域特点，各种资源的开发利用要统筹考虑区域发展、经济社会发展、人与自然和谐发展，最终要实现经济、资源、环境的协调发展和可持续发展[25]。宋敏等人（2009）基于AHP方法对陕西能源产业可持续发展进行了评估，结果发现，陕西能源产业正朝着良好的方向发展，但其可持续发展状况仍有待提高[26]。王喜莲（2010）研究发现，2001—2008年间，陕西煤炭业可持续发展EERS各子系统的发展水平不断提高，可持续发展综合水平呈上升趋势，工业发展过程是非持续性的，EERS各子系统基本协调[27]。袁晓玲等人（2013）研究发现，陕西省八大工业主导产业中规模占比最大的能源化工业与装备制造业的效率最低，是制约陕西转变经济发展方式的症结之一[28]。

综上所述，国内有关学者对我国煤炭业可持续发展相关问题进行了大量研究，所形成的研究成果进一步丰富了相关理论内容，为中央及地方政府有关煤炭业发展的政策制定，提供了直接或间接的参考与借鉴。然而，在国际上追求低碳、绿色与生态发展理念的当前，国内有关学者的相关研究则稍显滞后。同时，聚焦于区域煤炭业可持续发展战略的相关研究略显不足。

二、煤炭资源开发模式相关研究

在煤炭资源开发模式方面，张东升等（2000）[29]探讨了高产高效矿井开采模式；刘海滨与王立杰（2004）[30]研究了煤炭资源综合开发布局与模式；杨宏林、田立新等（2007）[31]构建了西部能源开采模型，探究了能源最优开采模式和开采量。秦增刚（2008）[32]介绍了内蒙古煤炭资源节约与综合开发模式。刘海滨与郭正权（2010）[33]论证了实施高效、低污染燃煤发电技术、发展新型煤化工、实施碳捕捉技术等的必要性。潘克西等人（2002）[34]的研究发现，我国煤炭产业市场集中度仍然偏低，加强整合实现规模经济优势意义重大。耿海清等（2010）[35]探讨了煤炭资源富集区煤炭资源开发模式，认为强化综合性区域开发规划意义重大。常明亮（2011）[36]探讨了非煤企业煤炭资源开发模式。郭威（2012）[37]研究了以矸换煤绿色开发模式。张俊威（2008）[38]与晋香兰（2012）[39]研究了采煤采气一体化与协调开发模式。

在煤炭资源开发相关评价方面，张万红与陈振斌（2007）[40]基于层次分析法构建了和谐矿区评价指标体系；杨伟宁（2008）[41]参考环保部制定的煤炭采选业清洁生产标准，建立了煤炭企业清洁生产评价指标体系；刘传宏（2004）[42]基于企业技术能力、市场控制力等构建了煤炭企业核心竞争力评价指标体系；陈佳贵、黄群慧等（2009）[43]建立了用于测度我国整个煤炭工业现代化水平的评价指标体系；王晓宇等（2009）[44]研究并建立了绿色开采评价指标体系。环保部组织制定了涉及“国际先进水平、国内先进水平与国内基本水平”三级清洁生产标准的煤炭采选业清洁生产标准体系。原煤炭工业部和中国煤炭工业协会出台并多次修订了“安全高效矿井评审办法”，直接用于评选安全高效矿井。张金锁等（2014）[45]构建了煤炭资源安全绿色高效评价指标体系，并基于模糊隶属度函数评价方法，对陕西省陕北、渭北、黄陇3个煤炭矿区煤炭资源安全绿色高效开发水平进行了综合评价。

综上，国内有关煤炭资源开发的研究成果，受篇幅所限，或是单纯的理论研究，或仅局限于煤炭资源开发的某一侧面，没能基于生态、安全、社会与经济效益等整体视角，全面深入地探究煤炭资源的科学开发模式。在评价模型方面，已有研究成果着眼于和谐矿区、清洁生产、核心竞争力、产业现代化水平或安全高效矿井等方面的评价（审），无法直接用于评价煤炭资源不同开发模式的优劣。换言之，在我国煤炭资源现有开发模式全面盘点与比较研究，以及现有开发模式生态文明效益、社会与经济效益等的实证研究方面，我国学界还鲜有涉足。

三、现代化矿井评价相关研究

国内学术界也较为关注现代矿井建设相关问题的研究，笔者以“现代化矿井”为索引词，在“CNKI 中国期刊全文数据库”中对1986—2015年的“篇名”进行搜索，结果共得到224篇研究论文。这些论文大多侧重于对现代化矿井建设的介绍，仅有少数文献涉足现代化矿井标准相关内容。陈佳贵、黄群慧等（2009）[43]从“运行效率、技术先进性、产业组织水平”三个方面，建立了用于测度我国煤炭工业现代化水平的评价指标体系，体系中包括“原煤工效、人均年产量、采煤机械化程度、百万吨死亡率❶倒数、REP、矿井平均产量、CR8、煤炭洗选率、煤炭回收率、矿渣综合利用率”十项基本指标。但正如前文所述，鉴于煤炭属于能源资源行业的特性，为不可再生资源，能否将国际化指标出口绩效相对指数 REP 置于评价指标体系之中，并给以 15% 的权重，值得商榷。

综上所述，从 1986 年煤炭工业部发布的“现代化矿井标准”到 2008 年环境保护部发布的《中华人民共和国国家环境保护标准——清洁生产标准（煤炭采选业）》[46] 及 2009 年中国煤炭工业协会发布的《关于加快推进大型现代化煤矿建设的指导意见（征求意见稿）》[47] 中“现代化”矿井建设标准及其演变来看，现代化矿井标准经历与时俱进、不断推陈出新的过程；现代化矿井准入门槛越来越高，目前不仅要求高产、高效，而且要求高安全、高环保和可持续发展。

四、煤炭企业研发投入相关研究

国内外不少研究成果已证实，研发投入对经营绩效具有显著正向作用。20 世纪 30 年代美国著名数学家 Cobb 和经济学家 Douglas 共同用 Cobb - Douglas 生产函数（简称 C - D 生产函数）计算出某一时刻的技术进步对新增产值的贡献[48]。以 Romer（1986）和 Lucas（1986）为代表的一批新经济增长理论经济学家，提出了在技术进步条件下，资本边际效益递减规律可以避免，经济增长持续性可以保持的观点[49,50]。就研发投入对产业或企业发展而言，Griliches（1986）分析了 1957—1977 年大约 1000 家美国最大制造企业数据，分析结论表明科技投入支出对企业生产力的提高有着重要的作用[51]。David Corderi，C. - Y. Cynthia Lin（2011）基于 OECD 国家的数据，证实了煤炭、石油与核能产业的研发投入（R&D）具有显著的社会回报[52]。国内学术界对科技投入与经济增长关系的研究，主要通过回归分析、因果关系检验、协整分析和误差修正模型等方法，建立计量经济模型来分析二者相互依赖和相互作用的规律。例如，范柏乃等人（2004）[53] 基于 1953—2002 年的统计数据，实证分析了我国经济增长与科技投入之间的关系，研究发现：科技投入是经

❶ 百万吨死亡率是衡量煤矿安全生产水平的重要指标之一，即每生产 100 万吨原煤所发生事故的致死亡人数，单位为“人/百万吨”，为简便起见，后文不再跟单位，特此说明。

济增长的重要原因，但促进作用不明显，还需要进一步优化科技投入结构和提高科技资源的使用效率。殷林森等人（2007）[54]基于1996—2005年度统计数据的实证研究发现：科技投入对产业经济增长有显著作用，其中在高端制造业、服务业的投入效率更高，在产业集中的发达地区更有效率。李涛等人（2008）[55]以披露研发信息的信息业与制造业上市公司为样本，实证了科研投入与企业绩效的关系。研究发现，企业科研投入与盈利能力关系并不明显，但科研投入对企业成长能力有显著的促进作用。田中禾等（2009）[56]运用运筹学思想建立了C2GS2科技产出绩效评价模型；郭研和刘一博（2011）[57]实证了高新技术企业研发投入与研发绩效的关系，研究发现，民营中小企业的研发动力最强，且其绩效显著高于其他类型的高科技企业；张曦和赵国浩（2012）[58]应用灰色关联模型，探讨了我国大中型煤炭企业科技投入与产出的关联性。研究发现，科技投入（科技活动经费内部支出、科技人员、科研项目数、技术引进经费等）与煤炭工业产出（工业总产值）有明显的正相关关系。徐海峰（2012）[59]实证了辽宁省上市公司R&D投入与经营绩效的关系。研究发现，R&D投入与企业盈利能力显著正相关，且存在滞后效应，但与企业核心竞争力关系不明显。张晓黎和覃正（2013）[60]研究了知识基础能力、研发投入与技术创新绩效的关系，研究发现，企业的知识基础比研发资金投入对技术创新绩效的影响更大；同时，知识基础对技术创新绩效的作用受到技术探索能力和传播能力的调节。杜勇等人（2014）[61]实证研究了研发投入对高新技术企业经营绩效的影响。研究发现，高新技术企业研发投入与盈利能力之间存在明显的正相关关系，但与成长能力相关性不显著。

由于学界对煤炭业研发投入的相关研究成果还为数不多，在当前煤炭企业为摆脱困境而多方寻求出路的背景下，综合运用已有学术成果的研究方法，进一步扩张研究范围和延长研究区间，厘清我国煤炭业研发投入现状和发展趋势，并实证检验我国煤炭业研发投入与其经营绩效的关系，将有利于为政府和煤炭企业的科技创新相关决策提供证据支持，对于深化煤炭业可持续发展战略具有较高的理论和现实意义。

五、煤炭企业安全生产相关研究

中国是煤炭生产与消费大国，然而也是世界上煤矿矿难频发、死亡人数最多的国家，煤矿安全生产水平远落后于美国、澳大利亚等世界其他产煤大国。为了预防和治理矿难，减少矿难损失，国内外学术界对矿难相关问题进行了广泛的研究，研究视角涉及煤矿矿难特征及其发生规律、矿难发生原因、矿难治理对策、矿难国际比较、矿难赔偿机制、矿难的新闻监督等。

英文文献方面，检索国际著名 Elsevier SDOL 数据库中有关矿难的期刊论文，检索表达式：TITLE-mine fatality，coal accident，coal disaster，检索期间是1949 年1 月1 日至2014 年6 月30 日，共检索到51 篇学术论文。这些文献来自18 种不同期刊，但主要来自于Procedia Engineering、Safety Science、Journal of Safety Research、Procedia Earth and Planetary Science、Mining Science and Technology 等期刊或论文集（见表1 -3）。研究对象上，涉及中国、美国、印度、澳大利亚与南非等产煤大国的煤矿事故。这些文献的研究视角包括：矿难统计与比较分析，瓦斯、水害等具体事故分析，安全评价、事故预测与预防、事故原因分析及相关分析和其他分析，等等。发表时间上，研究中国煤矿矿难事故的英文文献均发表于2007 年及以后，研究美国矿难的文献则相对分散：20 世纪80 年代3 篇、20 世纪90 年代1 篇、2000 年以后4 篇，研究英国煤矿事故文献出现在20 世纪80 年代，研究澳大利亚、南非、印度煤矿事故的文献均出现在2000 年以后。

表1 -3　英文期刊矿难相关文献不完全统计

期刊名/论文集（论文数）	国别（论文数）	研究主题（论文数）	发表时间（论文数）
Procedia Engineering（14）	中国（30）	矿难统计与比较分析（12）	2011（11）
Safety Science（9）	美国（8）	具体事故分析（10）	2012（10）
Journal of Safety Research（5）	印度（2）	评价、预测与预防（9）	2009（9）
Procedia Earth and Planetary Science（4）	澳大利亚（2）	事故原因分析（7）	2013（6）
Mining Science and Technology（3）	英国（2）	相关分析（5）	1982（3）
Accident Analysis and Prevention（2）	土耳其（2）	其他（8）	2010（2）
Applied Ergonomics（2）	南非（1）		1985（2）
Journal of Loss Prevention in the Process Industries（2）	尼日利亚（1）		其他（8）
	两国及以上（3）		
其他（10）			

Peter B.，Petrissa E. 与 Stefan H.（2012）[62]比较分析了石化能源（煤炭、石油与天然气）生产链严重事故。结果发现，在经合组织（OECD）及欧盟（EU）国家中，石油生产链严重事故占主流，而非经合组织国家及中国，则是煤矿事故居多；在 24152 件事故中，约有 18665 件系人为事故，约占 77.28%。美国矿难相关文献主要探讨“事故的影响因素或致因（R. H. Peters 与 W. J. Wiehagen，1988[63]；M. Kobek 等人，2009[64]；Karen Page，2009[65]；Abay Asfaw 等人，2013[66]）、伤人事故与致死亡人数关系（Bennett，J. D. 和 Passmore，D. L. 1985[67]；Gerald S. Poplin 等人，2013[68]）、矿难演变规律（Ashis Bhattacherjee 等人，1994[69]）”。澳大利亚矿难相关文献主要研究“事故原因（Jessica M. Patterson，Scott A. Shappell，2010[70]）与特征（P. K. Chatterjee，1982[71]）”。印度矿难事故文献集中于“统计特征分析（J. Maiti 等人，2009[72]）与边坡垮落事故风险模型（J. Maiti，Vivek V. Khanzode，2009[73]）”。研究南非矿难文献则分析其演变趋势（J. P. Leger，1991[74]）。综上，涉足矿难事故的相关英文文献并不多见，在不完全统计的 51 篇文献里，多数文献是研究中国矿难的，可能的原因是在美国、澳大利亚、南非等产煤大国，安全生产水平较高，煤矿事故少，煤炭行业也不再是高危行业；而中国煤矿矿难仍然频发且死亡人数较多。

中文文献方面，设定检索期间为 1949 年 1 月 1 日至 2014 年 4 月 30 日，检索中国知网（CNKI）资源总库平台，结果发现，总库中篇名（主题）含“事故”与“煤”的文献达 823 篇（6818 篇），含“矿难”的文献共计 2624 篇（7559 篇），合计共达 3477 篇（14377 篇）。对上述文献进行分类统计，结果见表 1－4。由表 1－4 可知，报纸对我国煤矿事故关注度最高，合计 1953 篇报道；期刊论文合计 1147 篇，其中，科学引文索引（SCI）、工程索引（EI）、中文社会科学引文索引（CSSCI）和核心期刊论文共计 240 篇。最早提及煤矿事故的论文发表于 1959 年的期刊[75]，而绝大多数文献发表于 2000 年以后（见表 1－5）。这些文献主要分析事故特征与演变趋势、事故原因或致因、事故新闻报道，以及矿难赔偿等方面的问题[76]。

表 1-4 煤矿事故相关文献统计

检索词	总库（篇）	期刊论文（核心期刊及以上论文）（篇）	博硕士论文（篇）	会议论文（篇）	报纸文章（篇）	其他（篇）
事故与煤	823	326（92）	6	13	438	40
矿难	2624	821（148）	63	31	1515	194
合计	3447	1147（240）	69	44	1953	234

注：核心期刊及以上论文包括 SCI，EI，CSSCI 源期刊及中文核心期刊论文。

表 1-5 期刊论文发表时间统计

检索词	总数（篇）	2000 年以前（篇）	2000 年及以后（篇）
事故与煤	326	53	273
矿难	821	11	810

第三节 研究方法、研究内容与技术路线

一、研究方法

本书将综合运用煤矿开采学、地质学、企业管理学、组织行为学、人力资源管理学等相关理论，并采用系统分析法、比较分析法、综合评价法、实际调查法、实例法、描述统计、回归分析等理论与实证相结合的方法，深入探讨陕西煤炭业可持续发展相关主题。

二、研究内容

第一，本书在分析了研究背景、全面梳理了相关研究文献的基础上，介绍了陕西煤炭资源的分布特点，分析了陕西煤矿矿井建设条件。第二，分析了陕西煤炭业及其开发模式的发展与演变，建立了煤炭资源开发模式评价指标体系，并对陕西煤炭资源开发模式进行了评价。第三，深入探讨了现代化矿井评价指标与标准，探讨了陕西现代化矿井的建设模式。第四，探讨了陕西煤炭业科技发展情况。第五，探讨了陕西煤炭业安全生产情况。总的来看，主要研究内容有以下六个方面。

（一）陕西煤炭资源分布与矿井建设条件

介绍并分析我国煤炭资源分布特点、煤炭资源品种和品质特点，介绍并分析陕西五大煤田和陕南煤产地，从自然环境条件、资源赋存、开采条件等维度，分析陕西矿井建设条件。

（二）陕西煤炭业及其资源开发模式的发展与演变

介绍并分析陕西煤炭业发展历程，分析陕西煤炭业在陕西国民经济中的地位，以及在我国煤炭生产中的地位；总结分析我国煤炭业和陕西煤炭业在“黄金十年”中取得的成就，按1949—1990年、“八五”期间、“九五”期间、“十五”期间、“十一五”期间、“十二五”前四年，总结分析陕西煤炭开发模式的演变与现状。

（三）陕西煤炭资源开发模式综合评价

分析煤炭行业环境和煤炭资源开发模式发展趋势，为煤炭资源开发模式综合评价指标体系的提出提供依据，设计煤炭资源开发模式综合评价指标体系，对陕西煤炭资源开发模式进行综合评价。

（四）陕西现代化矿井评价与建设

分析并提出现代化矿井评价应考虑的主要因素，研究并提出陕西现代化矿井评价指标及标准，探讨陕西现代化矿井的建设模式。

（五）陕西煤炭业科技发展

对我国煤炭业研发投入状况进行分析，并与其他行业研发投入情况进行比较，实证分析煤炭企业研发投入与其经营绩效的关系，统计分析陕西煤炭业研发投入与产出情况，并提出相应政策建议。

（六）陕西煤炭业安全生产

对煤矿安全事故发生的原因进行分析，统计分析我国煤矿事故特征与演变趋势，统计分析陕西煤矿事故特征与演变趋势，就提升陕西煤炭业安全生产水平提出政策建议。

三、技术路线

本书技术路线参见图1-1。

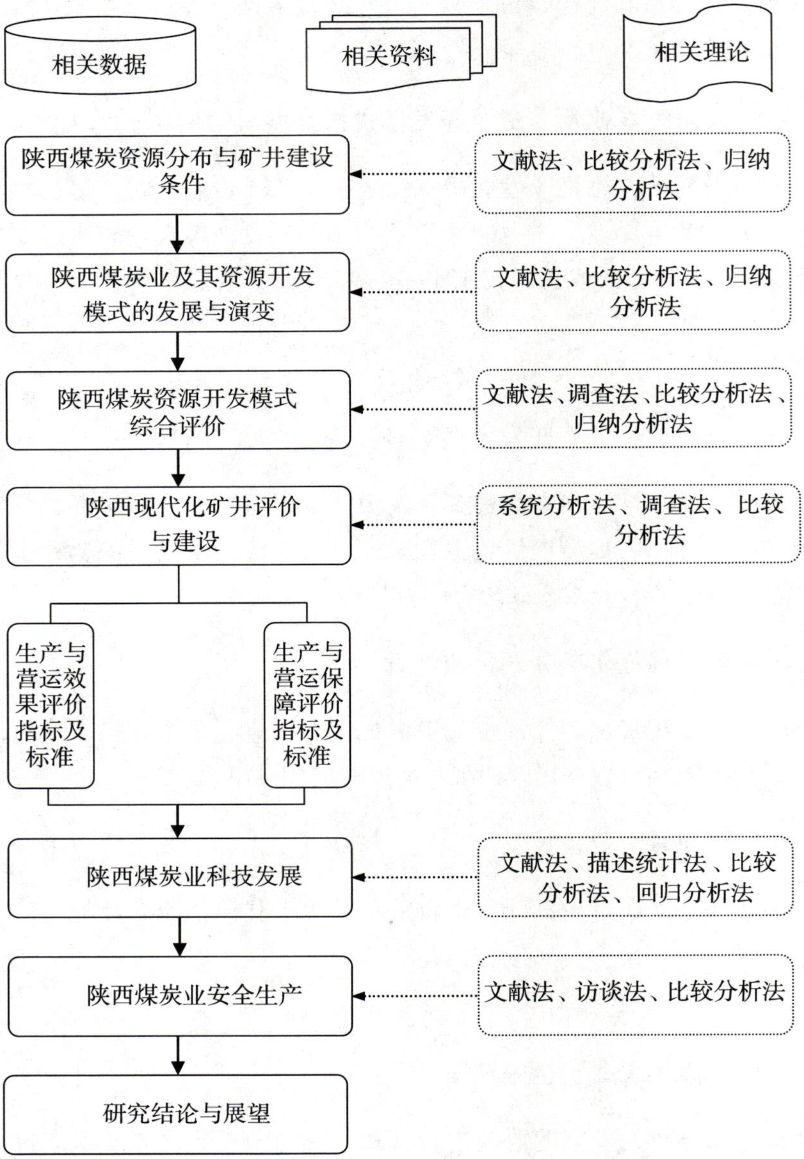

图1-1　技术路线

第二章　陕西煤炭资源分布与矿井建设条件

我国煤炭资源总量丰富，已探明储量仅次于美国和俄罗斯，在全球排名第三。但人均资源量相对较小，且地区分布不均，资源储量主要集中在华北地区和西北地区。其中晋、蒙、陕、新疆、宁五省（自治区）煤炭储量约占国内储量的75%～80%。我国煤种齐全但储量不均衡，从低变质的泥炭、褐煤到高变质的无烟煤均有储存。同时，我国煤炭资源的煤质相对较好，原煤灰分和硫分低，发热量较高，工业用途广泛。由于我国煤炭资源具有埋藏较深、地质构造复杂，与水资源、地区经济发达程度呈逆向分布，以及高瓦斯、煤与瓦斯突出普遍等，导致我国煤炭资源开采条件属中等偏下水平，可供露天矿开采的资源极少，除晋、陕、蒙、宁和新疆等省（自治区）部分煤田开采条件较好外，其他煤田开采条件都较复杂[77-96]。

陕西拥有三个大型煤炭基地，即神东、陕北与黄陇基地，煤炭资源丰富。其中，神东基地属石炭二叠纪与侏罗纪煤田，桌子山煤田以肥煤和焦煤为主（炼焦煤基地），神府东胜以不粘煤为主（少量长焰煤），准格尔主要为长焰煤，是优质的动力煤，主要用于发电和出口，还有少量冶金用煤；陕北基地属石炭二叠纪与三叠纪煤田，前者以气煤和焦煤为主，后者主要为气煤；黄陇（华亭）基地主要系侏罗纪煤田，黄陇主要为长焰煤和弱粘煤，华亭主要为长焰煤。

这一部分，将对我国煤炭资源的分布特点、品种（或煤类）特点、煤质特点、开采条件，以及当前我国原煤生产与消费情况等进行梳理，以摸清底细。然后探讨陕西煤炭资源分布及矿井建设条件。

第一节　我国煤炭资源分布及开采条件分析

一、煤炭资源分布特点

我国煤炭资源的总体分布特点是：北富南贫、西多东少与相对集中。昆仑山—秦岭—大别山以北的北方地区，探明资源储量占全国的90%以上，且集中分布于内蒙古、山西、陕西、宁夏、新疆等省（自治区），基础储量约占全国的72%；昆仑山—秦岭—大别山以南的南方地区，探明资源储量占全国的比重不足10%。华东、中南是主要的煤炭消费地区，但资源贫乏，资源基础储量仅约占全国的10.5%。煤炭资源分布的固有特征决定了北煤南运、西煤东调的基本格局[77-96]（见表2-1）。

表2-1　我国煤炭资源基础储量情况

地区	省、市与自治区	煤炭基础储量（亿t）			
		2008年年底	占全国比重（%）	2009年年底	占全国比重（%）
全国	全国	3261.44	100	3189.6	100
京津冀	北京	6.69	0.21	7.0	0.22
	天津	2.97	0.09	3.0	0.09
	河北	60.59	1.86	56.3	1.77
	合计	70.25	2.15	66.30	2.08
晋陕蒙宁	山西	1061.51	32.55	1055.5	33.09
	陕西	278.46	8.54	268.7	8.42
	内蒙古	789.07	24.19	772.7	24.23
	宁夏	58.15	1.78	55.5	1.74
	合计	2187.19	67.06	2152.40	67.48
东北	辽宁	44.64	1.37	43.8	1.37
	吉林	12.48	0.38	12.8	0.40
	黑龙江	72.44	2.22	69.0	2.16
	合计	129.56	3.97	125.60	3.94

续表

地区	省、市与自治区	煤炭基础储量（亿 t）			
		2008 年年底	占全国比重（%）	2009 年年底	占全国比重（%）
华东	上海	0.00	0.00	0.00	0.00
	江苏	14.73	0.45	14.5	0.45
	浙江	0.49	0.02	0.5	0.02
	安徽	85.91	2.63	83.7	2.62
	福建	4.42	0.14	4.2	0.13
	江西	7.67	0.24	7.2	0.23
	山东	84.11	2.58	82.1	2.57
	合计	197.33	6.05	192.20	6.03
中南	河南	115.87	3.55	114.7	3.60
	湖北	3.3	0.10	3.3	0.10
	湖南	19.57	0.60	18.9	0.59
	广东	1.89	0.06	1.9	0.06
	广西	8.24	0.25	7.7	0.24
	海南	0.9	0.03	0.9	0.03
	合计	149.77	4.59	147.40	4.62
西南	重庆	20.66	0.63	21.3	0.67
	四川	49.76	1.53	52.3	1.64
	贵州	150.06	4.60	128.1	4.02
	云南	78.65	2.41	77.5	2.43
	合计	299.25	9.18	279.30	8.76
新甘青藏	甘肃	60.48	1.85	58.4	1.83
	青海	20.2	0.62	20.0	0.63
	新疆	147.41	4.52	148.0	4.64
	西藏	0.12	0.00	0.1	0.00
	合计	228.09	6.99	226.40	7.10

注：①2008 年年底对应数据根据《中国统计年鉴 2009》[78] 整理得到；②2009 年年底对应数据根据《中国统计年鉴 2010》[97] 整理得到。

在地质时代分布上，聚煤作用从震旦纪到第四纪均有发生。早石炭世、晚石炭世、早二叠世、晚二叠世、晚三叠世、早中侏罗世、早白垩世及第三纪是我国的八个主要聚煤期，与全球的主要聚煤期具有一致性。其中重要聚煤期为古生代石炭纪晚期至二叠纪早期、二叠纪晚期、中生代三叠纪晚期、侏罗纪早中期、白垩纪早期和新生代第三纪六个不同的地质时期[80]。遵循成煤和煤的变质规律（受生产、地球化学、压力与温度等共同作用，煤的变质程度由低到高演进），我国煤炭资源地质时代分布特点如下。

（1）晚石炭世—早二叠世含煤岩系主要分布于贺兰山以东、阴山以南和秦岭、大别山以北的华北盆地；晚二叠世含煤岩系主要分布于华南盆地，富煤带分布于云贵川接壤地区；早中侏罗世含煤岩系主要分布于新疆、鄂尔多斯等西北地区；早白垩世含煤岩系主要分布于东北断陷盆地群。

（2）晚古生代的煤以中、高变质煤为主，未见褐煤；中生代的煤以低、中变质煤为主，有少数褐煤；第三纪的煤则以褐煤为主，仅有少量低变质煤存在。

（3）根据我国第三次全国煤田预测数据，在我国已探明的煤炭储量中，侏罗纪煤占39.6%，石炭二叠纪煤占38.0%，白垩纪煤占12.2%，晚二叠纪煤占7.5%，第三纪煤占2.3%，晚三叠纪煤占0.4%；在我国尚未探明的煤炭预测储量中，侏罗纪煤占65.5%，石炭二叠纪煤占22.4%，晚二叠纪煤占5.9%，白垩纪煤占5.5%，第三纪煤占0.4%，晚三叠纪煤占0.3%。

按埋藏深度分，我国煤炭保有资源储量中，300m以浅的占36.1%；300～600m的占44.6%；600～1000m的占19.3%；平均开采深度为400m[77-96]。

此外，我国煤炭资源赋存丰度与地区经济发达程度呈逆向分布的特点，使煤炭基地远离了煤炭消费市场，煤炭资源中心远离了煤炭消费中心，从而加剧了远距离输送煤炭的压力，带来了一系列问题和困难。

二、煤炭资源品种特点

中国煤炭分类国家标准（GB/T 5751—2009）按煤的煤化程度根据干燥无灰基挥发分等指标将煤分成褐煤、烟煤和无烟煤三大类。煤的形成和演变过程即为煤化过程。煤炭资源按煤化程度从低到高依次为：褐煤（2号、1号）、烟煤（长焰煤、不粘煤、弱粘煤、1/2中粘煤、气煤、气肥煤、肥煤、1/3焦煤、焦煤、瘦煤、贫瘦煤、贫煤）与无烟煤（3号、2号、1号）。我国煤种齐全，即从低变质的泥炭、褐煤到高变质的无烟煤均有储存，但储量不均衡。其中，烟煤约占 75%、褐煤约占 13%、无烟煤约占 12%；动力煤种约占 50%，炼焦煤种约占 20%，但炼焦煤中的主体煤种肥煤和瘦煤均较为短缺。换言之，与世界煤炭煤种储量结构（褐煤平均占 1/3，炼焦煤种仅占 1/8）相比，我国的煤炭煤种储量结构明显优于世界平均水平。

据第三次全国煤田预测情况（1992—1997 年）[77-96]所知，我国煤类的地理分布自北而南大致呈现出三个条带：天山—阴山以北地区，包括东北、内蒙古和新疆北部，以褐煤和低变质烟煤为主，中变质烟煤不多，高变质煤很少；天山—阴山以南、昆仑山—秦岭—大别山以北地区，包括西北地区大部分、华北地区、河南和华东北部，分布着各种变质程度的烟煤和无烟煤，只有少量褐煤；昆仑山—秦岭—大别山以南地区，包括西南地区、中南地区大部和华东南部，以高变质煤为主，中变质烟煤和褐煤有分布，低变质烟煤很少。

各种煤类的具体分布如下。

（1）褐煤。其资源量为 3194.38 亿 t，占我国煤炭资源总量的 5.74%；褐煤探明保有资源量为 1291.32 亿 t，占全国探明保有资源量的 12.69%。成煤时代主要为侏罗纪早中期与白垩纪早期，合计约占 99%。集中分布在内蒙古东部、云南中西部和黑龙江东部地区，这 3 省（自治区）的褐煤保有储量占全国的 96%。

（2）低变质烟煤（包括长焰煤、不粘煤和弱粘煤）。其资源量为 28535.85 亿 t，占全国煤炭资源总量的 51.23%；低变质烟煤探明保有资源量为 4320.75 亿 t，占全国探明保有资源量的 42.46%。成煤时代以早、中侏罗世为主，其次是早白垩世、石炭二叠纪。主要分布在我国西北和华北各省（自治区），这两个地区低变质烟煤保有储量占全国该煤类的 97.5%，其次是东北地区占全国的 1.6%，其余地区仅有零星分布。从省（自治区）的赋存储量来看，最多的是陕西，占全国的 34.9%；第二是内蒙古，占全国的 27.9%；第三是新疆，占全国的 20.3%。

（3）中变质烟煤（包括气、肥、焦、瘦煤）。资源量为 15993.22 亿 t，占全国煤炭资源总量的 28.71%；中变质烟煤探明保有资源量为 2807.69 亿 t，占全国探明保有资源量的 27.59%；我国中变质烟煤主要分布于华北石炭二叠纪和华南二叠纪含煤地层中。分布普遍，但数量和质量相差悬殊。其中，保有储量小于1亿t的有北京、广东、西藏；保有储量在1亿~5亿t的有天津、湖北、广西、浙江；保有储量在5亿~10亿t的有江西、甘肃、湖南、吉林；保有储量在20亿~50亿t的有宁夏、云南、江苏、青海、四川、辽宁；保有储量在50亿~100亿t的有黑龙江、河北、新疆、河南、内蒙古、陕西；保有储量大于100亿t的有山西、安徽、山东和贵州。特别是山西省，不仅储量很丰富，而且质量好，品种齐全，气、肥、焦、瘦煤都占有相当大的比例，是我国炼焦用煤的主要基地。

（4）高变质煤（包括无烟煤和贫煤）。高变质煤资源量为7967.73亿t，占我国煤炭资源总量的14.31%；高变质煤探明保有资源量为1756.43亿t，占全国探明保有资源量的17.26%；成煤时代是石炭纪晚期与二叠纪。高变质煤主要分布于山西、贵州和四川南部。其中，山西集中分布在晋东南地区，贵州集中分布在黔中一带，两省高变质煤储量占全国同煤类的75.3%。

另外，从我国原煤生产角度也可以看出我国煤炭资源品种的特点，见表2-2，表2-3。

表2-2 2008年原煤煤类生产结构统计

	原煤产量总计	无烟煤	烟煤产量			褐煤
			合计	炼焦烟煤	一般烟煤	
产量（万t）	274857.33	44668.01	210555.92	103298.99	107256.93	19633.40
比例（%）	100.00	16.25	76.61	37.58	39.02	7.14

其中：炼焦烟煤

	贫瘦煤	瘦煤	焦煤	肥煤	1/3焦煤	气肥煤	气煤	无牌号
产量（万t）	7434.71	7110.54	22299.36	10304.84	15854.10	7878.10	29400.04	3017.30
比例（%）	2.70	2.59	8.11	3.75	5.77	2.87	10.70	1.10

其中：一般烟煤

	贫煤	1/2中粘煤	弱粘煤	不粘煤	长焰煤	无牌号
产量（万t）	15490.48	124.33	9835.80	23763.16	47565.86	10477.30
比例（%）	5.64	0.05	3.58	8.65	17.31	3.81

注：数据根据《中国煤炭工业年鉴2008》[98]相关数据整理得到。

表 2－3　2008 年我国原煤产量按品种和地区统计

	原煤产量总计		原煤产量总计			烟煤产量									褐煤		
						合计			炼焦烟煤			一般烟煤					
	产量（万 t）	占比（%）	产量（万 t）	占本省比（%）	占本煤类比（%）	产量（万 t）	占本省比（%）	占本煤类比（%）	产量（万 t）	占本省比（%）	占本煤类比（%）	产量（万 t）	占本省比（%）	占本煤类比（%）	产量（万 t）	占本省比（%）	占本煤类比（%）
全国	274857.33	100.00	44668.01	16.25	100.00	210555.92	76.61	100.00	103298.99	37.58	100.00	107256.93	39.02	100.00	19633.40	7.14	100.00
北京	552.77	0.20	552.77	100.00	1.24	0.00	0.00	0.00	0.00	0.00	0.00	0.00	0.00	0.00	0.00	0.00	0.00
河北	8526.24	3.10	1070.50	12.56	2.40	7455.74	87.44	3.54	4991.20	58.54	4.83	2464.54	28.91	2.30	0.00	0.00	0.00
山西	57183.90	20.80	14453.56	25.28	32.36	42730.34	74.72	20.29	23989.46	41.95	23.22	18740.88	32.77	17.47	0.00	0.00	0.00
内蒙古	32672.52	11.89	184.27	0.56	0.41	19692.53	60.27	9.35	1862.68	5.70	1.80	17829.85	54.57	16.62	12795.72	39.16	65.17
辽宁	5800.90	2.11	250.69	4.32	0.56	5460.71	94.14	2.59	1068.31	18.42	1.03	4392.40	75.72	4.10	89.50	1.54	0.46
吉林	3618.71	1.32	21.30	0.59	0.05	3047.57	84.22	1.45	1359.97	37.58	1.32	1687.60	46.64	1.57	549.84	15.19	2.80
黑龙江	9676.05	3.52	35.60	0.37	0.08	9506.13	98.24	4.51	7590.83	78.45	7.35	1915.30	19.79	1.79	134.32	1.39	0.68
江苏	1617.76	0.59	12.54	0.78	0.03	1605.22	99.22	0.76	1605.22	99.22	1.55	0.00	0.00	0.00	0.00	0.00	0.00
浙江	13.10	–	–	–	–	13.10	100.00	0.01	13.10	100.00	0.01	–	–	–	–	–	–
安徽	11781.98	4.29	261.34	2.22	0.59	11520.64	97.78	5.47	11241.62	95.41	10.88	279.02	2.37	0.26	–	–	–
福建	2127.87	0.77	2101.33	98.75	4.70	26.54	1.25	0.01	–	–	–	26.54	1.25	0.02	–	–	–
江西	2530.14	0.92	1199.35	47.40	2.69	1330.79	52.60	0.63	1158.42	45.78	1.12	172.37	6.81	0.16	–	–	–
山东	13491.14	4.91	124.60	0.92	0.28	12759.82	94.58	6.06	12044.09	89.27	11.66	715.73	5.31	0.67	606.72	4.50	3.09
河南	19228.76	7.00	7748.54	40.30	17.35	11480.22	59.70	5.45	7582.36	39.43	7.34	3897.86	20.27	3.63	–	–	–
湖北	1012.82	0.37	749.70	74.02	1.68	263.12	25.98	0.12	151.57	14.97	0.15	111.55	11.01	0.10	–	–	–
湖南	6135.35	2.23	3376.77	55.04	7.56	2758.58	44.96	1.31	409.77	6.68	0.40	2348.81	38.28	2.19	–	–	–

续表

	原煤产量总计		原煤产量总计			烟煤产量									褐煤		
						合计			炼焦烟煤			一般烟煤					
	产量（万 t）	占比（%）	产量（万 t）	占本省比（%）	占本煤类比（%）	产量（万 t）	占本省比（%）	占本煤类比（%）	产量（万 t）	占本省比（%）	占本煤类比（%）	产量（万 t）	占本省比（%）	占本煤类比（%）	产量（万 t）	占本省比（%）	占本煤类比（%）
广西	471.99	0.17	42.44	8.99	0.10	298.45	63.23	0.14	19.17	4.06	0.02	279.28	59.17	0.26	131.10	27.78	0.67
四川	7359.12	2.68	2859.52	38.86	6.40	4499.60	61.14	2.14	2999.24	40.76	2.90	1500.36	20.39	1.40	–	–	–
重庆	4267.48	1.55	1579.41	37.01	3.54	2688.07	62.99	1.28	1761.69	41.28	1.71	926.38	21.71	0.86	–	–	–
贵州	11798.46	4.29	4898.30	41.52	10.97	6900.16	58.48	3.28	4911.01	41.62	4.75	1989.15	16.86	1.85		–	–
云南	8671.00	3.15	2498.76	28.82	5.59	4233.45	48.82	2.01	4068.43	46.92	3.94	165.02	1.90	0.15	1938.79	22.36	9.88
陕西	15064.31	5.48	–	–	–	15064.31	100.00	7.15	1924.91	12.78	1.86	13139.40	87.22	12.25	–	–	–
甘肃	3952.37	1.44	30.16	0.76	0.07	3922.21	99.24	1.86	120.05	3.04	0.12	3802.16	96.20	3.54	–	–	–
青海	1294.10	0.47	–	–	–	1294.10	100.00	0.61	–	–	–	1294.10	100.00	1.21	–	–	–
宁夏	507.77	0.18	–	–	–	507.77	100.00	0.24	–	–	–	507.77	100.00	0.47	–	–	–
新疆	4545.35	1.65	4.40	0.10	0.01	4540.95	99.90	2.16	390.32	8.59	0.38	4150.63	91.32	3.87	–	–	–
神华	28161.34	10.25	612.16	2.17	1.37	25544.70	90.71	12.13	2527.35	8.97	2.45	23017.35	81.73	21.46	2004.48	7.12	10.21
中煤	11411.10	4.15	–	–	–	11411.10	100.00	5.42	9508.22	83.32	9.20	1902.88	16.68	1.77	–	–	–
伊敏	1382.93	0.50	–	–	–	–	–	–	–	–0	–		–	–	1382.93	100.00	7.04

注：数据根据《中国煤炭工业年鉴2008》[98]相关数据整理得到。

三、煤炭资源品质特点

就煤质而言，我国煤炭资源相对较好，原煤灰分和硫分低，发热量较高，工业用途广泛。其中，我国低变质烟煤煤质优良，是优良的燃料、动力用煤，有的煤还是生产水煤浆和水煤气的优质原料。中变质烟煤主要用于炼焦。在我国，因灰分、硫分、可选性的原因，炼焦用煤资源不多，优质炼焦用煤更显缺乏。高变质煤煤质的主要不足是硫分高。

据第三次全国煤田预测数据（1992—1997 年）所知，在灰分上，我国煤炭以低灰和低中灰煤为主，占 65% 以上。其中特低灰、低灰煤（灰分小于 10%）占 21.6%，低中灰煤（灰分在 10% ~20%）占 43.9%，中灰煤（灰分在 20% ~30%）占 32.7%，中高和高灰煤占 1.8%。

我国煤炭硫分较低，以特低硫—低硫煤为主，占 56.7%，低中硫—中硫煤占 32.96%，中高硫煤占 8.77%，特高硫煤占 3.2%。

发热量是动力用煤的主要指标，我国 91.8% 的煤属中高热值煤，低热值和中低热值煤较少，仅占 2.3%，主要为东北地区和云南的褐煤[77-96]。

四、煤炭资源开采条件

煤炭资源的开采条件，主要受制于地质构造（如断层、褶曲等），煤层赋存条件（如顶底板条件、倾角、煤厚等），以及瓦斯、涌水、自然发火等自然灾害条件等[99]。与国外主要采煤国家相比，由于我国煤炭资源具有埋藏较深、地质构造复杂，与水资源、地区经济发达程度呈逆向分布，以及高瓦斯、煤与瓦斯突出普遍等，导致我国煤炭资源开采条件属中等偏下水平，可供露天矿开采的资源极少，除晋、陕、蒙、宁和新疆等省（自治区）部分煤田开采条件较好外，其他煤田开采条件较复杂。

根据《中国煤炭资源有效供给能力态势分析》课题组的研究，依据煤炭资源分布，将全国划分为四个大区，各大区东西向以昆仑山、秦岭、大别山为界，南北向以大兴安岭、太行山、雪峰山为界，四个区域主导的制约因素因区域不同而相异。根据四个大区所处的象限，Ⅰ区为开采条件制约型，Ⅱ区为生态环境制约型，Ⅲ区为煤炭质量制约型，Ⅳ区为资源数量制约型，如图 2-1 所示。

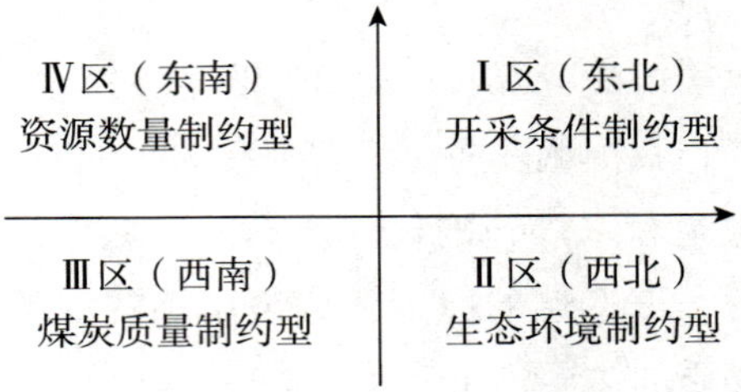

图2－1　四大区煤炭资源开发主导制约因素类型

其中，东北象限为Ⅰ区，包括北京、天津、河北、辽宁、吉林、黑龙江、山东、江苏、安徽、河南10个省（市）。煤类齐全，煤中之硫分、灰分含量亦不很高，各类自然条件均属中等，又处于我国经济相对比较发达的地区，是煤炭工业发展条件相对比较好的地区。该区地处黄淮海平原、松辽平原区，其上覆松散层厚度较大，矿井建设投资大，从降低生产成本和保证投资收益角度而言，以建设大型、特大型矿井为宜，然而此区可供建设特大型、大型矿井的储量不多。制约其发展的主导因素是开采地质条件相对较差，故Ⅰ区可称为开采条件制约型地区[100]。

西北象限为Ⅱ区，包括山西、内蒙古、陕西、甘肃、青海、宁夏、新疆7个省（自治区）。Ⅱ区资源量丰富，煤质好，煤类齐全，开采地质条件亦好，但本区最主要的制约因素是生态环境脆弱，环境容量小，这极大地限制了煤炭资源的充分开发。所以，Ⅱ区属生态环境制约型地区。

西南象限为Ⅲ区，包括重庆、四川、贵州、云南4个省（市）。Ⅲ区资源量相对较为丰富，开采条件虽不及Ⅰ区、Ⅱ区，但对南方缺煤省区仍很重要。制约此区煤炭工业发展的主要矛盾是高硫煤占资源总量的2/3左右，即煤质问题，故Ⅲ区属煤炭质量制约型地区。

东南象限为Ⅳ区，包括浙江、江西、福建、湖北、湖南、广东、广西、海南8个省（自治区），是我国煤炭资源最贫乏，煤质和开采条件均很差的地区。虽然本区经济发达，生态环境较好，外部条件均具备，但缺少资源使煤炭工业在本地区难以有较大的发展。故可称此区为资源数量制约型地区[100]。

第二节 陕西煤炭资源分布特点

陕西煤炭资源丰富，全省煤炭资源总量居全国各省（自治区、市）第三位（2013年资料显示，陕西煤炭预测总储量3845亿t，探明储量1700亿t）[101]，成煤时代多，具有工业价值的最早为寒武纪，其后为志留纪、石炭纪、二叠纪、三叠纪和侏罗纪。陕西煤炭资源集中分布在陕北，主要含侏罗纪、二叠纪和三叠纪煤田。煤炭资源的开采条件，主要受制于地质构造（如断层、褶曲等），煤层赋存条件（如顶底板条件、倾角、煤厚等），以及瓦斯、涌水、自然发火等自然灾害条件等。陕西煤炭资源具有赋存条件良好，分布集中、煤种齐全、煤质较佳、构造简单、自然环境良好等诸多特点。

一、陕北侏罗纪煤田

陕北侏罗纪煤田位于陕西与内蒙古、宁夏、甘肃交界处，属榆林、延安管辖，煤炭资源量多而优质。煤田煤炭资源量为1989.78亿t，约占陕西总量的52%；探明储量约1337.22亿t，约占陕西总探明储量的86%。陕北侏罗纪煤田总体受陕北斜坡（单斜）控制和鄂尔多斯挠褶影响，倾角一般为1°~5°，断层无，构架简单。受印支运动与燕山运动影响，煤层厚度变化较大，可采煤层1~10层，可采总厚度0.7~26.89m。主要可采煤层有2^{-2}、3^{-1}、5^{-1}、5^{-2}四层，煤层厚0.8~12.07m，一般厚3~5m。探明煤种为长焰煤、不粘煤、弱粘煤和气煤，以前三种为主。煤质良好，榆—神—府矿区为特低灰、特低硫、特低磷—低磷、富油、高发热量优质动力煤[83]。

总体上，陕北侏罗纪煤田煤炭资源量多而优质，开采技术条件良好，但是自然环境较差。

二、陕北石炭二叠纪煤田

陕北石炭二叠纪煤田位于陕北东部，北起陕西、内蒙古交界，南到清涧县城北，东邻黄河，属榆林地区管辖。煤田煤炭资源量为1190.70亿t，约占陕西总量的31%，但工作程度低，累计探明储量仅12.63亿t，约占陕西总探明储量的0.8%。地层走向近南北向，向西倾，倾角5°~35°，单斜构造。煤系为太原组与山西组，合计12号煤层，主要可采为3、10号煤层，可采总厚约7.89～30.58m，以府谷一带较厚。煤层在府谷县城北埋藏较浅，其他地区较深。煤种有气煤、肥煤、焦煤、瘦煤。煤质中等至良好，为低—富灰、特低—富硫、特低—中磷煤，以3号煤煤质较佳[83]。

总体上，陕北石炭二叠纪煤田煤炭资源丰富，煤质较好，但开采技术条件与自然环境欠佳。煤层多赋存于垂深1000m与黄河水位以下，水害严重，南部天然气影响大，较宜开发者为府谷县境内地段。

三、陕北三叠纪煤田

陕北三叠纪煤田，位于陕北中部的横山至富县一带，面积约10000km^2，属延安、榆林管辖。煤田煤炭资源量约为29.62亿t，占陕西总量的比重小于1%。倾角一般小于5°，构造简单。煤厚大于0.4m的有1、2、3、4、5号煤层，仅1、3号煤层可采，1号煤层厚0～2.93m，3号煤层厚0～1.73m。全为气煤，煤质良好，一般为低—中灰、特低硫、低磷、高含油烟煤[83]。

总体上，陕北三叠纪煤田煤炭资源丰富，煤质较佳，开采技术条件与自然环境较好，唯煤层厚度多小于1.30m。

四、黄陇侏罗纪煤田

位于陕西省中部西段，东北起自黄陵县北，西南迄于陇县县城西，北至陕、甘省界，面积约10000km^2。煤田煤炭资源量为256.58亿t，约占陕西总量的7%。探明储量约138.27亿t，约占陕西总量的9%[83]。

煤田处于渭北挠褶带西段。地层走向中西部东西向，东部为北东向，倾角一般为5°～10°，构造简单。煤系厚0～240m，一般厚100m左右，含煤最多8层，主采和可采煤层各1层。主采煤层厚8～12m，焦坪矿区平均厚8～12m，彬长矿区平均厚10.64m，其他地区较薄。大部分在1000m以内。煤种有长焰煤、不粘煤、弱粘煤、气煤，以弱粘煤为主。主采煤层为特低—中灰、特低—中硫、中—高磷、含油—富含油烟煤[83]。

总体上，黄陇侏罗纪煤田煤炭资源丰富，煤质较好，开采技术条件与自然环境良好。

五、渭北石炭二叠纪煤田

煤田位于陕西省中部的渭河以北地区，面积约10000km^2，属渭南、延安、铜川、咸阳管辖。煤田煤炭资源量为371.12亿t，约占陕西总量的10%，累计探明储量61.74亿t，占陕西总量的4%[83]。

煤田总呈现北—北西倾斜，倾角一般为5°~15°，构造中等。太原组与山西组共11号煤层，其中5号煤层为各矿区主要可采煤层，3、11号煤层为韩城矿区主要可采煤层，10号煤层为铜川、澄合矿区主要可采煤层，可采总厚为0.7~27.91m，一般为2~7m，以韩城矿区最厚。煤层以南、东部位埋藏较浅，向北、西方向则渐深。煤种为焦煤、瘦煤、贫煤、无烟煤，以瘦、贫煤为主，焦煤较少，无烟煤仅见于韩城矿区。煤质较好，多为低—中灰、低—高硫、低—中磷煤[83]。

总体上，渭北石炭二叠纪煤田煤炭资源较丰富，煤质较佳，开采技术条件与自然环境大多较好，但存在奥灰水害隐患。

六、陕南煤产地

陕南分布的煤炭产地大的有3个（安康早古生代石煤区、商洛二叠纪煤产地和镇巴三叠侏罗纪煤田），小的有8个，共11个。面积多在10km^{2}以下，合计约2615km^2，资源量约7.98亿t，占全省煤炭资源总量的0.2%。总体上，陕南各煤产地煤炭资源量多数较少，煤质较差，开采难度大，目前产量不大[83]。

第三节　陕西主要煤炭基地矿井建设条件

矿井建设条件是指与煤炭资源有关的内外部条件，包括地质构造、煤层赋存、矿井灾害、煤种煤质、地理环境等诸多方面，这是当前矿井煤炭资源评价研究最为集中的领域。

一、自然环境条件分析

陕西三个大型煤炭基地（神东、陕北与黄陇）环境状况不容乐观，分布在干旱、半干旱地区，水资源短缺，环境容量普遍不足。煤炭开发将可能加速土地沙漠化、水土流失，破坏地下水系统，并造成环境污染。

二、资源赋存分析

陕西三个大型煤炭基地煤炭资源丰富，煤质优良，煤类齐全。据中国煤炭地质总局公布的《大型煤炭基地煤炭资源、水资源和生态环境综合评价》(以下简称《评价》) 披露，神东基地煤炭资源总量达3190.15亿t，远超我国其余13个大型煤炭基地，稳居第一位[102]。陕北基地资源总量为751.17亿t，在14个大型煤炭基地中居第四位；黄陇基地保有探明储量为150亿t，见表2-4。

表2-4 陕西三个大型煤炭基地煤炭资源储量与煤类统计

序号	基地简称	储量（亿t）		主要煤类
		煤炭资源总量	保有探明储量	
1	神东	3190.15	896.95	石炭二叠纪与侏罗纪煤田，桌子山煤田以肥煤和焦煤为主（炼焦煤基地），神府东胜以不粘煤为主（少量长焰煤），准格尔主要为长焰煤，是优质的动力煤，主要用于发电和出口，少量冶金用煤
2	陕北	751.17②	571	石炭二叠纪与三叠纪煤田，前者以气煤和焦煤为主，后者主要为气煤
3	黄陇（华亭）	—	150	侏罗纪煤田，黄陇主要为长焰煤和弱粘煤，华亭主要为长焰煤

注：①陕北的保有探明储量栏，为预测资源储量，资料来源于《大型煤炭基地煤炭资源、水资源和生态环境综合评价》[102]；②神东对应数据为截至2002年、1000m以浅的数据，资料来源于《浅谈神东大型煤炭基地规划》[103]；③黄陇资料来源于13个亿t级煤炭能源基地概况[104]。

三、开采条件分析

正如前文所述，煤炭资源的开采条件，主要受制于地质构造（如断层、褶曲等），煤层赋存条件（如顶底板条件、倾角、煤厚等），以及瓦斯、涌水、自然发火等自然灾害条件等。由于我国煤炭资源具有埋藏较深、地质构造复杂，与水资源、地区经济发达程度呈逆向分布，以及高瓦斯、煤与瓦斯突出普遍等特点，见表2-5；因此与美国、澳大利亚、印度等国外主要采煤国家相比，我国煤炭资源开采条件属中等偏下水平，可供露天矿开采的资源极少，除晋、陕、蒙、宁和新疆等省区部分煤田开采条件较好外，其他煤田开采条件较复杂。

神东、陕北基地水资源短缺、生态环境脆弱，但结构简单，开采条件总体上较好；黄陇（华亭）也受水资源和生态环境的困扰，同时局部又受瓦斯影响，开采条件相对较差。

表 2－5　陕西三个大型煤炭基地煤炭资源埋藏深度和瓦斯赋存统计

序号	基地简称	埋藏深度	瓦斯赋存
1	神东	较浅，适合平峒或斜井开采，个别地方适合露天开采	桌子山属高瓦斯，其余为低瓦斯
2	陕北	较浅，适合平峒或斜井开采	低瓦斯
3	黄陇（华亭）	较浅，适合平峒或斜井开采	韩城属高瓦斯（煤与瓦斯突出和煤岩与二氧化碳突出），其余为低瓦斯

注：资料根据张子敏、张太贵所著的《瓦斯地质规律与瓦斯预测》（煤炭工业出版社，2005：96－100）整理得到。[105]

第四节　本章小结

这一部分从煤炭资源分布、煤类、品质，以及开采条件等视角，盘点了我国煤炭资源的特点。同时，描述、分析了陕西煤炭资源分布与矿井建设条件。

（1）在地质时代分布上，聚煤作用从震旦纪到第四纪均有发生。重要聚煤期为古生代石炭纪晚期至二叠纪早期、二叠纪晚期、中生代三叠纪晚期、侏罗纪早中期、白垩纪早期与新生代第三纪 6 个不同的地质时期。我国煤炭资源普遍埋藏较深，在保有资源储量中，300m 以浅的占 36.1%，300～600m 的占 44.6%，600～1000m 的占 19.3%，平均开采深度为 400m。另外，我国煤炭资源赋存丰度与地区经济发达程度呈逆向分布的特点，使煤炭基地远离了煤炭消费市场，煤炭资源中心远离了煤炭消费中心，从而加剧了远距离输送煤炭的压力，带来了一系列问题和困难。

（2）我国煤种齐全，即从低变质的泥炭、褐煤到高变质的无烟煤均有储存，但储量不均衡，且真正具有潜力的是低变质烟煤，而优质无烟煤和优质炼焦用煤都不多，属于稀缺煤种。与世界煤炭煤种平均储量结构（褐煤平均占1/3，炼焦煤种仅占1/8）相比，我国的煤炭煤种储量结构相对为优。

（3）与国外主要采煤国家相比，由于我国煤炭资源具有埋藏较深、地质构造复杂，与水资源、地区经济发达程度呈逆向分布，以及高瓦斯、煤与瓦斯突出普遍等，导致我国煤炭资源开采条件属中等偏下水平，可供露天矿开采的资源极少，除晋、陕、蒙、宁和新疆等省区部分煤田开采条件较好外，其他煤田开采条件较复杂。

（4）陕西煤炭资源分布与开采条件。陕西煤炭资源丰富，全省煤炭资源总量居全国各省（区）第三位，资源集中在陕北地区，主要含侏罗纪、二叠纪和三叠纪煤田，具有赋存条件良好，分布集中、煤种齐全、煤质较佳、构造简单、自然环境良好等诸多特点。

第三章　陕西煤炭业及其资源开发模式的发展与演变

第一节　陕西煤炭业发展的历程及地位

一、陕西煤炭业发展历程

据考证，陕西境内煤炭的原始开采活动最晚始于战国时期，到清代，尤其是乾隆至道光（1736—1850）的114年里，是陕西煤炭业的发展时期。到近代，陕西煤炭开采得到了进一步发展。可以从原煤产量演变中再现陕西煤炭业的发展历程。

图3－1显示，20世纪上半叶陕西省煤炭开采有了一定程度的发展，即由1912年的年产约5万t，上升到1947年的约54万t。其中，1928年前煤矿产量不到10万t，1929年突破了20万t，1942年突破了50万t，1943年突破了60万t[83]。

图3－2展示了新中国成立至改革开放前一年（1949—1977年）陕西省原煤产量，从图中可以看出，1949—1957年，陕西煤炭开采逐年有小幅增长（1952年突破了100万t）；1958年产量增速巨大，较前一年增长了282.7万t，环比净增速为157.6%；1961年是阶段性高点，产量达458.7万t。1962—1967年，产量逐步回落至279万t。1968—1977年，陕西原煤产量增长较快，即由1967年的279万t增至1977年的1478.4万t（1973年首次突破1000

万 t,达 1081.5 万 t)，净增了 1199.4 万 t，净增比率为 428.89%（年均增长 42.89%）。1977 年原煤产量较 1949 年净增长 1419.4 万 t，净增长了 28.97 倍，平均年增长率约为 103.45%。

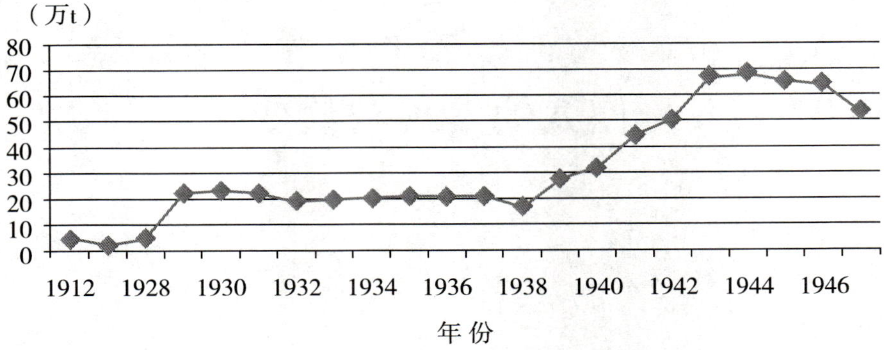

图 3-1 1912—1947 年陕西省煤炭产量

资料来源：《煤炭工业志·陕西卷》[83]。

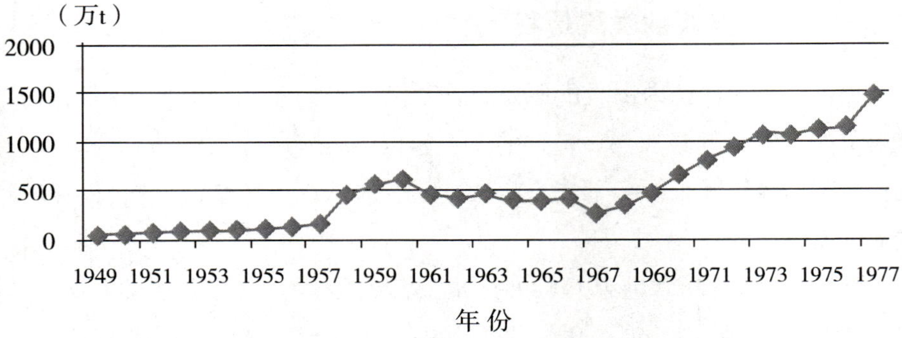

图 3-2 1949—1977 年陕西省煤炭产量

资料来源：《煤炭工业志·陕西卷》[83]。

图 3-3 展示了 1978—1999 年 22 个年度陕西省原煤产量的情况，从图中可以看出，22 个年度中仅 1987、1988、1991、1993、1998、1999 年 6 个年度的环比增速为负值。1977—1997 年，原煤产量基本上维持稳步增产态势，至 1997 年达到阶段性高点，即 4954.97 万 t。其间，1982 年突破 2000 万 t，1989 年突破 3000 万 t，1996 年突破 4000 万 t。1999 年较 1977 年原煤产量净增长 1661.69 万 t，净增长 112.40%，年均净增速 5.11%。

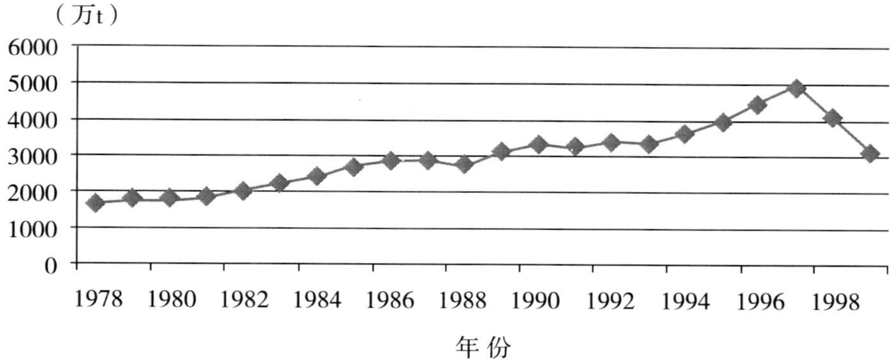

图 3－3　1978—1999 年陕西省煤炭产量

资料来源：《煤炭工业志·陕西卷》[83]及《陕西统计年鉴》（1991—2000）[106]。

图 3－4 展示了进入 21 世纪后，陕西原煤产量情况。从图 3－4 中可以看出，进入 21 世纪后，陕西原煤产量呈现稳步增长态势，且从 2008 年起增速明显放大。其间，2003 年突破了 1 亿 t 大关，2008 年突破 2 亿 t，2010 年突破 3 亿 t，2011 年突破 4 亿 t，2014 年突破 5 亿 t。

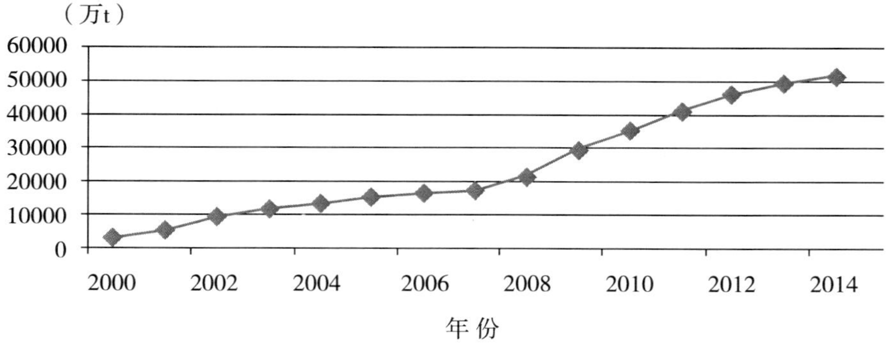

图 3－4　2000—2014 年陕西省煤炭产量

资料来源：《陕西统计年鉴》（2001—2014）[106]。

综上，新中国建立以来（尤其进入21世纪以后），陕西煤炭开采取得了巨大发展：2014年原煤较1949年增产了51441.56亿t，净增长了871.89倍，年均增产791.41万t，年均增长13.41倍[106]。

二、陕西煤炭业在陕西国民经济中的地位

陕西省拥有八大支柱产业，即通信设备和计算机及其他电子设备制造业、能源化工工业、装备制造工业、医药制造工业、食品工业、纺织服装工业、非金属矿物制品业和有色冶金工业。表3－1统计了2013年陕西全省及八大支柱产业规模以上企业主要经济指标[106]。从表3－1中数据可以看到，陕西全省规模以上工业企业合计4489个，其中八大支柱产业规模以上企业即达到4203个，占全省的93.63%；而工业总产值、资产总计、主营业务收入、利润总额、利税总额等指标，八大支柱产业均占到全省的97%以上，占全部从业人员的百分比也高达95.53%。而八大支柱产业里，能源化工工业各项指标均居首位，企业单位数、工业总产值、资产总计、主营业务收入、利润总额、利税总额、全部从业人员平均人数分别占全省的26.40%、44.04%、57.52%、45.25%、72.05%、70.92%、35.50%。可见，能源化工工业在陕西国民经济中占有举足轻重的地位，为陕西贡献了近3/4的工业利润和利税。

表3－2展示了2000年以来规模以上煤炭开采与洗选业工业总产值及在全省中的百分占比情况。从表中数据可以看到，2000年陕西规模以上煤炭开采与洗选业工业总产值仅为19.63亿元，占全省规模以上企业贡献的工业总产值1268亿元的1.55%，到2014年已升至2327.10亿元，净增长了2307.47亿元，已占全省规模以上企业工业总产值20061亿元的11.60%[107]。可见，进入21世纪以后，陕西煤炭业得到了快速发展，取得了相当好的成绩，在能源化工工业乃至陕西整个工业体系中占有非常重要的地位。

表 3－1　2013 年陕西全省及八大支柱产业规模以上工业企业主要经济指标

	企业单位数		工业总产值		资产总计		主营业务收入		利润总额		利税总额		全部从业人员年平均人数	
	个	占比（%）	亿元	占比（%）	亿元	占比（%）	亿元	占比（%）	亿元	占比（%）	亿元	占比（%）	人	占比（%）
全省总计	4489	100	18982.47	100	22443.11	100	17763.00	100	1973.32	100	3352.08	100	1563069	100
八大工业合计	4203	93.63	18426.81	97.07	21879.59	97.49	17247.53	97.10	192.60	97.60	3284.26	97.98	1493265	95.53
1. 通信设备、计算机及其他电子设备制造业	94	2.09	289.23	1.52	469.39	2.09	272.63	1.53	10.02	0.51	15.31	0.46	49679	3.18
2. 能源化工工业	1185	26.40	8360.36	44.04	12910.16	57.52	8037.48	45.25	1421.77	72.05	2377.29	70.92	554859	35.50
3. 装备制造工业	912	20.32	3759.08	19.80	4527.07	20.17	3289.19	18.52	141.62	7.18	233.79	6.97	449677	28.77
4. 医药制造业	175	3.90	430.28	2.27	285.16	1.27	375.28	2.11	42.81	2.17	71.02	2.12	42561	2.72
5. 食品工业	710	15.82	1847.44	9.73	887.46	3.95	1657.64	9.33	137.74	6.98	302.33	9.02	115692	7.40
6. 纺织服装工业	161	3.59	259.90	1.37	155.77	0.69	246.33	1.39	25.03	1.27	34.67	1.03	55931	3.58
7. 非金属矿物制品业	524	11.67	958.80	5.05	619.26	2.76	851.57	4.79	56.34	2.85	94.27	2.81	90674	5.80

资料来源：根据《陕西省统计年鉴 2014》相关数据整理得到。

表 3－2　陕西规模以上煤炭开采与洗选业工业总产值及在全省占比

年度	煤炭开采与洗选业工业总产值（亿元）	全省工业总产值（亿元）	占比（%）
2000	19.63	1268	1.55
2001	37.30	1458	2.56
2002	50.59	1667	3.03
2003	66.67	2118	3.15
2004	91.63	2735	3.35
2005	180.97	3398	5.33
2006	237.25	4443	5.34
2007	379.15	5692	6.66
2008	752.55	7323	10.28
2009	1005.58	8470	11.87
2010	1408.56	11200	12.58
2011	1868.60	14283	13.08
2012	2241.31	16926	13.24
2013	2276.94	18982	11.99
2014	2327.10	20061	11.60
总计	10616.75	99965	10.62

资料来源：根据历年《陕西统计年鉴》及相关数据[106,107]整理得到。

三、陕西煤炭业在我国煤炭生产中的地位

我国煤炭资源总量丰富，已探明储量仅次于美国和俄罗斯，在全球排名第三。但人均资源量相对较小，且地区分布不均，资源储量主要集中在华北地区和西北地区，其中晋、蒙、陕、新疆、宁五省（自治区）煤炭储量约占国内储量的75%～80%。陕西以1660亿t的煤炭探明地质储量，仅次于内蒙古（2982亿t）、山西（2664亿t）和新疆（1727亿t），位居全国第四位[108]；而全国50%的优质煤炭资源在陕西；国家规划的13个大型煤炭基地陕西就有三个，即神东、陕北与黄陇大型煤炭基地。

表3－3展示了新中国成立以来各主要年度我国各煤炭生产大省（自治

区）产量情况。从表中数据可以看出，2000 年及以前，我国煤炭生产大省（自治区）曾是辽宁、河北、黑龙江、山西、吉林、河南、四川、山东等，陕西省煤炭产量位居前 10 名以后。2003—2004 年，陕西省煤炭产量已居于第 5 位；2005 年原煤产量 1.563 亿 t，位居全国第 3 名；2006—2008 年陕西原煤产量位居全国第 4 位[109]，从 2009 年起至今，一直稳居第 3 位，仅低于内蒙古和山西。2010 年陕西原煤产量 36233.85 万 t，占全国 346189 万 t 的 10.46%[110]；2014 年度陕西原煤产量 51091 万 t，占全国 387000 万 t 的 13.20%。可见进入 21 世纪后，陕西煤炭生产已在全国煤炭生产中居于重要

表 3－3　主要年度主要产区原煤产量及排名

1949 年	省（自治区）	辽宁	河北	黑龙江	山西	吉林	陕西	全国
	产量（万 t）	544.00	499.00	461.00	304.00	251.00	59.00	3243
	排名	1	2	3	4	5	13	–
1970 年	省（自治区）	山西	辽宁	河北	河南	黑龙江	陕西	全国
	产量（万 t）	5298.00	4238.60	3571.00	2912.90	2820.30	673.90	35399
	排名	1	2	3	4	5	15	
1990 年	省（自治区）	山西	河南	黑龙江	四川	河北	陕西	全国
	产量（万 t）	28593.20	9080.40	8263.50	6784.60	6190.70	3327.50	107930
	排名	1	2	3	4	5	11	–
2000 年	省（自治区）	山西	内蒙古	山东	河南	黑龙江	陕西	全国
	产量（万 t）	24611.50	8369.10	8038.60	7692.50	5438.50	2764.60	99917
	排名	1	2	3	4	5	12	–
2010 年	省（自治区）	内蒙古	山西	陕西	河南	贵州	山东	全国
	产量（万 t）	78662.58	74105.51	36233.85	17908.81	15954.06	14892.08	346189
	排名	1	2	3	4	5	6	–
2014 年	省（自治区）	山西	内蒙古	陕西	贵州	山东	新疆	全国
	产量（万 t）	97670	90808	51091	18500	14830	14300	387000
	排名	1	2	3	4	5	6	–

资料来源：根据《中国煤炭工业统计资料汇编 1949—1999》[109]和历年《中国煤炭工业年鉴》[110]相关数据整理得到；2014 年数据根据网络查到。

地位。我国是“富煤、贫油、少气”的国家，煤炭是主体能源，国民经济和社会发展对煤炭资源的依赖程度较高。据统计，在我国一次能源生产和消费总量中，煤炭一直维持在70%上下，而且在未来相当长一段时期内，我国以煤为主的能源结构仍然不会有太多的变化。因此，陕西煤炭业不仅在我国煤炭生产中占据重要地位，对我国国民经济和社会发展而言也举足轻重。

第二节　“黄金十年”煤炭业取得的成就

一、我国煤炭业“黄金十年”及成就

国内学术界与实务界把2003—2012年定为煤炭业“黄金十年”[111]。2000年以后是全球产业转移背景下“中国制造”的形成过程，而这一过程首先带动了钢铁、有色金属、水泥等基础工业原料投资的大幅增长，从而使多年处于整合和“关小”过程的上游行业煤炭行业成为产业链条上的瓶颈行业。受煤炭需求增长因素的拉动，2003年全国商品煤销售15.2亿t，同比增加2.3亿t，增长17.7%，商品煤销售数量和增长速度均超过原煤产量增加量和增长速度[111]。资源紧张、电煤告急是2003年煤炭市场出现频率最多的信息。从2003年起煤炭价格基本处于平稳的上行通道中，直到2011年11月中旬。

图3-5展示了秦皇岛港口山西优混煤和煤炭均价历年数据，从图中可以看出，2003年两个价格基本维持2002年的高价，2003年年底起开始稳步上涨，2008年7月21日涨至历史最高位，前者涨至1010元/t，煤炭均价涨至898元/t。

图3-6展示了1999—2014年我国规模以上煤炭开采与洗选业主要财务指标数据，从图中可以看到，2003年以后，规模以上企业的资产、销售收入、利润和税金四个指标都进入了快速增长上升通道中。其中，资产总计一直快速增长，至2014年年底已增至51538亿元；产品销售收入由2003年的2450亿元增至2012年（“黄金十年”最后一年）33486亿元，随后开始下跌，2014年为30046亿元；利润总额2003年起也开始快速上升，2011年达到最高点，即4342亿元（较2003年的138亿元净增了4204亿元，净增了30.46倍），随后开始快速下跌，2012年3555亿元，环比下降了18.13%；2013年2370亿元，环比下跌了33.33%；2014年1268亿元，环比下降了46.50%。税金总额的变化趋势与销售收入基本一致，即2003年起开始快速增长，2011

年达到最高值（2907 亿元），随后开快速下跌，2014 年为 2175 亿元。

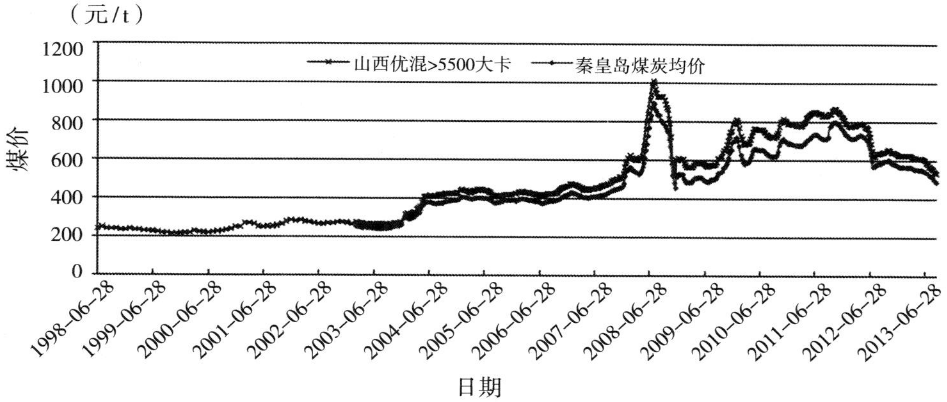

图 3－5　秦皇岛港口煤炭价格

资料来源：2003 年前的为“长江证券煤炭行业基础数据库”；2003 年后的为“国泰君安煤炭行业基础数据库”。

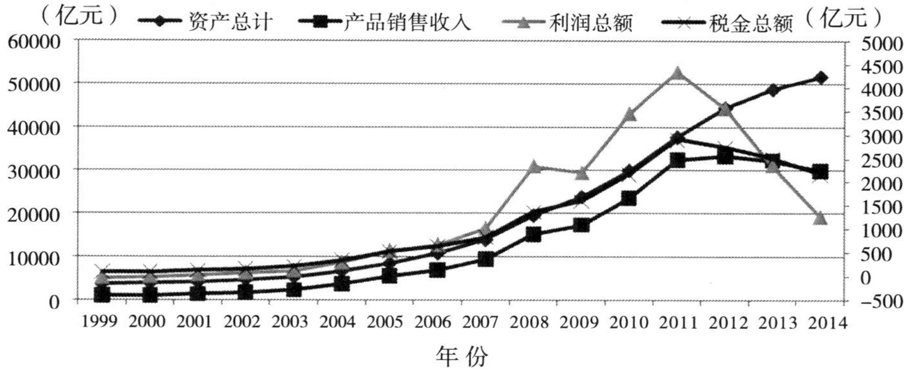

图 3－6　1999—2014 年我国规模以上煤炭开采与洗选业主要财务指标

注：资产总计和产品销售收入为主纵轴，利润总额和税金总额为次纵轴（坐标图中，左边纵轴为主纵轴，右边纵轴为次纵轴，后文同）。

资料来源：Wind 资讯。

图 3－7 展示了 2003—2014 年我国煤炭开采与洗选业固定资产投资额及环比增减百分比数据。从图中可以看到，2003—2012 年我国煤炭开采与洗选业固定资产投资额合计投资达 2.5 万亿元，呈现逐年稳步上升态势。其中，2004 年和 2005 年投资额增幅较大，分别达 60.80% 和 68.40%，2006—2011 年年均增幅维

持在30%左右，2012年增幅降至7.71%，2013年和2014年演变为负增长。

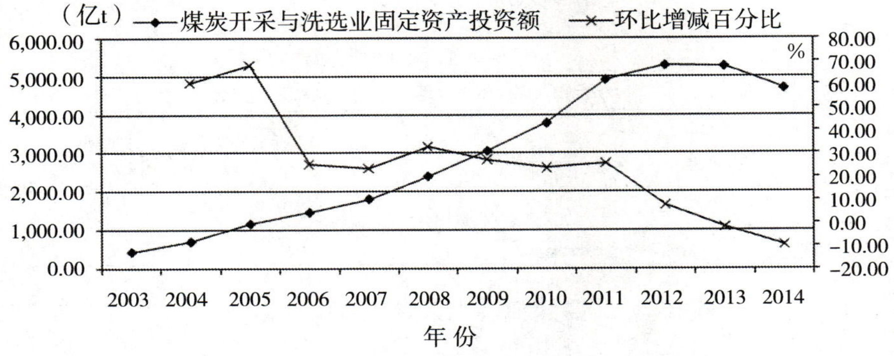

图3-7　2003—2014年我国煤炭开采与洗选业固定资产投资额及同比增减百分比

注：煤炭开采与洗造业固定资产投资额为主纵轴，环比增减百分比为次纵轴。

资料来源：Wind资讯。

图3-8展示了2003—2013年我国煤炭新增产能及累积新增产能数据。从图中可以看到，自2003年起，我国煤炭生产能力每年都有较大幅度的提高，2003—2013年11年间，新增产能累积已达到30.57亿t，若粗略以2002年原煤产量14.15亿t作为当年产能计，到2014年初我国煤炭产能合计达到44.72亿t，其中2003—2012年新增了26.58亿t。

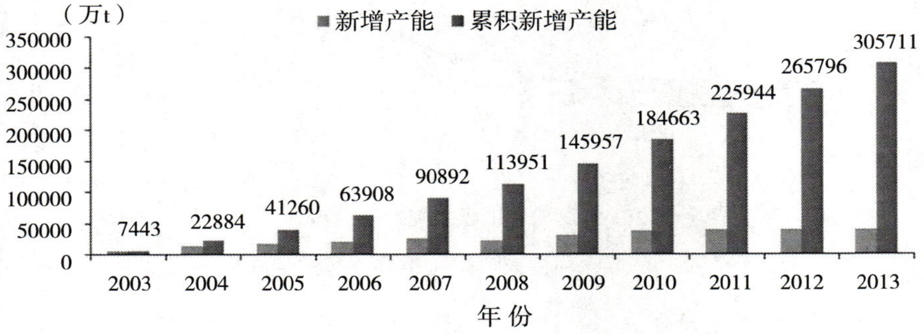

图3-8　2003—2013年我国煤炭新增产能及累积新增产能

资料来源：Wind资讯。

在规模上，截至2013年年底营业收入超过1000亿元的企业数量达到16家，形成了8家亿t级、17家5000万t级、52家千万t级以上的煤炭生产企业格局[112]。

图3－9展示了2000年以来我国煤矿安全事故和致死亡人数情况。数据显示，2000年至2014年的15年间，我国煤炭生产累计发生致死亡事故约34660起，平均每年发生事故2310.67起（最多为2002年的4344起），共计死亡人数为59010人，平均每年事故致死亡人数为3934人（最多为2002年的6995人）。上述数据，触目惊心，远远高于世界其他产煤大国[113]。

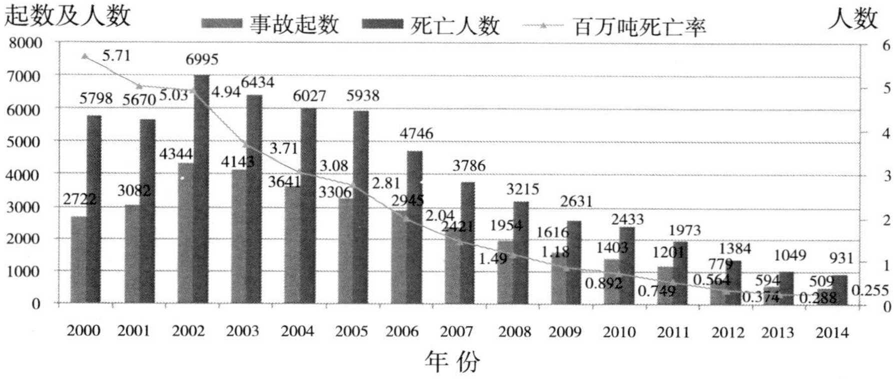

图3－9　2000—2014年我国煤矿事故起数、致死亡人数和百万吨死亡率

注：事故起数和死亡人数为主纵轴，百万吨死亡率为次纵轴。

资料来源：根据国家安全生产监督总局历年统计数据整理得到。

但从图3－9中显示的趋势来看，黄金十年中我国煤矿安全生产总体上逐年向好的方向发展。事故起数方面，2000—2002年逐年走高，可能原因在于产能陡然上升但忽视了安全生产。从黄金十年第一年（即2003年）起，事故起数开始逐年减少，到2012年减至779次，2014年进一步减至509起。事故致死亡人数方面，黄金十年第一年起开始逐步下降，至2012年下降至1384人，2014年进一步降到931人。百万吨死亡率方面，自2000年开始逐年下降，黄金十年由4.94降至0.564，下降了87.98%[113]，随后又持续下降，2014年为0.255。

综上，我国煤炭业在黄金十年（2003—2012）取得了辉煌战绩，投资巨大，产能增幅巨大，产量增幅巨大，利润巨大，安全形势逐年向好。常言道“物极必反”，随着黄金十年期间煤炭行业的大量投资所产生的煤炭产能的陆续释放，尤其是新增矿井大多集中在内蒙古、山西、陕西、甘肃等煤炭行业的“第一世界”，开采条件好、开采成本低、矿井规模大、煤炭质量好，其所产生的大量优质低价煤炭，成为近三年来煤炭市场持续低迷的主要原因。

二、陕西煤炭业在“黄金十年”中取得的成就

（一）煤炭开采与洗选业完成投资额

进入21世纪，陕西省大力发展煤炭业，也相应加大了对煤炭业的投资力度。图3－10展示了2003—2013年陕西省煤炭开采与洗选业完成的固定资产投资额。从图3－10中可以看到，2003年起陕西省逐年加大了煤炭开采与洗选业固定资产的投资力度，11年间，合计完成了3231.17亿元投资。其中，在黄金十年（2003—2012）里合计完成了2350.97亿元固定资产投资。

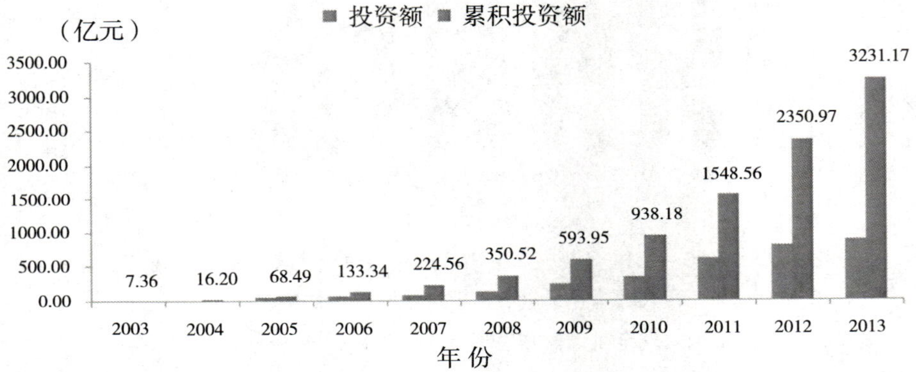

图3－10 2003—2013年陕西省煤炭开采与洗选业固定资产投资额及累积额

资料来源：Wind资讯。

（二）原煤产量

黄金十年前一年（2002年），陕西全省共生产原煤9253万t。其中，省属煤矿生产原煤6068万t，比同期增产3189万t，增长了110.77%（远超全国平均29%的增长水平）；神东公司生产3185万t，同比增产700.79万t。省属煤矿中，国有重点煤矿原煤产量1891万t，比同期增产了426万t，增长29.08%；地方国有煤矿原煤产量837万t，同比增产240万t，增长40.2%；乡镇煤矿原煤产量3340万t，同比增产2523万t，增长了308.81%。

黄金十年第一年（2003年），陕西省原煤产量首次突破1亿t，达到1.1639亿t，较2002年净增长了25.49%（见图3－11）。以后逐年递增，黄金十年最后一年（2012年）原煤产量达到4.63亿t，较黄金十年前一年（2002年）净增产3.7407亿t，净增长4.004倍。

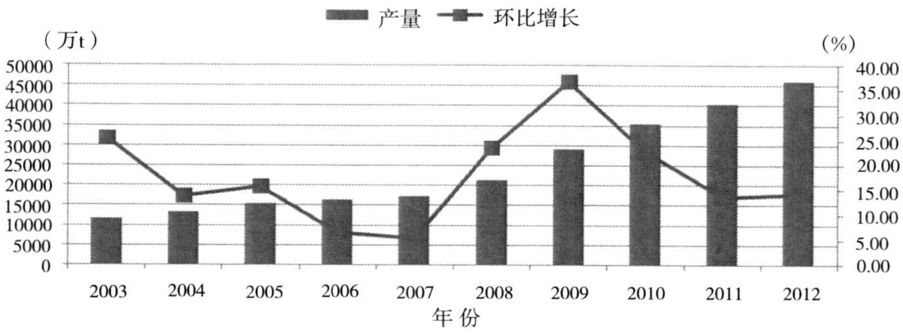

图 3－11　2003—2012 年陕西省煤炭产量及环比增长情况

注：产量为主纵轴，环比增长为次纵轴。

资料来源：2004—2014 年《陕西统计年鉴》。

（三）安全生产情况

黄金十年中，陕西省煤矿安全生产方面，也取得了相应成就。图 3－12 展示了 2002—2014 年陕西省煤矿事故起数、死亡人数及百万吨死亡率数据。

黄金十年前一年（2002 年），陕西全省共发生煤矿安全生产事故 141 起，死亡 178 人，百万吨死亡率为 1. 92。其中，国有重点煤矿百万吨死亡率为 1. 16，下降了 73%；地方国有煤矿为 2. 99，上升了 25%；乡镇煤矿为 3. 8，下降了 39%。

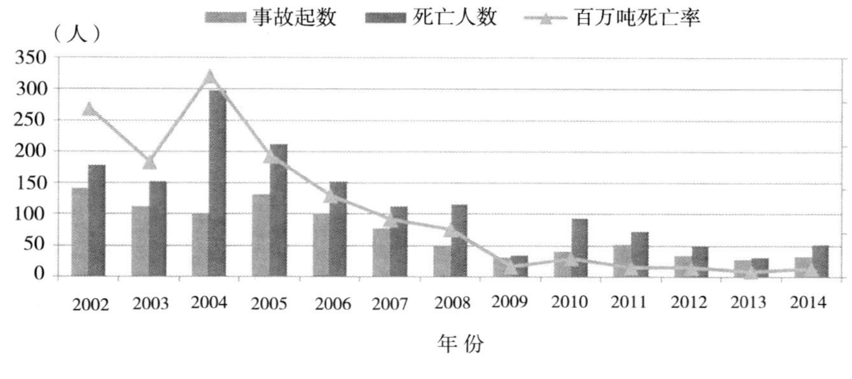

图 3－12　2002—2014 年陕西省煤矿安全生产主要指标变化趋势

注：事故起数和死亡人数为主纵轴，百万吨死亡率为次纵轴。

资料来源：陕西煤矿安监局网站。

黄金十年第一年（2003 年），煤矿安全生产略有好转，共发生 113 起事故，死亡人数为 178 人，百万吨死亡率为 1. 314（见图 3－12）。2004 年是陕西煤炭业事故致死亡人数最多的一年，共发生99起事故，致死亡人数达到299人。其中，2004年11月28日，铜川矿务局陈家山煤矿发生特大瓦斯爆炸事故，造成166人死亡，社会影响极大。2005年煤矿事故致死亡人数也较多，132起事故致212人死亡。以后事故致死亡人数总体呈现下降趋势，黄金十年最后一年（2012年）发生33起事故，致49人死亡；到2014年，事故起数和致死亡人数分别为32起和52人。

从图3－12中可以看到，除2004年百万吨死亡率较2003年高以外，百万吨死亡率总体呈现快速下降趋势，即由2004年的2.298下降至2014年的0.101。黄金十年，百万吨死亡率由1.92下降至0.106，下降近94.48%。煤矿事故起数、事故致死亡人数分别由2002年的141起和178人下降至2012年的33起和49人。

（四）煤炭产业结构

1. 规模以上企业

黄金十年中，陕西省煤炭企业成长迅速。图3－13展示了2002—2013年陕西省煤炭开采与洗选企业单位数和亏损企业数。图3－13的数据显示，2002年规模以上煤炭企业数还仅为74家，到黄金十年末年2012年已增至491家，2013年又增至511家。亏损企业先降后升，从百分占比看，2002年亏损企业（21家）占全部企业比例为23.38%，先是逐年下降，至2005年下降至6.56%；2005—2010年亏损企业占比都维持在10%以下，2011年升至11.59%，2012年和2013年分别为19.55%和22.90%。

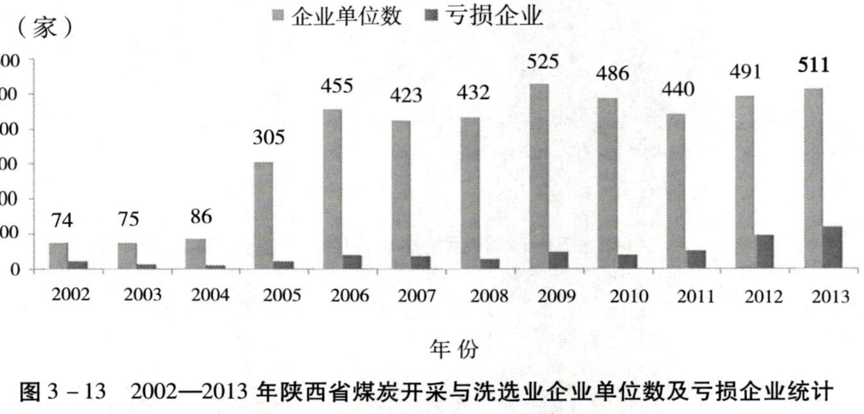

图3－13　2002—2013年陕西省煤炭开采与洗选业企业单位数及亏损企业统计

资料来源：2004—2014年《陕西统计年鉴》。

2. 产业集中度

黄金十年前一年（2002 年），陕西省拥有铜川、韩城、蒲白、澄合四大矿务局，以及黄陵矿业公司、崔家沟煤矿等国有重点煤矿，神华集团在陕煤矿也渐成规模。表 3－4 给出了 2002 年和 2012 年陕西前五大煤矿及神华集团在陕煤矿原煤产量，从表中数据可以看出，2002 年陕西原煤产量最多的四大重点煤矿合计原煤产量 1496.11 万 t，加上神华在陕煤矿原煤产量 3185 万 t，共计 4681.11 万 t，约占全省原煤产量的 50.59%；而 2012 年陕西省属四大公司与神华在陕煤矿原煤产量合计约为 21930.93 万 t，较 2002 年净增加了 17249.82 万 t，净增长了 3.68 倍，但在全省原煤产量中的占比仅为 47.37%。可见，黄金十年中虽然原煤产量明显提高，但产业集中度不升反降。

表 3－4　2002 年和 2012 年陕西省内前四大煤企及神华在陕煤矿原煤产量统计

2002 年		2012 年	
名称	实际产量（万 t）	名称	实际产量（万 t）
铜川矿务局	781.91	陕西煤业化工集团	11368
韩城矿务局	345.90	陕西榆林能源集团有限公司	1548
蒲白矿务局	174.09	彬县煤炭有限责任公司	648.22
黄陵矿业公司	194.21	陕西汇森煤业开发有限责任公司	458.00
神华集团在陕煤矿	3185	神华集团在陕煤矿	7908.71
合计及占比（%）	4681.11（50.59）	合计及占比（%）	21930.93(47.37)
全省	9253	全省	46300.61

注：2002 年资料来源于 2003 年《中国煤炭工业年鉴》；2012 年数据来自 2013《中国煤炭企业 100 强分析报告》[114]。

3. 安全高效矿井建设情况

黄金十年中，陕西省高产高效矿井建设也取了巨大成绩。表 3－5 统计了 2003 年陕西境内建成的高产高效矿井情况，表中信息表明，2003 年陕西境内建成高产高效矿井数合计为 8 个，行业特级 4 个，行业级 4 个。其中，有 5 个是神华集团在陕煤矿，省属煤矿中仅 3 个，即玉华矿、下石节矿和下沟煤矿[115]。

表 3－5　2003 年陕西高产高效矿井建成情况

	名称	级别	产量（万 t）	百万吨死亡率	原煤生产效率	原煤生产期末人数
神华神东公司在陕矿井	榆家梁煤矿	行业特级	1222	0.08	142.3	304
神华神东公司在陕矿井	大柳塔煤矿大柳塔井	行业特级	–	–	–	–
神华神东公司在陕矿井	大柳塔煤矿活鸡兔井	行业特级	924.5	0	137.39	239
神华神东公司在陕矿井	大海则煤矿	行业级	209.64	0.95	54.2	141
神华神东公司在陕矿井	哈拉沟煤矿	行业级	–	–	–	–
陕西省属矿井	铜川矿务局玉华矿	行业特级	–	–	–	–
陕西省属矿井	铜川矿务局下石节矿	行业级	161.19	0	9.483	788
陕西省属矿井	彬县煤炭公司下沟煤矿	行业级	–	–	–	–

资料来源：数据根据 2003 年《中国煤炭工业高产高效矿井》中的相关数据整理得到[115]。

表 3－6 展示了 2010—2011 年度及 2012—2013 年度陕西境内安全高效矿井建成情况[116,117]。表中信息表明，截至 2014 年陕西境内至少有 33 家煤矿（井）建成为安全高效矿井，较 2003 年净增加了 25 个，净增长 3.125 倍。建成的安全高效矿井，产量高，均为盈利矿井，机械化程度均为 100%，绝大多数矿井当年无致人死亡安全事故。

表 3－6　2010—2011（2012—2013）年陕西安全高效矿井建成情况

序号	名称	级别	产量（万 t）	机械化程度（%）	原煤生产人员效率（t/工）	百万吨死亡率	利润（亿元）
1	神华神东大柳塔煤矿大柳塔井	特级	996	100	103.30	0	23.70
2	神华神东大柳塔煤矿活鸡兔井	特级	1096	100	105.80	0	25.98
3	神华神东哈拉沟煤矿	特级	1250	100	122.20	0	28.70
4	神华神东榆家梁煤矿	特级	1628	100	105.57	0	37.53
5	神华神东锦界煤矿 *	特级	–	100	–	–	–
6	神华神东石圪台煤矿	特级	1170	100	74.44	0	15.80
7	陕西神华柴家沟矿业	一级	99	100	7.78	0	1.14
8	陕煤集团神木柠条塔矿业 *	特级	–	100	–	–	–

续表

序号	名称	级别	产量（万 t）	机械化程度（%）	原煤生产人员效率（t/工）	百万吨死亡率	利润（亿元）
9	陕西煤业集团黄陵建庄矿业	特级	241	100	15.04	0	5.21
10	陕西陕煤铜川矿业金华山煤矿	一级	90	100	4.17	0	0.37
11	陕西陕煤铜川矿业王石凹煤矿	二级	119	100	5.75	0	0.62
12	陕西陕煤铜川矿业下石节煤矿	特级	185	100	7.01	0	0.65
13	陕西陕煤铜川矿业东坡煤矿 *	二级	–	100	–	–	–
14	陕西陕煤铜川矿业陈家山煤矿	特级	180	100	12.63	0	0.46
15	陕西陕煤铜川矿业玉华煤矿	特级	185	100	10.20	0	0.23
16	陕西陕煤澄合矿业王村煤矿	二级	149	100	5.19	0	0.13
17	陕西陕煤澄合矿业王村煤矿斜井 *	二级	–	100	–	–	–
18	陕西陕煤蒲白矿业朱家河煤矿	二级	120	100	7.70	0.83	2.30
19	陕西陕煤黄陵矿业一号煤矿	特级	557	100	16.42	0	12.39
20	陕西煤业孙家岔龙华煤矿	二级	60	100	6.30	0	1.40
21	陕西陕北矿业韩家湾煤炭公司	特级	149	100	19.20	0	0.98

续表

序号	名称	级别	产量（万 t）	机械化程度（%）	原煤生产人员效率（t/工）	百万吨死亡率	利润（亿元）
22	陕西黄陵二号煤矿	特级	699	100	33.20	0.14	16.30
23	陕西彬长大佛寺矿业	一级	429	100	10.58	0.23	6.90
24	陕西中能煤田榆阳煤矿	特级	300	100	16.20	0	0.60
25	陕西南梁矿业有限公司	一级	120	100	7.58	0	3.58
26	榆林市杨伙盘煤矿 *	一级	–	100	–	–	–
27	宝鸡秦源煤业	特级	140	100	11.96	0	2.60
28	陕西长武亭南煤业	特级	300	100	15.14	0	4.14
29	陕西省红石岩煤矿	二级	111	100	8.10	0	0.91
30	山东能源彬县水帘洞煤炭公司	特级	192	100	11.50	0	5.60
31	彬县煤炭公司下沟煤矿	特级	303	100	17.66	0	5.35
32	陕西汇森凉水井矿业	特级	398	100	35.17	0	10.01
33	陕西建新煤化有限责任公司 *	一级	–	100	–	–	–
合计（均值）			11266	100	29.47	–	213.58

注：①“*”表示2010—2011年度未被命名为安全矿井，但2012—2013年度被命名为安全高效矿井的煤矿；②表中数字数据主要来源于2010—2011年《中国煤炭工业安全高效矿井建设年度报告》[116]。

（五）煤炭业主要经济指标

表3－7给出了陕西省规模以上煤炭开采和洗选企业主要经济指标。从表中数据可以看出，黄金十年中，这些经济指标无一例外，总体向好。2013年即黄金十年后一年，多数指标开始逆转。

工业总产值方面，2002年74家规模以上煤炭企业合计贡献了50.59亿元，2012 年 491 家规模以上企业贡献的总产值达到 2241.31 亿元，净增长了 2190.72 亿元，净增长 43.30 倍。总资产方面，2002 年 74 家规模以上煤炭企业合计总资产约为 159.31 亿元，2012 年 491 家煤炭企业总资产已增至 3158.56 亿元，净增长了 19.83 倍。产品销售收入方面，2002 年 74 家规模以上煤炭企业合计收入 53.74 亿元，到 2012 年已增加到 2136.42 亿元，净增长了 39.75 倍。利润总额方面，2002 年 74 家规模以上煤炭企业合计贡献了约 1.35 亿元，黄金十年后已增至 617.54 亿元，净增长了 457.44 倍。利税方面，2002 年规模以上企业仅贡献了约 6.60 亿元，黄金十年后已增至 907.27 亿元，净增长了 137.47 倍。职工人数，2002 年规模以上企业约为 99540 人，2012 年增至 200044 人，净增长约 1 倍。

2013 年，即黄金十年后一年，尽管规模以上企业增加了 20 家，但工业总产值增长得并不多，仅为 0.2%；总资产不是增加而是缩水，负债大幅上升（环比增长 10.33%），销售收入下降（环比下降 4.05%），利润总额大幅度缩水（环比下降 20.91%），利税总额也下降明显（环比下降 16.37%）。

表 3－7　2002—2013 年陕西省规模以上煤炭开采与洗选企业主要经济指标

年度	企业数（个）	工业总产值（万元）	资产总计（万元）	负债总额（万元）	产品销售收入（万元）	利润总额（万元）	利税总额（万元）	年平均人数（人）
2002	74	505901	1593061	1091326	537427	13530	65955	99540
2003	75	666696	1824028	1045590	672886	41347	110921	94001
2004	86	916311	2430962	1555418	979180	55820	156505	99804
2005	305	1809694	3548771	2280920	1931119	253999	473898	112595
2006	455	2372497	4562464	1941240	2550418	370911	702632	126441
2007	423	3791522	6334363	2481008	3919032	1065653	1566660	127228
2008	432	7525514	9340749	3637348	7449631	2463978	3382228	132792
2009	525	10055833	14471556	6316043	9686561	2798145	4198223	160381
2010	486	14085635	19159596	7989965	13950256	4689316	6783434	172870
2011	440	18686041	24954030	10122391	18671146	6145569	8857062	197351
2012	491	22413136	31585595	12887485	21364221	6175351	9072652	200044
2013	511	22769384	31520529	14561959	20499713	4883816	7587369	167482

资料来源：数据根据历年《陕西统计年鉴》[106]整理得到。

第三节　陕西煤炭开发模式演变与现状

一、1949—1990 年

1949—1990 年，陕西省煤炭业累计完成基本建设投资 39.5 亿元（不含地、县、市地方国营煤矿统筹的投资），新建、改扩建投资矿井 120 处。截至 1990 年，全省拥有国营煤矿 93 处，核定年生产能力 2415 万 t。其中，统配煤矿 29 处，产能 1920 万 t/年；地方国营煤矿 64 处，产能 495 万 t/年；乡镇煤矿 1755 处（见表 3 – 8）。1949—1990 年，全省累计生产原煤 46144.71 万 t，其中统配煤矿原煤产量 26208.37 万 t（占 56.96%），地方国营煤矿原煤产量 9954.02（占 21.44%），乡镇煤矿为 9982.32 万 t（占 21.60%）。其间，1952 年全省原煤产量突破了 100 万 t，1973 年首次突破 1000 万 t，1982 年突破了 2000 万 t，1989 年突破 3000 万 t，1990 年为 3327.45 万 t[83]。

表 3 – 8　1990 年陕西省煤矿数量及生产能力统计

国营煤矿						乡镇煤矿	
统配煤矿		地方国营煤矿		小计		数量（处）	产能（万 t）
数量（处）	产能（万 t）	数量（处）	产能（万 t）	数量（处）	产能（万 t）		
29	1920	64	495	93	2415	1755	–

资料来源：《中国煤炭志 · 陕西卷》，2004 年[83]。

表 3 – 9　1990 年陕西省前五大煤矿原煤产量

指标 \ 煤矿	铜川矿务局	韩城矿务局	澄合矿务局	蒲白矿务局	崔家沟煤矿	国有重点煤矿
原煤产量（万 t）	614.6	402.7	170.7	150	60.1	1547.2
采煤机械化程度（%）	42.16	44.65	31.98	53.25	48.24	–
掘进机械化程度（%）	55.5	39.96	81.96	15.63	11.15	–
原煤全员效率（t/工）	0.800	1.009	0.834	0.707	–	–

资料来源：1995 年《中国煤炭工业年鉴》。

在开发模式方面，这一期间同国内先进兄弟省（区）相比，陕西煤炭工业还存在诸多不足：

（1）建成投产的矿井主要集中在渭北地区。该地区地质条件比较复杂，开采难度大，煤质普遍较差，多数仅能做动力用煤，市场竞争能力处于劣势。

（2）开发模式单一，依靠单一的煤炭产品经营，主要依赖铁路向外输送原煤，煤炭就地加工转换与多种经营发展缓慢，同时由于原煤价格与价值长期扭曲，经济效益差。

（3）采掘机械化装备水平较低，用人多，原煤全员效率不高，部分矿井能力利用率低。

（4）矿井抵御各种自然灾害的能力较差，安全生产基础工作不牢固，事故多发。

（5）部分乡镇集体煤矿的乱采乱挖，既给安全生产造成众多隐患，又破坏和浪费了大量煤炭资源。

（6）遵循“小而全、大而全”的建矿方针，煤矿“办社会”的压力大，包袱重。

二、“八五”期间

“八五”期间，陕西省围绕实施“20项兴陕工程”，加强重点建设，取得重大成效。在煤炭工业方面，建成或部分建成的相关项目主要有：神朔铁路（陕西段）、黄陵煤矿1号井、大柳塔煤矿、渭河电厂新厂一、二期。全省新增生产能力主要有：原煤开采1000万t，发电装机容量210万kW[118]。

图3－14给出了1991—1995年陕西原煤产量及环比增长数据。从图3－14可以看出，这一期间陕西原煤产量总体呈现上升态势，共计生产原煤17665.48万t。其中，1991年陕西全省原煤产量为3289.54万t，较1990年下降了1.14%；1995年原煤产量增至3958万t，较1990年（3327.5万t）净增长了630.5万t（增长了18.95%）。

在开发模式方面，这一期间虽然在新增产能、提高机械化程度方面做出了相应努力，建成或部分建成黄陵煤矿1号井、大柳塔煤矿等，但主产区依然在渭北，经营单一，机械化开采程度不高，经营效益较差。表3－10给出了1995年陕西前五大煤矿原煤产量及机械化程度，表中数据显示，集中度较低，前五大煤矿产量（1164.28万t）仅占全省产量（3958万t）的29.42%；

机械化开采程度较低，采煤机械化程度最高为韩城矿务局的71.65%，掘进机械化程度最高为澄合煤务局的88.06%；原煤全员效率也不高，最高为韩城矿务局的1.800t/工。国有重点煤矿原煤产量1130.92万t，采煤（掘进）机械化程度平均为53.85%（51.45%），原煤全员效率为1.195t/工。

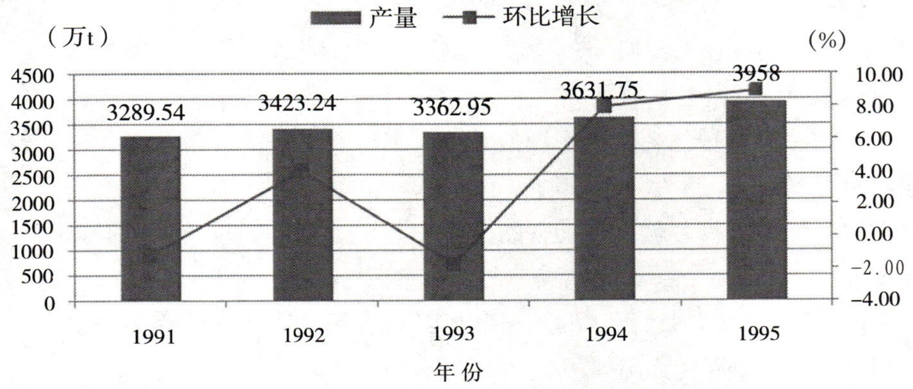

图3-14　1991—1995年陕西原煤产量及环比增长数据

注：产量为主纵轴，环比增长为次纵轴。

资料来源：根据陕西煤炭安监局数据整理得到。

表3-10　1995年陕西省前五大煤矿原煤产量及机械化程度

煤矿 指标	铜川矿务局	韩城矿务局	澄合矿务局	蒲白矿务局	崔家沟煤矿	国有重点煤矿
原煤产量（万t）	521.26	365.06	135.14	120.03	85.06	1130.92
采煤机械化程度（%）	69.80	71.65	20.52	27.12	21.40	53.85
掘进机械化程度（%）	57.65	87.67	88.06	18.11	–	51.45
原煤全员效率（t/工）	1.068	1.800	1.015	1.040	–	1.195

资料来源：1995年《中国煤炭工业年鉴》。

三、“九五”期间

“九五”期间，陕西省在煤炭业方面，将煤田建设工程，即神府、榆神、黄陵和彬长四大煤田建设，纳入重点建设工程。重点开发神府矿区、黄陵矿区，加快老矿区改造，积极发展地方国营矿和乡镇矿，适时开发了榆神和彬长矿区。重点建设黄陵一号二区、黄陵二号、大柳塔二期、何家塔、前石畔、朱盖塔、柠条塔、张家峁、大佛寺等一批上百万 t 的大矿井，2000 年计划总能力达到 7400 万 t[118]。

图 3－15 给出了 1996—2000 年陕西原煤产量及环比增长数据。从图3－15 中的数据可以看出，这一期间原煤生产呈现下行趋势，1997 年为 4954.97 万 t，2000 年下降为 2764.61 万 t。

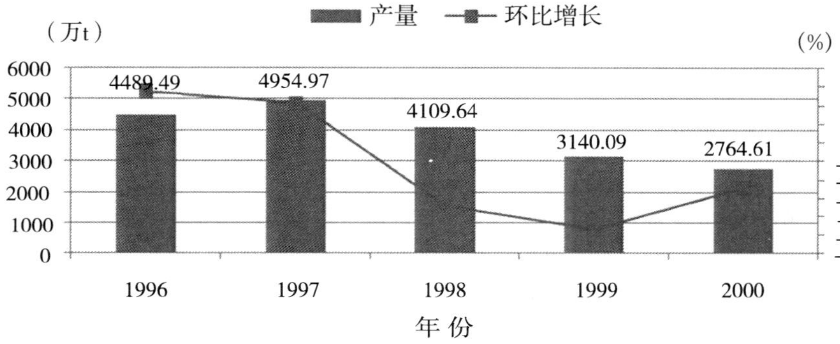

图 3－15　1996—2000 年陕西原煤产量及环比增长数据

注：产量为主纵轴，环比增长为次纵轴。

资料来源：根据陕西煤炭安监局数据整理得到。

表 3－11 给出了 2000 年陕西前五大煤矿原煤产量、机械化程度和原煤全员效率。数据显示各项指标还不尽如人意。

表 3－11　2000 年陕西省前五大煤矿原煤产量等指标

煤矿 / 指标	铜川矿务局	韩城矿务局	澄合矿务局	蒲白矿务局	崔家沟煤矿	国有重点煤矿
原煤产量（万 t）	563. 88	350. 37	130. 31	115. 00	93. 10	1326. 99
采煤机械化程度（%）	70. 74	20. 53	32. 11	41. 65	100. 00	–
掘进机械化程度（%）	57. 92	93. 87	100. 00	8. 66	–	–
原煤全员效率（t/工）	1. 639	2. 900	1. 417	1. 573	–	–

资料来源：2000 年《中国煤炭工业年鉴》。

在开发模式方面，将神府、榆神、黄陵和彬长四大煤田建设纳入重点建设工程，重点开发了榆神和彬长矿区，重点建设黄陵一号二区、黄陵二号、大柳塔二期、柠条塔、张家峁、大佛寺等一批上百万 t 的大矿井，从规模和开采条件等方面提升了陕西煤炭业的竞争力。但经营依然单一，多种经营开展滞后，同时受大环境影响，整体业绩不佳。

四、“十五”期间

“十五”期间，陕西煤炭业保持高速发展势头，同时加大了一次能源的转化和深加工力度。该期间以建设大规模、现代化优质环保煤基地、煤液化基地和西电东送商品电基地为目标，进一步扩大了神府、黄陵矿区规模，高起点、新机制、大规模地建设榆神矿区[119]。

“十五”期间陕西煤炭业取得的主要成绩如下：

（1）基本建设。“十五”期间，建成了黄陵1号等4处矿井，对下沟等矿井进行了改扩建，新增煤炭生产能力 1050 万 t；新开工建设大佛寺等矿井，能力达2745 万 t。截至 2005 年年末，全省共有生产矿井 835 处（核定 826 处），核定生产能力 12778 万 t/年（其中神华在陕矿井 6 处 5544 万 t/年，省内 820 处 7234 万 t/年）。

（2）煤炭生产。图 3 – 16 给出了这一期间全省原煤产量及环比增长率情况。图中数据可以看出，原煤产量逐年快速提升，2001 年增速最大，达到 94. 00%，2002 年增速也达到 72. 53%，以后年度增速都在 10% 以上，至 2005 年原煤产量已增至 15311. 7 万 t。

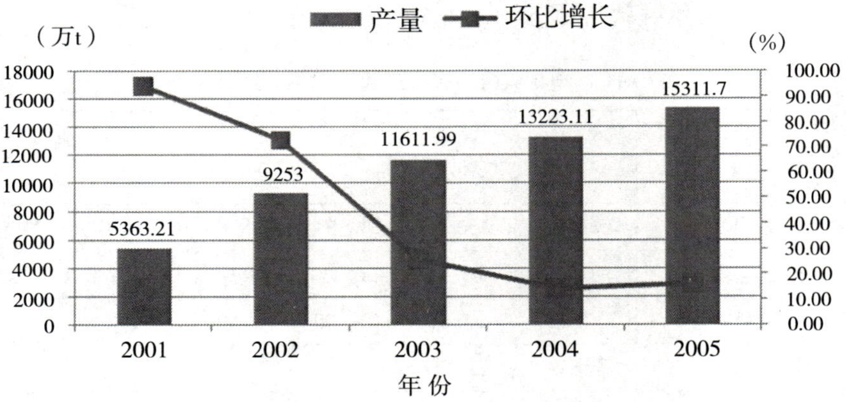

图 3 – 16　1996—2000 年陕西原煤产量及环比增长数据

注：产量为主纵轴，环比增长为次纵轴。

资料来源：根据陕西煤炭安监局数据整理得到。

（3）煤炭深加工。共有洗煤厂44处，入洗能力2994万t，其中动力煤洗煤厂3处，入洗能力1920万t；炼焦洗煤厂41处，入洗能力1074万t。共有焦炭生产企业325家，生产能力2803万t，其中冶金焦生产企业32家，生产能力703万t；半焦生产企业293家，生产能力2100万t。

（4）产业结构调整与企业改革。这一期间加快了煤化工、煤电一体化等产业结构调整项目的建设，开工建设了锦界、铜川等煤电一体化项目，装机容量约200万kW；神木、兖矿甲醇项目，生产能力80万t；完成了神华、兖矿煤制油，陶氏、英美安格鲁煤制烯烃，庙沟门、清水川煤电一体化等结构调整项目前期工作；煤层气利用建成了铜川8×500kW瓦斯发电厂。企业改革方面，原国有重点矿务局已全部完成公司化改制，并整合优势资源组建了陕西煤业集团有限责任公司且效果明显。

（5）安全状况。进一步落实安全生产责任制，健全安全生产监管体系，强化煤炭企业安全生产责任主体，加大煤矿安全投入，建立煤矿安全生产长效机制，百万吨死亡率由“九五”末的5.58降到1.998，下降179.27%，平均每年下降35.8%。

（6）环境保护。积极推进洁净煤生产技术，减少废弃物的排放量；发展循环经济，加大了煤矸石、煤泥、煤层气、矿井排放水及与煤共伴生资源的综合利用；加大了保护和治理矿区环境力度，按照“谁开发、谁保护，谁污染、谁治理，谁破坏，谁恢复”的原则，加强矿区环境保护和治理。

（7）科技进步。开展煤田地质和环境工程地质研究，加大了对鄂尔多斯盆地聚煤规律、保水采煤等重大课题的研究力度，研究成果获国家科技进步一等奖；在矿井建设和生产中，积极采用国际先进技术和装备，提高矿井现代化装备与生产水平，已建成榆树湾、黄陵一号井等一流现代化矿井。

在开发模式方面，这一期间取了较大发展，具体表现在：开采规模得到了一定程度的提升，推进了产业结构调整和大集团战略，加大了一次能源的转化和深加工力度，提升了综合利用水平，等等。

但与国际先进相比，陕西煤炭业还存在以下七个方面的问题。

（1）产业集中度低，组织结构不合理。截至2005年，全省在籍矿井835处（核定826），核定生产能力12084万t，单井平均生产规模不到15万t，其中120万t以上的大型矿井仅16处（核定产能7095万t），30万t以下的小型矿井784处（核定产能4205万t）。企业产量过百万t的仅有神华集团、陕煤集团、益秦集团、彬煤公司、陕西榆林市榆神煤炭有限公司等少数几家（见表3－12）[120]。

表3－12　2005年陕西省前五大煤企原煤产量

指标＼煤企	陕西煤业集团有限责任公司	陕西彬县煤炭有限责任公司	陕西榆林市榆神煤炭有限公司	陕西益秦集团	神华在陕煤矿	省属国有重点煤矿
原煤产量(万t)	3082	338	130.31	215	5029.01	2441.86

资料来源：《2006中国煤炭企业100强分析报告》[120]，陕西益秦集团为估计的产能。

（2）产业链短，经营效益差。煤炭生产企业大多以原煤输出，煤炭就地转化和深加工量少，产业链短，产品单一，附加值低，经济效益差。

（3）回采率低，资源浪费严重。小煤矿开采方法落后，资源回收率远低于国家规定标准。一些大型矿井片面追求高产高效，采厚弃薄，吃肥丢瘦，成片甚至整层丢弃薄煤层，回采率达不到国家规定，资源浪费现象严重。

（4）生产基础差，安全欠账多。截至2005年年底，据不完全统计全省煤矿安全欠账达30亿元以上，煤矿安全设施陈旧，装备落后，为安全生产埋下隐患。

（5）职工文化素质低，专业人员严重短缺。截至2005年年底，全省煤矿从业人员256730人，具有大专以上学历的人员8162人，仅占3.1%，专业技术人员严重短缺。煤矿生产一线职工大多数是农民协议工，初中以下文化程度和文盲占66%以上，文化程度低，且流动性大，自身素质和技术水平差[121]。

（6）矿区环境破坏加剧。矿区生态环境脆弱，煤炭开采引起地质环境和生态环境破坏，造成山体崩塌、地表塌陷，水源枯竭等灾害，给当地群众的生活和财产安全造成了危害。

（7）煤矿职工待遇低。煤矿工作环境恶劣，矿工劳动强度大，生存条件差，福利待遇低，与矿工的付出极不相符。

五、“十一五”期间

处在煤炭业“黄金十年”之中，“十一五”期间陕西煤炭业取得了长足发展，实现了煤炭产销量和经济总量、生产布局和产业结构调整、安全生产三大新突破，煤矿安全基础得到明显加强和实现。取得的主要成绩如下：

（1）产能大幅提升。“十一五”期间，全省新增原煤产能约 1.5 亿 t。新增煤制甲醇产能 265 万 t，规模在 60 万 t 以上、园区化布局、资源综合利用的兰炭产能 2600 万 t，聚氯乙烯产能 110 万 t。“十一五”期间全省共生产煤炭 11.99 亿 t，较“十五”期间多产煤炭 7.07 亿 t，同时煤炭销量实现同步增长，产销基本平衡。“十一五”期末（即 2010 年）陕西煤炭产量达 3.55 亿 t，较 2005 年的 1.53 亿 t 增长了 2.02 亿 t，年均增产 4036.8 万 t，维持了第三产煤大省地位[122]。

（2）生产布局和生产结构进一步优化。“十一五”期间，陕西省煤炭业按照“稳定渭北，重点开发彬长、陕北”和加快“三个转化（煤向电转化、煤电向载能工业品转化、煤气油盐向化工品转化）”的发展思路，进一步加大了生产布局和产业结构调整力度。稳步扩大煤油气产能，大力实施能源资源深度转化，能源结构由一次能源开发为主向一二次能源开发并举转变。煤制烯烃、煤制醋酸、煤制芳烃等现代煤化工产业链基本形成，并趋向大型化、国际化、现代化。兰炭产业发展正式列入国家产业目录。“西电东送”装机达到 360 万 kW，电力外送能力达到 771 万 kW。“十一五”期间，新建和技改煤矿 135 处，完成投资 885 亿元，形成能力超过 1 亿 t。通过整顿关闭和资源整合关闭小煤矿 343 处，淘汰落后产能 2500 万 t，小煤矿数量由 2005 年的 850 处减少到 2010 年的 296 处，减少 65%。

“十一五”期末，陕北、神东和黄陇三大基地煤炭产量已超过 3 亿 t，占全省总产量的 85%；大型煤炭企业集团及大型煤矿产量已达 2 亿 t，约占全省总产量的 56%。平均单井产量由 2005 年的 12.4 万 t 提高到 2010 年的 75 万 t，生产布局和产能结构得到明显改善[122]。

（3）重大项目建设成效显著。陕西建成大型现代化煤矿 29 个，千万 t 级煤矿达到 10 个。兖矿 60 万 t 甲醇、延长醋酸、北元化工 100 万 t 聚氯乙烯一期等重大转化项目建成投产，神华陶氏榆林循环经济煤炭综合利用项目上报国家核准，兖矿榆横煤化学工业区煤制油综合利用项目各项前期工作基本完成[122]。

“十一五”期间，府谷庙沟门 6×60 万 kW 煤电一体化、兖矿 60 万 t 煤制甲醇、北元化工 100 万 t 聚氯乙烯、彬长 180 万 t 煤制甲醇以及韩城 500 万 t

焦化综合利用等一批煤炭转化和煤炭洗选综合利用项目先后开工建设或投产。同时煤矸石、矿井水和煤层气等综合利用率也大幅提高。随着煤炭洗选加工和综合利用力度的进一步加大，将从根本上改变陕西省煤炭产业产品结构单一、以生产和销售原煤为主的经营格局。

（4）煤矿安全生产实现新突破。“十一五”期间，针对煤矿开采条件复杂、自然灾害严重和小煤矿数量多、建设基础差及开发建设力度加大的实际情况，陕西省双管齐下，多措并举，突出技术和行政管理与现场监管相结合。

据不完全统计，“十一五”期间全省煤矿安全投入超过100亿元，煤矿安全技术装备水平和安全保障能力明显提高。2010年全省煤炭百万吨死亡率0.262，比2005年的1.53下降83%，比全国平均百万吨死亡率低67%。“十一五”期间，在煤炭产量大幅增长的情况下，煤矿事故死亡人数大幅减少，平均煤炭百万吨死亡率0.421，比“十五”期间的1.949下降78.4%。其中2009年和2010年的百万吨死亡率分别为0.115和0.262，已由煤矿事故多发省跃入全国煤矿安全先进行列[122]。

在开发模式方面，尽管在规模化经营、多元经营、循环经济及综合利用等方面取得了一定成绩，但陕西煤炭业仍然存在诸多不足，表现在：

（1）产业集中度仍然不高。虽然到“十一五”期末，陕北、神东和黄陇三大基地煤炭产量已超过3亿t，大型煤炭企业集团及大型煤矿产量已达2亿t，平均单井产量由2005年的12.4万t提高到2010年的75万t，生产布局和产能结构得到明显改善，但与国际先进水平相比，陕西省在“十一五”期末产业集中度仍然不高。表3－13给出了2010年末陕西前五大煤企原煤产量数据，合计产量18034万t，仅占到陕西全省原煤产量36234万t的49.77%[123]。

表3－13　2010年陕西省前五大煤企原煤产量

指标 \ 煤矿	陕西煤业集团有限责任公司	陕西彬县煤炭有限责任公司	陕西益秦集团	陕西榆林市榆神煤炭有限公司	神华在陕煤矿	省属国有重点煤矿
原煤产量（万t）	10039	576	410	328	6680.68	8851.78

资料来源：《2011中国煤炭企业100强分析报告》[123]，陕西益秦集团为估计的产能。

（2）加快产业结构调整的任务十分艰巨。尽管“十一五”期间陕西煤炭转化项目取得长足发展，但相对快速增长的煤炭产量，转化能力仍然偏低，要从根本上改变以生产和销售原煤为主的经营方式，仍需进一步加快煤炭转化项目建设，并破解技术、资金和人才缺乏的难题；同时，按照全省煤炭企业控制在120家以内的目标要求，仍需加大煤矿企业兼并重组、煤矿资源整合、煤矿整顿关闭力度，再减少小煤矿150处左右，以改变目前小煤矿数量仍然偏多和管理分散的问题。

（3）安全监管压力加大。煤矿安全监管的压力进一步加大。随着开采的延伸和开发力度的加大，渭北老矿区的瓦斯、水患、煤层自燃等现象突出，榆林矿区出现大面积悬顶、溃沙、透水和煤层自燃；彬长矿区瓦斯和水患等安全隐患日趋突出，治理和防范难度越来越大，加之松软煤层瓦斯抽采、煤油气共生矿井瓦斯防治、大面积悬顶垮落等煤矿安全技术难题尚未突破，因此，实现安全生产仍需在技术、管理等方面付出极大的努力。

（4）环保压力进一步加大。占全省煤炭资源总量80%以上的榆林地区煤层埋藏浅，水资源贫乏，生态环境脆弱。随着开发力度的加大，煤水矛盾越来越突出，加之大量煤矸石的堆积和有害气体的排放也会对矿区生态造成一定影响，因此，实施有效的矿区环境保护及生态治理配套措施也是一项十分艰巨的任务。

另外，煤矿专业人才的缺乏和煤炭铁路外运能力的严重不足等问题，也是制约和影响陕西煤炭业发展的重要因素。

六、“十二五”前四年

进入“十二五”以后，陕西煤炭业仍然保持持续发展势头，煤炭产销量和经济总量断续增长、生产布局和产业结构得到进一步优化、安全生产总体向好，主要成绩如下：

（1）产能进一步提高。“十二五”前四年（2011—2014年），据不完全统计，合计新增产能约2.09亿t。2011—2014年原煤产量合计达到18.76亿t，较“十一五”前四年（8.38亿t）净增长了10.38亿t。表3－14展示了“十二五”期间陕西原煤产量情况，数据显示2011年全省原煤产量突破4亿t，达40538.09万t，较上一年增加了13.74%；以后逐年增长，但增速逐年趋缓，2012—2014年增长速度分别为14.22%、6.52%和4.43%；2014年突破了5亿t，较上一年增长了0.43%。表3-14中还展示了不同性质企业原煤产量情况，其中中央企业在陕煤矿原煤产量维持在20%~23%，十二五前四年平均约占21.96%；省属重点煤矿占比在23%~27%，十二五前四年平均约占25.68%；而市县属煤矿占比在49%~55%，十二五前四年平均约占51.95%。

表3-14 2011—2014年陕西省不同性质煤企原煤产量统计

年度	在陕央企		省属煤矿		市县属煤矿		合计	
	产量 万t	占比（%）	产量 万t	占比（%）	产量 万t	占比（%）	产量 万t	占比（%）
2011	8780.35	21.66	9601.27	23.68	22156.47	54.66	40538.09	100.00
2012	9708.71	20.97	12432.75	26.85	23955.44	51.74	46300.61	100.00
2013	11278.28	22.87	13264.82	26.90	24189.31	49.05	49318.01	100.00
2014	11439.64	22.21	12886.41	25.02	27194.62	52.80	51500.56	100.00
合计	41206.98	21.96	48185.25	25.68	97495.84	51.95	187657.27	100.00

注：①数据根据陕西煤矿安监局（http：//www.smaj.gov.cn/info/1187/23267.htm）网站提供的数据整理得到；②2011年央企在陕数据为神华在陕原煤产量数据，省属煤矿为除神华在陕原煤产量外的重点国有煤矿原煤产量，市县属煤矿原煤产量为地方国有煤矿与乡镇煤矿原煤产量合计。

（2）生产布局和生产结构得到进一步优化。大中型煤矿和优质煤炭资源量进一步提升。以2014年为例，榆林、彬长、黄陵等矿区优质煤炭产量达4.69亿t，占全省总产量的91.01%；大中型煤矿产量达4.8亿t，占全省总量的93.2%。2011—2014年，陕西关闭不符合安全生产条件的小煤矿合计超过193处，三年累计淘汰落后产能超过1600万t。同时，加快了资源整合和小煤矿机械化改造，如2014年改扩建项目2处，新增产能2800万t/年，完成煤矿技改、机械化改造、整合项目48处，形成生产能力3390万t。2013年，陕西省对80处矿井进行了整合、技改和机械化改造，要求新建、改扩建和资源整合的矿井全部采用综合机械化开采技术，大中型新建矿井项目的采煤、掘进、机电、提升运输和矿井通风全面采用国内一流技术装备。目前，陕西全省机械化采煤程度已达90%以上，平均单井规模超过100万t[124]。

（3）集团化战略进一步推进。陕西能源集团有限公司于2011年11月正式成立，该集团预计在“十二五”末达到5000万t煤炭产能、400万kW控股电力装机容量、500亿元营业收入的发展目标。陕西榆林能源集团公司于2012年7月正式成立，该集团公司由榆神煤炭公司、煤炭运销集团、煤炭出口集团等6家市属能源类企业整合组建而成，“十二五”末，煤炭产能达到5000万t以上，火电控股装机容量为200万kW，完成煤化工转化项目煤制甲醇、合成氨、捣固焦建设，实现营业收入500亿元以上。陕西煤业股份有限公司于2014年1月28日在上海证券交易所正式挂牌上市，简称陕西煤业（代码601225），公开发行股票10亿股，募集资金40亿元，发行完成后，公司总股本为100亿元；当前总市值超1000亿，在煤炭开采行业仅次于中国神华和中煤能源，排名第三。另外，陕西黄河矿业（集团）有限责任公司、彬县煤炭有限责任公司等实力进一步增强。前五大煤炭企业（集团）原煤产量（产能）（见表3-15）较“十一五”末有了显著提高，产业集中度得到了进一步改善。2014年，陕煤化集团生产原煤12700万t，较2010年（10039万t）净增加了2661万t；在陕中央企业（主要是神华集团）煤矿生产原煤11439.64万t，省属国有重点煤矿原煤产量12886.41万t。

表3-15　2014年陕西省前五大煤炭企业原煤产量（产能）

指标＼煤矿	陕煤业化工集团	陕西能源集团	陕西榆林能源集团	彬县煤炭有限责任公司	央企在陕煤矿	省属国有重点煤矿
原煤产量（产能）（万t）	12700	5000	5000	600	11439.64	12886.41

注：陕西能源集团、陕西榆林能源集团的产能，是“十二五”末预计产能，彬县煤炭有限责任公司对应数据为产能数据。

（4）煤矿安全生产形势总体向好。进入“十二五”以后，通过加大安全投入，强化技术改造和机械化改造，关闭小煤矿等多项措施，使得煤矿安全技术装备水平和安全保障能力得到进一步提高。2014年全省煤炭百万吨死亡率0.101，比2010年的0.216下降53.24%，比全国平均百万吨死亡率（0.255）低60.39%。“十二五”前四年，在煤炭产量大幅增长的情况下，煤矿事故死亡人数大幅减少，平均百万吨死亡率0.095，比“十一五”期间的0.493下降80.73%。

在开发模式方面，尽管陕西煤炭业在规模化经营、多元经营、循环经济及综合利用等方面取得了进一步发展，但仍然存在诸多不足，表现在以下六个方面。

（1）矿井开采规模还有待进一步提升。应以建设大型特大型现代化矿井，建设千万t矿井群为重点，对中小型煤矿加快实施技术装备升级，实现机械化、规模化生产，现代化管理，提高劳动生产率，降低生产成本，增强煤炭产品竞争力和抵抗市场风险能力。2014年渭北、延安等地相当一部分煤矿出现价格倒挂，经营亏损，不少煤矿处于停产或半停产状态，资源和开采条件较好的煤矿利润空间大幅下降。

（2）加快煤炭产业布局及结构调整。煤炭产业重心应向煤层赋存条件好、开采技术条件优越、煤种及煤炭质量优良的矿区转移，对开采技术条件复杂、煤质差、售价低的矿井实施关停。加快煤矿配套选煤厂特别是中小煤矿群选煤厂建设，增加品种，提高质量，增加附加值。

（3）提高煤炭开采的块煤率。要把提高综采开采的块煤率，作为技术攻关重点，进行研究破解，增加销售收入，增加效益。提高煤炭装车数量质量实时监测和质级配置自动化水平，数量做到不超不欠，质量符合用户质级要求。

（4）煤炭产业原煤入洗率低，不足40%；开采块煤率低，25%左右；加工转化率低，30%左右[125]。

（5）煤矿安全形势依然严峻。渭北老矿区瓦斯、承压水、老窑积水；榆林地区大面悬顶区域多，榆阳等部分矿井上露岩层富水性强；彬长和麟北矿区瓦斯涌出量大，赋存不规律，一些埋深较大的矿井上露岩层富水性强，地热增高，特别是有冲击地压呈现，这些均严重威胁煤矿安全生产。数据显示，2014年陕西发生煤矿死亡事故32起，死亡52人，百万吨死亡率为0.101，安全生产情况不及2013年。

（6）继续延伸产业链，提高产品附加值。煤化工产业：①立足陕西优质煤炭资源优势，结合预测煤化工产品中长期市场需求，调整煤化工产业结构，着力发展建设煤制油、煤制天然气项目；着力发展建设煤制芳烃及高端化工产品项目；着力发展建设煤化工多联循环经济项目，以实现结构调整转型发展；②对全省煤化工项目，应在专家组调查研究、分析论证的基础上，对“十二五”煤化产业规划进行调整，以实现同关联产业融合发展和市场对接；

对已申报核准的煤化工项目技术工艺先进性、产品市场前景及经济效益性论证评估，优化技术工艺路线；对建成和在建的原料型煤化工项目，实施深度转化，重点以甲醇制汽油、制芳烃及高端化工产品（替代进口）为技术路径。

电力产业：①调整布局结构，以建设单机容量 100 万 kW，超临界空冷大型坑口电厂为重点，淘汰规模小，技术落后、耗煤高、效益差的小型燃煤产能；②优化煤电一体化建设项目，对已建成的煤电一体化项目实施煤电化一体化改造；对在建的煤电一体化项目优化设计，按照煤电一体化进行建设；③电源点建设与输变电工程建设相结合，加快向中南、华东、京津唐特高压输电线路建设，改变目前输变电工程建设严重滞后电源点的状况，尽快发挥陕西“西电东输”基地作用。

能源化工产业：①抓好科技创新，为能源化工产业转型发展提供智力支持。应以发展改革部门牵头，组织科技管理、经济运行管理部门、企业家及有关专家到全国煤化工先进企业、科研院所进行煤炭产业、煤化工产业、电力产业新技术、新工艺、新设备考察学习，引导陕西煤炭、煤化工、电力企业与科研院所建立战略合作，解决煤炭、煤化工和电力产业发展的技术瓶颈；②抓好能源化工产业转型发展示范工程，即以甲醇、烯烃、醋酸为原料的深度转化示范工程；煤电化一体化示范工程；粉煤热解提取煤焦油—煤焦油加氢制取转质燃料（柴油）示范工程；煤二次转化制油（柴油）示范工程；煤制芳烃示范工程。以典型示范推动陕西能源化工产业转型发展，打造陕西经济发展新的增长点。

第四节　本章小结

应用描述统计和比较分析法，对陕西煤炭业发展历程及地位、我国煤炭业和陕西煤炭业在“黄金十年”取得的成绩、陕西煤炭开发模式演变及现状进行系统的梳理和分析。研究发现：

（1）陕西煤炭业取得了巨大发展，在陕西国民经济中和在全国煤炭开采领域占据重要地位。新中国建立以来（尤其进入 21 世纪以后），陕西煤炭开采取得了巨大发展：2014 年原煤较 1949 年增产了 51441.56 亿 t，净增长了 871.89 倍，年均增产 791.41 万 t，年均增长 13.41 倍。在 2001 年及以前，陕西规模以上煤炭开采企业生产总值还仅占全省规模以上企业生产总值的2%上下，2008年起已上升至10%以上，2012年达到13.24%，2014年为10.62%，在陕西国民经济中占据重要地位。2000年及以前陕西原煤产量在全国排名在10名以后，2005年原煤产量1.563亿t，位居全国第3名；2006—2008年陕西原煤产量排名全国第4位，2009年起至今，一直稳居第3位，仅低于内蒙古和山西，即陕西在全国煤炭开采领域已占据重要地位。

（2）在2003—2012年的“黄金十年”里，我国煤炭业和陕西煤炭业均得到了快速发展，取得了优异成绩。黄金十年里，我国煤炭业新增产能累积已达到30.57亿t，产量由2002年的14.15亿t升至2012年的36.5亿t，净增长了1.52倍；大型和特大型企业不断涌现，截至2013年年底，营业收入超过1000亿元的企业数量达到16家，形成了8家亿t级、17家5000万t级、52家千万t级以上的煤炭生产企业格局；煤矿安全生产上已取得了不错成绩，煤矿事故起数、事故致死亡人数及百万吨死亡率三个重要指标自2006年起都呈现快速下降趋势，到黄金十年的最后一年（2012年）已分别下降至779起、1384人和0.564。陕西煤炭业在黄金十年里同样也取得了骄人成绩：原煤产量由2002年的9253万t升至2012年的4.63亿t；安全生产状况大大改善，煤矿事故起数、事故致死亡人数及百万吨死亡率分别由2002年的141起、178人和1.92下降至2012年的33起、49人和0.106；煤炭产业结构得到了较大改善：规模以上煤炭企业由2002年74家升至2012年491家；已形成了以陕煤化集团、陕西能源集团、陕西榆林能源集团等为代表的省属特大型煤炭集团企业；建成的安全高效矿井数由2003年的8处上升至2013年的33处；取得了优异的经济效益，规模以上企业利润总额由2002年1.35亿元升至2012年的617.54亿元。

（3）自新中国成立以来，陕西煤炭开发模式日趋完善。生产布局得到了较大改善，2000年以前建成投产的矿井主要集中渭北地区，该地区煤质差，开采条件不佳，导致市场竞争力差。近十几年来陕西大力开发神府、榆神、黄陵和彬长四大煤田，2014年榆林、彬长、黄陵等矿区优质煤炭产量达4.69亿t，占全省总产量的91.01%，大大提升了陕西煤炭业产品竞争力。生产结构得到较大优化，近十几年来通过鼓励大型现代化煤矿的建设、关停并转小型煤矿，使得陕西煤炭生产结构得到了优化，到2014年大中型煤矿产量达4.8亿t，占全省总量的93.2%。机械化程度有较大提高，建成的安全高效矿井采煤机械化程度均达到了100%，全省煤矿机械化采煤程度已达到90%以上。多元化经营、产业融合取得较大发展，近些年来陕西按照“稳定渭北，重点开发彬长、陕北”和加快“三个转化（煤向电转化、煤电向载能工业品转化、煤气油盐向化工品转化）”的发展思路，强力推动多元化经营和产业融合，“以煤为基、多元发展”的发展战略，已取得了成效，煤制烯烃、煤制醋酸、煤制芳烃等现代煤化工产业链基本形成，并趋向大型化、国际化、现代化；府谷庙沟门6×60万kW煤电一体化、兖矿60万t煤制甲醇、北元化工100万t聚氯乙烯、彬长180万t煤制甲醇以及韩城500万t焦化综合利用等一批煤炭转化和煤炭洗选综合利用项目先后开工建设或投产；完成了百万t级煤炭直接液化、间接液化、60万t煤制烯烃、20亿m^3煤制气示范工程，2013年化工行业消费原煤1037.13万t。

第四章　陕西煤炭资源开发模式综合评价

第一节　煤炭行业环境分析

一、国家能源政策分析

能源是现代化建设的基础和动力，能源供应和安全事关我国现代化建设全局。煤炭是一种不可再生的化石能源资源，与石油、天然气一道，是全世界经济与社会发展所依赖的三种主要化石能源资源。我国“富煤、贫油、少气”的能源格局，决定了煤炭是支撑我国经济和社会发展的第一大主体能源。我国能源资源约束日益加剧，生态环境问题突出，调整结构、提高能效和保障能源安全的压力进一步加大，能源发展面临一系列新问题新挑战。从现在到2020年，是我国全面建成小康社会的关键时期，是能源发展转型的重要战略机遇期。2014年6月国务院办公厅印发了《能源发展战略行动计划(2014—2020年)》[126]（国办发〔2014〕31号）（以下简称《行动计划》），为我国当前至2020年能源发展确定了总体战略、主要任务及保障措施，也为我国煤炭业的发展指明了方向。

（一）指导思想

《行动计划》要求我国能源发展要以开源、节流、减排为重点，确保能源安全供应，转变能源发展方式，调整优化能源结构，创新能源体制机制，着力提高能源效率，严格控制能源消费过快增长，着力发展清洁能源，推进能源绿色发展，着力推动科技进步，切实提高能源产业核心竞争力，打造中国能源升级版，为实现中华民族伟大复兴提供安全可靠的能源保障。

（二）战略方针与目标

《行动计划》要求我国能源发展要坚持“节约、清洁、安全”的战略方针，加快构建清洁、高效、安全、可持续的现代能源体系。同时重点实施四大战略，即节约优先战略、立足国内战略、绿色低碳战略、创新驱动战略，到2020年，基本形成统一开放竞争有序的现代能源市场体系。

在煤炭领域，《行动计划》提出了如下要求。

1. 推进煤炭清洁高效开发利用

按照安全、绿色、集约、高效的原则，加快发展煤炭清洁开发利用技术，不断提高煤炭清洁高效开发利用水平。①清洁高效发展煤电。转变煤炭使用方式，着力提高煤炭集中高效发电比例。提高煤电机组准入标准，新建燃煤发电机组供电煤耗低于每kW·h300g标准煤，污染物排放接近燃气机组排放水平。②推进煤电大基地大通道建设。依据区域水资源分布特点和生态环境承载能力，严格遵守煤矿环保和安全准入标准，推广充填、保水等绿色开采技术，重点建设晋北、晋中、晋东、神东、陕北、黄陇、宁东、鲁西、两淮、云贵、冀中、河南、内蒙古东部、新疆14个亿t级大型煤炭基地。到2020年，基地产量占全国的95%。采用最先进节能节水环保发电技术，重点建设锡林郭勒、鄂尔多斯、晋北、晋中、晋东、陕北、哈密、准东、宁东9个千万kW级大型煤电基地。发展远距离大容量输电技术，扩大西电东送规模，实施北电南送工程。加强煤炭铁路运输通道建设，重点建设内蒙古西部至华中地区的铁路煤运通道，完善西煤东运通道。到2020年，全国煤炭铁路运输能力达到30亿t。③提高煤炭清洁利用水平。制定和实施煤炭清洁高效利用规划，积极推进煤炭分级分质梯级利用，加大煤炭洗选比重，鼓励煤矸石等低热值煤和劣质煤就地清洁转化利用。建立健全煤炭质量管理体系，加强对煤炭开发、加工转化和使用过程的监督管理。加强进口煤炭质量监管。大幅减少煤炭分散直接燃烧，鼓励农村地区使用洁净煤和型煤。

2. 控制煤炭消费总量，降低煤炭消费比重

制定国家煤炭消费总量中长期控制目标，实施煤炭消费减量替代，到2020年，一次能源消费总量控制在48亿t标准煤左右，煤炭消费总量控制在

42亿t左右。

优化能源结构，积极发展天然气、核电、可再生能源等清洁能源，降低煤炭消费比重，推动能源结构持续优化。加快清洁能源供应，控制重点地区、重点领域煤炭消费总量，推进减量替代，压减煤炭消费，到2020年，全国煤炭消费比重降至62%以内（天然气在一次能源消费中的比重提高到10%以上，非化石能源占一次能源消费比重达到15%）。

削减京津冀鲁、长三角和珠三角等区域煤炭消费总量。加大高耗能产业落后产能淘汰力度，扩大外来电、天然气及非化石能源供应规模，耗煤项目实现煤炭减量替代。到2020年，京津冀鲁四省市煤炭消费比2012年净削减1亿t，长三角和珠三角地区煤炭消费总量负增长。

控制重点用煤领域煤炭消费。以经济发达地区和大中城市为重点，有序推进重点用煤领域“煤改气”工程，加强余热、余压利用，加快淘汰分散燃煤小锅炉，到2017年，基本完成重点地区燃煤锅炉、工业窑炉等天然气替代改造任务。结合城中村、城乡结合部、棚户区改造，扩大城市无煤区范围，逐步由城市建成区扩展到近郊，大幅减少城市煤炭分散使用。

二、宏观与行业背景分析

我国经济正处于深层次矛盾凸显和“三期叠加”（增长速度换挡期、结构调整阵痛期和前期刺激政策消化期）的发展阶段，经济发展面临新形势、新特征和新常态。相应地，煤炭行业也面临“四期”，即“煤炭需求增速的放缓期、超前产能与库存的消化期、环境制约的强化期、现代煤化工技术的发展期”并存的新形势[127]。市场继续呈现供需总量宽松、结构性过剩的态势，全社会库存维持高位，煤炭价格下行压力依然存在，煤炭行业去产能、去库存的任务繁重。

（一）前期投资形成的巨大产能释放压力依然较大

从2001年起，在持续旺盛的市场需求的拉动下，全社会投资开办煤矿的热情高涨，投资规模快速增加。据统计，共有16个行业不同程度地进入了煤炭开采业。中央企业有17家涉足煤炭开采，共有324处煤矿，产量9.8亿t，占全国总产量的26.3%。1999年，煤炭业固定资产投资仅为124.88亿元，而2012年增至5370亿元，2013年稍有回落，但也高达5263亿元。2001—2013年，煤炭业固定资产投资合计达 30448.79 亿元，形成了巨大的产能。目前全国共有煤矿 1.2 万个左右，总产能约为 40 亿 t，还有在建产能 11 亿 t，因此当前仍然面临前期投资形成的国内煤炭产能释放的巨大压力。

（二）进口煤炭挤压市场空间

自 2008 年我国煤炭进口量首次超过出口量以来，煤炭净进口总量不断跃升，从 2008 年的 503 万 t 已升至 2014 年的 28548 万 t（见表 4－1）。同时，进口煤对国内市场的影响范围已开始由东南沿海逐步扩展至内陆地区，甚至到主要产煤省区。

表 4－1　2008—2013 年我国煤炭进出口统计（万 t）

年度	进口	出口	净进口
2008	4543	4040	503
2009	12583	2240	10343
2010	16483	1903	14580
2011	18239	1465	16774
2012	28900	926	27974
2013	32700	751	31949
2014	29122	574	28548

资料来源：Wind 资讯。

三、煤炭企业经营情况分析

（一）企业亏损面持续扩大

自 2012 年 5 月起至 2015 年 3 月止，全国煤炭市场连续 35 个月波动下行，需求不足，产能过剩，进口规模大，全社会库存居高不下（全社会存煤持续在 3 亿 t 以上），煤炭价格持续下跌，企业收益减少，经营困难，煤矿安全生产和矿区稳定的压力越来越大[128]。从 2012 年起我国煤炭企业就开始出现大面积亏损，当年近 40% 煤炭企业亏损。2013 年仅大型煤炭企业亏损面就达到

36.7%，2013年前11个月规模以上企业主营业务成本同比增长4.56%，其中大型煤炭企业主营业务成本同比增长21.1%（主要原因是：办矿标准提高，煤矿设备设施投入增加；安全生产投入大幅增加；职工收入增加；开采深度增加，导致综合生产成本上升；资源获取成本增加；生态环境治理成本增加；涉煤不合理收费难以取消；大量投资导致资产成本增加），行业利润同比下降38.8%（亏损企业亏损额为405.54亿元，同比增长了80.70%）。2014年，中国煤炭企业亏损面达70%，缓发、减发、欠发工资超50%[129]，黑龙江、吉林、重庆、四川、云南、安徽、江西7个省出现煤炭全行业亏损。2015年前两个月，全国煤炭国有和国有控股企业整体亏损。据中国煤炭工业协会统计，90家大型企业2015年前两个月共亏损131亿元（去年同期利润112亿元），亏损面达80%以上（只有19家企业有利润）[128]。

（二）企业经营风险加大

煤炭产量长期供大于求，煤炭企业市场地位发生了变化，议价和催款能力下降，导致货款回笼困难，资金紧张。截至2014年12月底规模以上煤炭企业应收账款达3594.24亿元；累计负债33829.98亿元，平均资产负债率达到65.64%，90家大型企业资产负债率平均超过了70%；财务费用大幅上升，达到854.46亿元，有的企业年支付银行利息超百亿元（资料来源：Wind资讯）。

第二节　煤炭资源开发模式的发展趋势——基于对神华集团的分析

神华集团有限责任公司（简称神华集团）是于1995年10月经国务院批准设立的国有独资公司，是中央直管国有重要骨干企业，是以煤为基础，电力、铁路、港口、航运、煤制油与煤化工为一体，产运销一条龙经营的特大型能源企业，是我国规模最大、现代化程度最高的煤炭企业和世界上最大的煤炭经销商。2014年度在《财富》全球500强企业中排名第165位。截至

2014 年年底，神华集团公司共有全资和控股子公司 21 家，生产煤矿 62 个，投运电厂总装机容量达 6690 万 kW，拥有 2182 公里的自营铁路、2.71 亿 t 吞吐能力的港口和煤码头，以及拥有船舶 38 艘的航运公司，总资产 9286 亿元，在册员工 21.2 万人。近年来在我国煤炭市场持续低迷的背景下，神华集团依然保持较高的盈利能力，2014 年神华集团利润总额达 640 亿元[130]，占我国 7098 家规模以上煤炭开采和洗选企业利润总额 1268.48 亿元（资料来源：Wind 资讯）的 50.45%。如此的抗风险能力，得益于其独到的煤炭资源开发模式，以下即基于其开发模式视角，梳理神华集团的特征。

一、煤炭生产布局与结构

神华集团共有 13 个煤炭企业 74 处煤矿，目前在生产煤炭企业 10 个，在生产煤矿 60 处，2014 年原煤产量 4.6 亿 t。根据第 1 批至第 7 批《全国煤矿生产能力情况》[131]及国家能源局 2015 年 2 号公告所提供数据，得到 51 个神华所属煤矿的产能数据，如表 4－2 所示。表 4－3 是根据中国神华能源股份有限公司《2014 年年度报告》和网络数据整理得到的神华所属主要矿区 2013 年和 2014 年原煤产量数据。两个表中的数据表明，神华集团的煤炭生产主要集中于内蒙古、宁夏、陕北和新疆等省（自治区），这些省（自治区）煤质优良，开采条件简单，开采成本低，同时适用于大规模开采，从而能达成规模效应。

生产结构方面，表 4－4 给出了所获得的 51 个煤矿产能分布数据。通过表中数据可以看到，低于 120 万 t/年的煤矿仅有 9 个，占总数的 17.65%（最低产能为 45 万 t/年，即神华宁夏煤业集团有限责任公司卡布梁露天矿和神华集团海勃湾矿业有限责任公司露天煤矿三采区），绝大多数为大于 120 万 t 的大型煤矿。其中，有 3 个煤矿产能超过了 3000 万 t/年，即神华宝日希勒能源有限公司露天煤矿（3500 万 t/年）、中国神华能源股份有限公司哈尔乌素分公司（哈尔乌素露天矿）（3500 万 t/年）、神华准格尔能源有限责任公司黑岱沟露天矿（3400 万 t/年），属特大型现代化矿井；还有 11 个煤矿产能超过 1000 万 t/年，即补连塔煤矿（2500 万 t/年）、布尔台煤矿（2500 万 t/年）、榆家梁煤矿（1630 万 t/年）、胜利一号露天矿（1500 万 t/年）、上湾煤矿（2400 万 t/年）、哈拉沟煤矿（1250 万 t/年）、梅花井煤矿（1200 万 t/年）、大柳塔煤矿活鸡兔井（1100 万 t/年）、大柳塔煤矿大柳塔井（1000 万 t/年）、羊场湾煤矿一号井（1000 万 t/年）、万利一矿（1000 万 t/年）。如此的生产结构，自然会获得规模效应，提升企业的竞争力。

表 4－2　神华集团煤矿所在省区产能统计

	新疆	陕西	宁夏	内蒙古	山西	合计
产能（万 t/年）	630	5485	5617	22295	500	34527
煤矿数（处）	3	6	16	25	1	51

资料来源：根据第 1 批至第 7 批《全国煤矿生产能力情况》、国家能源局 2015 年 2 号公告所提供的数据整理得到。

表 4－3　神华集团主要矿区及产量（百万 t）

年度	神东矿区	准格尔矿区	宝日希勒矿区	包头矿区	胜利矿区	宁煤	新煤	合计
2014	187.8	61.8	28.7	7.6	17	72.8	–	375.7
2013	197.2	61.3	31.4	8.3	17.9	78.15	27.6	421.85

资料来源：中国神华能源股份有限公司《2014 年年度报告》及网络数据整理得到。

表 4－4　神华集团主要煤矿产能分布（处）

3000 万 t 以上	1000 万－2999 万 t	300 万－999 万 t	120 万－299 万 t	120 万 t 以下
3	11	11	17	9

资料来源：根据第 1 批至第 7 批《全国煤矿生产能力情况》、国家能源局 2015 年 2 号公告所提供的数据整理得到。

二、开采现代化程度与效率

神华集团一直遵循高起点、高标准的建矿方针，瞄准国内外新技术、新设备、新工艺，通过强化管理、狠抓安全，大力推进生产技术装备现代化，着力提升生产矿井安全高效水平，多数矿井的现代化程度和效率居于国内领先地位，许多煤矿甚至处于世界领先水平。2015 年 2 月中国煤炭工业协会所公布的 2012—2013 年度煤炭工业安全高效矿井（露天）名单中，神华集团就有 44 处矿井（露天），占全国被命名矿井总数 442 处的近 10%，占集团 60 处在产矿井的73.33%，产能3.5亿t，井工矿全员工效平均为48t/工，露天矿全员工效平均为170t/工，采煤机械化程度、掘进（剥离）机械化程度均为100%[132]。

三、生态与环境保护

神华集团秉承“安全高效、清洁环保、和谐共赢”的理念，把环境安全作为企业运营发展的基本保障，以“1245”战略为指引，努力打造国际知名的清洁能源供应商，引领行业绿色升级，为建设天蓝地绿水净的美丽中国积极贡献力量。具体做法包括积极推进煤炭清洁生产、煤炭清洁利用、煤炭清洁转化，以及积极发展低碳能源，等等。其主要措施有以下几项：①煤炭清洁生产。神华集团持续推进精益化管理，探索低投入高产出、低消耗少排放的煤炭生产方式。在煤炭开采过程中，同步开展水土保持、复垦绿化、防风固沙、边坡防护等环保工作，降低对环境造成的负面影响；努力减少矸石的采出，将洗选出的矸石全部按环保规定处置，进行回填造地或发电等综合利用。神华集团大力推进数字矿山建设，以科技提升煤炭清洁生产水平。建成的数字矿山示范矿井——锦界煤矿，员工效率提高了7.8%，引领着全国煤炭生产技术进步。②煤炭清洁利用。神华集团积极开展新建和改造老旧燃煤发电机组“超低排放”研究，开发除尘、脱硫、脱硝的烟气节能环保一体化处理技术方案。③煤炭清洁转化。神华集团以煤炭为原料，不断完善工艺技术，通过化学加工过程生产油品，实现了煤炭高效清洁转化和利用。截至2014年年底神华集团建成并运行了4个大型煤制油、煤化工项目。同时自主研制开发的煤直接液化工艺已经在8个国家获得专利，成为世界首个经过工业规模装置验证的现代成熟煤直接液化工艺。④发展低碳能源。神华集团积极开发低碳、可再生能源，利用乏风、地热、页岩气等清洁能源，减少了化石能源耗用。2014年神华集团风力、光伏和水力电厂累计发电量106.06亿kW·h，综合利用煤矸石约711.3万t[133]。

四、产业融合发展

产业融合发展方面，神华集团做到了极致，为我国其他煤炭（集团）企业做出了表率。神华集团以煤为基础，集电力、铁路、港口、航运、煤制油与煤化工为一体，产运销一条龙，多元发展。正因为如此，神华集团才具有对市场风险无比强大的抵抗能力。在煤炭市场极为低迷的2014年，神华集团完成了煤炭销量5.88亿t、自营铁路运量4.12亿t、发电量3246亿度、各类油品化工品1254.6万t、港口吞吐量1.96亿t，实现营业收入3249亿元、利润总额640亿元[130]。

五、安全生产

在安全生产方面，神华集团一直走在我国煤炭企业前面。图4-1列示了2004—2014年全国及神华集团原煤生产百万吨死亡率数据。图中数据显示，2004—2014年，神华集团原煤生产安全水平远远高于全国平均水平，达到了世界先进水平。

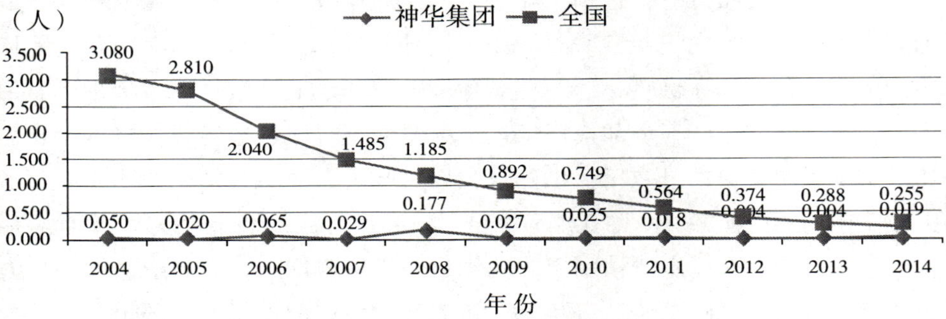

图4-1　2004—2014年全国及神华集团原煤生产百万吨死亡率比较

神华集团经过多年实践，在煤矿安全生产方面探索和积累了许多宝贵经验。可以概括为“五个一”：①树立一个理念，即事故可防可控的理念，坚决破除煤矿灾害不可控制、事故难以避免的陈旧观念和错误认识；②构建一套体系，即安全风险预控管理体系，运用系统原理，对人、机、环、管各个环节的不安全因素进行全面辨识、分析、评估和管控，使各类危险因素始终处于动态受控状态；③探索一条途径，即安全高效现代化矿井建设新途径；④打造一支队伍，即素质过硬的员工队伍；⑤培育一种文化，即具有神华特色的安全文化，倡导和形成“树生命至上的安全观、做安全幸福的神华人”的新风尚。

神华集团2013年提出了“零伤害”安全生产目标，坚持安全第一、预防为主、综合治理的方针，持续完善安全生产管理体系，夯实安全管理基础，为促进安全绩效的持续提升和构建本质安全型企业发挥了重要作用。

六、社会效益与经济效益

借助于先进的煤炭资源开发模式和经营模式，神华集团取得了良好的社会效益和经济效益（见表4－5）。

表4－5　神华集团主要社会与经济效益指标（亿元）

年度	营业收入	利润总额	纳税总额	员工人数（人）	对外捐赠
2014	3249	640	580.90	212233	5.20
2013	3678	785	674.00	214233	2.30

资料来源：2013 年和 2014 年《神华集团社会责任报告》[133,134]。

在市场异常低迷的背景下，神华集团缘何能做出这样的成绩？首先开发的煤炭资源是优质资源，适合大规模开采，达成了规模效益，做到了安全和高效；其次拥有多元化的经营模式，即煤电一体化、铁路、港口等。换言之，神华依靠其科学先进的煤炭资源开发模式，赢得了快速发展及良好的社会与经济效益。同时，在推进煤炭资源开发的生态文明建设方面，神华集团也做出了表率，还原青山、绿水和蓝天。神华集团煤炭资源开发模式，即有意识选择安全绿色高效的煤炭资源开发模式，引领了潮流和方向，值得借鉴与推广。

第三节　煤炭资源开发模式综合评价指标体系的设计

一、指导思想

认真贯彻落实党的十八大精神，按照稳增长、调结构、促改革、惠民生的总基调，引领煤炭资源开发稳中求进，开拓创新。联系生态文明建设要求，构建具有生态文明效益、社会与经济效益评价功能的煤炭资源开发模式的综合评价指标体系，以引领煤炭资源开发。坚持“科学布局、集约开发、安全生产、高效利用、保护环境”的战略方针，不断实施创新驱动战略，建设生态文明矿山，加快构建清洁、高效、安全、可持续的现代煤炭资源开发模式和体系，努力打造中国煤炭工业升级版，为我国社会和经济持续健康发展提供可靠的能源支撑。

二、评价指标选择的原则

（一）科学性原则

科学性原则主要体现在理论和实践相结合，以及所采用的科学方法等方面。开发模式评价指标体系的设计，应坚持从实际出发，实事求是，充分考虑煤炭资源开发的特点和客观条件，排除偶然因素和主观因素的影响。同时，所设计的指标名称尽可能做到简明扼要、简单易懂，数据易查易算，各项指标尽可能做到规范而实用。所有指标要经过精选，挑选主要的和关键性的指标，宁缺毋滥。

（二）全面系统性原则

所设计的指标体系兼顾采掘、深加工、安全、地质保障、环保、管理体系等方面，能全面系统地指导煤炭资源开发。所设计的同层次指标之间尽可能做到界限分明，避免相互有内在联系的若干组、若干层次的指标体系，体现出较强的系统性。

（三）可操作性和可比性原则

所设计的指标体系易于分解、监控、考核和评价，做到清晰、明确、具体，避免过于笼统抽象或过细、过繁。把定性分析与定量分析有机结合起来，注重反映煤炭资源开发的过程和效果，凡能量化的指标都要进行量化。设计的指标体系要遵循可比性原则即所设计的指标在不同的时间或空间范围上具有可比性。

（四）前瞻性与动态适用性

所设计的指标体系符合当前煤炭资源开发的时代特征和未来发展方向。同时，随着时间的推移，可适时变化。另外，由于煤炭资源开发受地理位置、地质条件等因素的影响较大，因此所设计的评价指标应体现各煤炭基地、矿区资源赋存和开采条件等方面特征。

三、评价指标选择的依据

（一）党和国家现阶段的路线、方针、政策

《国务院关于促进煤炭工业健康发展的若干意见》（国发〔2005〕18号）明确提出“坚持发展先进生产能力和淘汰落后生产能力相结合的原则，加快现代化大型煤炭基地建设”“提高煤矿装备现代化、系统自动化、管理信息化水平，淘汰落后的技术装备与工艺，推动煤炭工业科技进步”，以及“加快神东、陕北、晋中等13个大型煤炭基地建设，形成稳定可靠的商品煤供应基地、煤炭深加工基地和出口煤基地”等要求[135]；国家发改委在《煤炭工业发展“十一五”规划》中也提出了促进我国煤炭工业现代化建设方针、任务和政策措施[136]。2010年10月中国共产党第十七届中央委员会第五次全体会议通过的《中共中央关于制定国民经济和社会发展第十二个五年规划的建议》(以下简称《建议》)[137]，《建议》对“十二五”能源发展作了充分阐述，指出要“推动能源生产和利用方式变革，构建安全稳定经济清洁的现代能源产业体系”。《煤炭工业发展“十二五”规划》[7]提出了“科学发展、集约开发、安全生产、高效利用、保护环境”的发展方针，强调以科技进步为支撑，建设大型煤炭企业集团、建设大型煤炭基地，建设大型现代化煤矿，保障煤炭稳定供应；强调提高资源综合利用水平，提高矿区环境质量，等等。2012年11月8日，时任中共中央总书记的胡锦涛同志代表十七届中央委员会向中共第十八次代表大会做了题为《坚定不移沿着中国特色社会主义道路前进为全面建成小康社会而奋斗》的报告，即党的十八大报告，将生态文明建设放在与经济、政治、文化和社会建设同等重要的地位，这为我国煤炭资源开发与利用，指明了发展方向。2013年11月中国共产党十八届三中全会审议通过的《中共中央关于全面深化改革若干重大问题的决定》，全会提出，建设生态文明，必须建立系统完整的生态文明制度体系，用制度保护生态环境。要健全自然资源资产产权制度和用途管制制度，划定生态保护红线，实行资源有偿使用制度和生态补偿制度，改革生态环境保护管理体制。2014年11月19日国务院办公厅发布的《能源发展战略行动计划（2014—2020年)》，对煤炭资源的开发利用做出了顶层设计[126]。

（二）原煤炭工业部与煤炭行业协会的规章措施

自1986年以来，我国原煤炭工业部与后来成立的煤炭工业协会一直致力于我国煤炭行业现代化建设事业，曾先后出台了《现代化矿井标准》[138]《建设高产高效矿井暂行管理办法》[139]《煤炭工业高产高效矿井（露天）标准及评审办法》[140]《煤炭工业安全高效矿井（露天）评审办法》[141]等规章措施。2009年9月9日，中国煤炭工业协会在深入调研、集思广益的基础上，组织起草了《关于加快推进大型现代化煤矿建设的指导意见（征求意见稿）》，旨在进一步加快推进我国大型现代化煤矿建设[47]。《煤炭工业中长期发展思路》[142]，即2014年1月中国煤炭工业协会召开2013年度中国煤炭工业改革发展情况通报会，提出了煤炭工业中长期发展思路，要求深入贯彻落实党的十八届三中全会精神，深化煤炭市场化改革，着力构建全国煤炭市场交易体系，强化煤矿安全生产基础工作，促进煤炭经济平稳运行，为推进煤炭结构调整，切实转变发展方式，打造煤炭工业升级版，提升煤炭工业发展的科学化水平奠定基础、提供支撑。重点是围绕“一个深化、五个推进、六个转变”，加强研究，深入探索，创新理念，推进行业改革发展。

（三）煤炭资源开发的现状和发展趋势

经过多年的发展，尤其是煤炭业“黄金十年”的发展，我国煤炭资源开发已取得了巨大成就，表现在：

（1）煤炭结构调整取得了积极进展。①小煤矿数量减少，大型煤矿比重上升。2014年年底我国煤矿数量约为1.1万处，较2005年减少了1.4万处；年产120万t以上的大型煤矿970多处，较2005年增加了680处，产量比重由2005年的35.7%上升至66.5%；千万t级煤矿53处，产量占全国的18%左右；建成了安全高效矿井（露天）442处，产量占全国的37.8%左右。②大基地建设稳步推进。2014年，14个大型煤炭基地产量占全国总产量的90%以上。③产业集中度提高。前4家煤炭企业产量约占全国总产量的25%；前10家煤炭企业产量占44%；53家企业产量超过千万t，其中9家过亿t[143]。④产业融合发展加快。煤电一体化、煤化一体化进一步发展，同时，煤炭企业还参与了页岩气勘探开发，发展现代物流和生产等。

（2）煤炭行业自主创新能力显著增强。截至2014年年底，全行业建成国家重点实验室13个，国家工程实验室7个，国家工程研究中心8个，国家工程技术研究中心4个，国家能源研究中心3个，国家安全生产技术支撑中心国家级实验室10个。科技成果取得了新的突破，重大科技工程示范取得新进展，行业标准工作扎实推进，行业自主创新能力得到显著增强[144]。

（3）循环经济发展取得新成效。2014年原煤入选能力达到25.4亿t，入选量24.2亿t；煤矸石发电总装机容量突破3000万kW；采煤沉陷土地复垦3.6万公顷，矿井水利用量44.4亿m^3；全年井下瓦斯抽采量130亿m^3，利用量46亿m^3[144]。

但当前我国煤炭业也存在诸多问题，表现在：

（1）产能超前问题突出。我国当前煤炭产能已超过40亿t，在建产能超过11亿t，产能释放的压力进一步加大。

（2）经济结构不合理。小煤矿数量依然太多，产量低，安全隐患高；前4家煤炭企业产量比重仅为25%，产业集中度偏低。

（3）生产效率低。据第三次经济普查数据，截至2013年年底，煤炭产业从业人员611.3万人，人均产量只有602t/年，远低于美国和澳大利亚人均年产量1万t上下的生产效率。

另外，体制机制约束依然存在。

（四）不同产区和基地的客观条件

我国煤炭资源分布地域辽阔，地质条件复杂多样，各大型煤炭生产基地在井田范围及储量、煤层条件、煤层埋藏深度及地表条件、地质构造、安全生产条件，以及矿区环境条件等方面，存在或大或小的差异。因此，各基地在煤炭资源开发模式上应因地制宜，有所区别[145]。

四、评价指标体系的构成要素

（一）一级指标的确定

1. 产业布局与结构

产业布局即依据煤炭资源禀赋、市场区位、环境容量等因素确定煤炭产业发展格局。美国、澳大利亚、印度等产煤大国煤炭生产以露天开采为主，就是一种产业布局选择。2008 年，美国井工开采和露天开采产量比例为 31∶69，澳大利亚为 26∶74，印度为 19∶81。换言之，这些国家暂把开采条件差、安全隐患高、社会与经济效益差的煤炭资源储存，不进行开采。我国已提出了“控制东部、稳定中部、发展西部”的总体要求，东部地区原则上不再新建煤矿项目；中部地区（含东北）保持合理开发强度，按照“退一建一”模式，适度建设资源枯竭煤矿生产接续项目；西部地区加大资源开发与生态环境保护统筹协调力度，重点围绕以电力外送为主的千万吨级大型煤电基地和现代煤化工项目用煤需要，在充分利用现有煤矿生产能力的前提下，新建配套煤矿项目[146]。产业布局衡量指标选择为优质煤炭资源开采比重。煤炭产业布局优化调整重点将遵循“要素资源集中布局、产业集群链条循环、经营管理集约运作”的要求，形成新的趋势[146]。

产业结构，反映煤炭资源集中开发程度。煤炭资源开发具有较强规模效应，近年来我国煤炭市场低迷，众多中小煤矿经营亏损被迫关闭，而规模越大的企业（集团）则抗风险能力越强，就是最好的证明。同时，中小煤矿由于技术水平差、管理水平差，安全事故多发。正如前文所述，近年来我国煤炭产业结构得到了较大改善：大型煤炭生产基地建设稳步推进，地位凸显；煤矿数量大幅下降，平均单矿（井）原煤产量明显提高；产业集中度适度提高。产业结构衡量指标选择为平均单井（矿）生产能力、产业集中度（前 4 名和前 10 名煤炭企业原煤产量占总产量的比重）、产量超千万 t（亿 t）企业数。

2. 开采现代化程度与效率

矿井现代化程度反映一个国家煤炭生产力的总体水平。现代化矿井就是具有高素质的人才队伍，采用适合矿井开采条件的、具有当代先进水平的设施、装备、技术、管理等，在产量、效率、效益、安全、环保、采出率等方面，在具有同等或相似资源赋存与开发条件的矿井中，取得全面的先进指标，并能不断创新、始终保持其先进性的矿井。我国煤炭生产技术经过多年发展特别是煤炭“黄金十年”发展实现了跨越式的进步，煤矿生产技术装备经历了传统半机械化—机械化—综合自动化—智能化—智慧化的发展，煤炭工业化与信息化深度融合（两化融合）趋势不断加快，“两化”深度融合是煤炭工业的发展趋势，也是煤矿建设的重要方向。然而，在煤炭资源开采现代化程度与效率方面，我国还是远远落后于美国、澳大利亚等世界先进煤炭大国，正如前文述及的一样，2013 年我国煤炭产业从业人员 611.3 万人，人均年产量只有 602t，远低于美国和澳大利亚人均年产量 1 万 t 上下的生产效率。因此，开采现代化程度与效率，是衡量煤炭资源开发模式先进与否的重要维度之一。衡量指标选择为采煤机械化程度、掘进机械化程度、信息化水平、原煤工效、人均年产量、工作面采出率与采区回采率。

其中：

工作面采出率(%)

=[工作面煤炭采出量(t)/工作面动用煤炭资源储量(t)]×100%；

采区回采率(%)

=[采区内煤炭采出量(t)/采区内动用煤炭资源储量(t)]×100%。

3. 生态与环境保护

低碳时代的到来，要求尽量减少污染物排放，保护生态环境。衡量指标选择为污染物达标排放率，固废处置率，CO_2、氨氮与 SO_2 排放总量，塌陷土地治理率，排矸场覆土绿化率，矿区工业场地绿化率，矿井水综合利用率，矸石综合利用率，原煤生产能耗，原煤入选率，瓦斯抽采利用率。

4. 产业融合发展

经过近十几年的规模快速扩张发展，我国多数煤炭企业已形成多产业结构、多区域分布和多产业链条融合的新格局。在新的形势下，未来我国煤炭产业将呈现优化、融合和升级发展趋势[147]。煤炭产业将沿着纵向延伸、横向嫁接、跨界融合的方向前进，按照以价值协同为主题的产业价值增值要求，着力推进经济结构、产业结构可持续的革命性融合。按照园区化、清洁循环发展和经济融合、产业融合的要求，呈现纵向融合、横向融合和交合融合的三大趋向。

煤炭产业的纵向融合具有深化、细化、转化、净化和升级的特征。深化——煤炭调配、洗选深加工；细化——根据用户要求细分产品；转化——向气、向电、向油、向化工等转化；净化——循环经济方式，实现高碳产业低碳发展；升级——提升产品附加值和市场适应度，满足用户需要。

而横向融合则一方面从煤、路、港、航上进行产业嫁接融合；另一方面从煤与金融协同融合、煤与钢铁协同融合、煤与物流协同融合。

同时，煤炭产业的纵、横交合融合的情况也会出现，即按照为用户创造新价值（使用价值、价值）和为企业开辟盈利增长新途径上寻求融合物，选择推进组织融合、产业融合、技术融合、功能融合等。

指标选择为工业原料原煤开采占比、非煤收入占比、煤电一体化收入占比、煤制油（气）收入占比、煤化一体化收入占比。

5. 安全生产

煤炭业属高危行业，其危险主要来自瓦斯爆炸、冒顶事故、煤与瓦斯突出、自然发火、煤尘爆炸、透水事故等。我国煤矿地质条件复杂，适合露天开采的矿井不多，同时又是世界产煤国家中煤与瓦斯突出最严重的国家之一，国有重点煤矿 50% 以上为高瓦斯和突出矿井。另外，采掘机械化程度低，用人多等也为矿井安全带来隐患。尽管我国煤矿安全日益好转，百万吨死亡率持续下降，到 2014 年已降至 0. 255，但与美国（百万吨死亡率维持在 0. 03 左右）、澳大利亚、南非等世界上主要产煤国家相比，还相差甚远[76,113]。以人为本，我国煤炭资源开发必须将职工的安全放在首要地位，予以高度重视。

指标选择为百万吨死亡率，一次死亡 3 人以上的事故（次/年）与职业病发病率（人/千人）。

6. 社会效益与经济效益

先进的煤炭资源开发模式，一定要拥有较高的社会与经济效益，否则先进无从谈起，其发展也不可持续。表征经济效益的指标主要包括净利润、吨煤盈利、总资产报酬率、净资产报酬率、原煤生产成本、原煤完全成本等；表征社会效益的指标包括职工人均收入、人均收入增长率、国产设备利用率与社会贡献率。

其中：

国产设备利用率（%）

=［国产设备（固定资产）原值平均总额/固定资产原值平均总额］×100%；

社会贡献率（%）

=［（利息支出总额+净利润+纳税总额+保险费支出+公益救济性支出总额+职工收入总额）/平均总资产］×100%。

（二）二级和三级指标的确定

通过参考文献和咨询专家，确定了最终的二级指标和三级辅助指标。确定的二级指标合计19个。其中，生产布局与结构二级指标4个，即优质煤炭资源开采比重、单井产能、前4名煤企原煤产量占比和前8名煤企原煤产量占比；开采现代化程度与效率二级指标3个，即采煤机械化程度、人均年产量、工作面采出率；生态与环境保护二级指标4个，即矿井水综合利用率、矸石综合利用率、塌陷土地治理率和原煤入选率；产业融合发展二级指标2个，即工业原料原煤占比和非煤收入占比；安全生产二级指标1个，即百万吨死亡率；社会效益与经济效益二级指标5个，即净资产报酬率、吨煤盈利水平、职工人均收入水平、国产设备利用率和社会贡献率。

确定的三级指标共计18个，三级指标作为辅助指标，即在二级指标不适用或出现异常时作为评价的参考指标。

（三）一级指标和二级指标权重的确定

通过问卷调查法，确定了一级指标和二级指标的权重。具体做法如下。

（1）问卷设计。为了辨别和确认六个一级指标（生产布局与结构、开采现代化程度与效率、生态与环境保护、产业融合发展、安全生产和社会效益与经济效益）相对重要程度和权重，设计了九个重要程度比较等级，并给予了相应赋值，见表4－6。完整的问卷调查表参见附录。

表4－6　指标相对重要性程度等级及赋值

因素	极端重要	强烈重要	明显重要	稍微重要	同等重要	稍微不重要	明显不重要	强烈不重要	极端不重要	因素
	9	8	7	6	5	4	3	2	1	
A因素										B因素
……										……

（2）问卷调查。本问卷通过对煤矿企业和能源领域资深专家采用实地访

谈获得调查结果。实地访谈的煤矿企业集中在陕北榆林地区地方政府煤矿和陕煤化集团所属煤矿，总计10个煤矿企业，访谈对象是煤矿企业高层管理人员，收回合格问卷25份。实地访谈的专家集中在西安高校中对煤炭资源开发较熟悉的专家教授，收回合格问卷20份。

（3）问卷的效度和信度分析。本研究采用Cronbach（克隆巴赫系数）的一致性系数（α系数）来分析信度。输出的结果是：α系数>0.9，这说明内部一致性很好，问卷数据的可靠性较高；同时，通过方差分析，得到F=49.407，P值（Sig）=0.000，表明该表的可重复度量效果良好。

（4）权重的确定。根据收回问卷中各一级指标和二级指标的重要性程度得分，计算其平均值，最后采用四舍五入方法，确定各指标的权重，所得到的权重具体数值及最终的煤炭资源开发评价指标体系参见表4-7。

表4-7 煤炭资源开发模式评价指标体系

<table>
<tr><th>一级指标</th><th>权重（%）</th><th>二级指标</th><th>权重（%）</th><th>三级辅助指标</th></tr>
<tr><td rowspan="4">生产布局与结构</td><td rowspan="4">15</td><td>优质煤炭资源开采比重</td><td>5</td><td rowspan="2">产量超亿t企业数</td></tr>
<tr><td>单井产能</td><td>5</td></tr>
<tr><td>前4名煤企原煤产量占比</td><td>3</td><td rowspan="2">产量超千万t企业数</td></tr>
<tr><td>前8名煤企原煤产量占比</td><td>2</td></tr>
<tr><td rowspan="4">开采现代化程度与效率</td><td rowspan="4">20</td><td rowspan="2">采煤机械化程度</td><td rowspan="2">8</td><td>掘进机械化程度</td></tr>
<tr><td>信息化水平</td></tr>
<tr><td>人均年产量</td><td>6</td><td>原煤工效</td></tr>
<tr><td>工作面采出率</td><td>6</td><td>采区回采率</td></tr>
<tr><td rowspan="4">生态与环境保护</td><td rowspan="4">10</td><td>矿井水综合利用率</td><td>3</td><td>排矸场覆土绿化率</td></tr>
<tr><td>矸石综合利用率</td><td>2</td><td>矿区工业场地绿化率</td></tr>
<tr><td>塌陷土地治理率</td><td>2</td><td>原煤生产能耗</td></tr>
<tr><td>原煤入选率</td><td>3</td><td>瓦斯抽采利用率</td></tr>
<tr><td rowspan="3">产业融合发展</td><td rowspan="3">15</td><td rowspan="2">工业原料原煤占比</td><td rowspan="2">10</td><td>煤电一体化收入占比</td></tr>
<tr><td>煤制油（气）收入占比</td></tr>
<tr><td>非煤收入占比</td><td>5</td><td>煤化一体化收入占比</td></tr>
</table>

续表

一级指标	权重(%)	二级指标	权重(%)	三级辅助指标
安全生产	10	百万吨死亡率	10	一次死亡3人以上的事故次数
				职业病发病率(人/千人)
社会效益与经济效益	30	净资产报酬率	10	净利润水平
		吨煤盈利水平	8	总资产报酬率
		职工人均收入水平	3	吨煤生产成本水平
		国产设备利用率	3	
		社会贡献率	6	
合计	100	–	100	–

第四节　陕西煤炭资源开发模式的评价

一、生产布局与结构

（一）生产布局

正如前文所述，1949—1990年陕西建成投产的矿井主要集中在渭北地区。该地区地质条件比较复杂，开采难度大，煤质普遍较差，多数仅能作动力用煤，市场竞争能力处于劣势。换言之，这一期间陕西煤炭开采的生产布局缺乏竞争力。从“八五”期间起，陕西即开始有计划地规划陕北与黄陇矿区，至2014年年底在煤炭开发生产布局方面已取得了巨大成就。据统计，2014年陕北（榆林）、神东（榆林）、黄陇（彬长、黄陵）等矿区优质煤炭产量达到4.69亿t，占全省总产量5.15亿t的91.01%。这些矿区（尤其是陕北和神东基地）开采条件简单，开采成本相对较低，市场竞争能力强[36]。数据显示，2014年全国煤炭销售同比下降3%，山西、内蒙古煤炭销售同比下降10%，但榆林煤炭销售却同比增长了17.18%，实现了逆市增长，全年销售煤炭3.87

亿 t，环比净增长了 5000 万 t[148]。

综上，陕西煤炭开采生产布局方面，已形成重点开发开采条件简单、开采成本低、市场竞争力强的煤炭资源，优质煤炭资源开采比重首屈一指。

（二）生产结构

经过多年的发展，尤其近十几年的发展，陕西在煤炭业生产结构优化方面取得了相当好的成绩。正如前文所述，1990 年陕西全省拥有国营煤矿 93 处（产能 2415 万 t），乡镇煤矿 1755 处，合计 1848 处；当年产量 3327.45 万 t，平均单井产量仅约为 1.80 万 t。而到 2014 年，陕西全省大中型煤矿产量达 4.8 亿 t，占全省总量的 93.2%。据近期披露的陕西煤矿产能信息数据，截至 2015 年 2 月底，陕西拥有 1000 万 t 及以上矿井 9 个，其中神华神东公司 4 个，单井年产能 1186.67 万 t；300 万 t 及以上矿井 29 个，单井年产能 664.83 万 t；120 万 t 及以上矿井 69 个，单井年产能 370.80 万 t；60 万 t 及以上 130 个，单井年产能 230.80 万 t；30 万 t 及以上 204 个，单井年产能 159.93 万 t；10 万 t 及以上矿井 234 个，单井年产能 141.44 万 t；披露产能信息约 294 个矿井，单井年产能 113.65 万 t。而全国当前约有 11000 个矿井，2014 年原煤产量为 38.7 亿 t，单井产量约为 35.18 万 t/年。

近年来，陕西煤炭领域集团化战略得到进一步推进。陕煤化集团于 2004 年成立以后，快速发展，当前已拥有 3 个千万 t 级矿井，即红柳林、柠条塔和张家峁，2014 年原煤产量达到 12700 万 t。2011 年和 2012 年又先后成立了陕西能源集团和陕西榆林能源集团，这两个集团预计在“十二五”末煤炭产能均达到 5000 万 t。彬县煤炭有限责任公司当前产能已达到 600 万 t。另外，央企在陕煤矿单井产量也较大，2014 年合计原煤产量 11439.64 万 t，实现了规模化生产，尤其是神华集团，其在陕煤矿合计 8 个，其中产能千万 t 级矿井 4 个，800 万 t 级 1 个，300 万 t 级 3 个。换言之，陕西前 4 大煤炭企业产量（能）占全省原煤产量比重超过 60%，远远大于全国约 25% 的水平。然而从全局看，陕西大型煤炭企业数量偏少，中小型偏多。据统计，截至 2014 年年底，陕西全省资产达百亿的煤炭企业有 6 户，占全部规模以上煤炭企业的 1.4%；在全国的煤炭企业营业收入百强企业中，陕西仅有 4 户，而山西和内蒙古分别为 17 户和 16 户；2014 年陕西全省煤炭同比增长 3.6%，但同时国有重点煤矿同比下降 7.1%，地方煤矿产量同比增长 10.7%，即具有比较优势的煤炭企业的产量是同比减少的[149]。

综上，陕西煤炭在开采生产结构方面，通过近年来对小煤矿的关停并转，大力推进企业兼并重组，已得到了大大优化，在规模化生产与产业集中度方面，在国内处于领先地位。但是结构不太合理，即特大型企业尚可，居于全国领先水平；中大型煤炭企业数量偏少，中小型煤炭企业偏多。

二、开采现代化程度与效率

进入21世纪，陕西煤矿现代化建设取得了较大成就。以安全高效矿井建设为例，1992年7月原煤炭工业部在河北邢台矿务局召开了“全国高产高效矿井建设工作会议”，推动了高产高效矿井（2005年更名为安全高效矿井）的建设，1993年首批建成了12处高产高效矿井，到2014年全国已建成安全高效矿井442个。陕西境内矿井首次入围是1997年，即神华大柳塔矿，是陕西境内首处建成的高产高效矿井；2002年陕西省属矿井有3处首次建成高产高效矿井，即黄陵矿业公司一矿、铜川矿务局玉华矿和咸阳市彬县煤炭公司下沟煤矿，加上央企神华集团的大柳塔矿大柳塔井、大柳塔矿活鸡兔井、榆家梁矿、哈拉沟矿、大海则矿，合计8处，占全国134处的5.97%。而到2012—2013年度，陕西省属煤矿共计有22处建成安全高效矿井，加上央企神华集团的6处，共计28处建成了安全高效矿井，占全国442处的6.33%；加上2010—2011年度建成的安全高效矿井，陕西境内已有33处矿井建成安全高效矿井。这些安全高效矿井，代表了最高的现代化水平，以2010—2011年建成的安全高效矿井为例，27处安全高效矿井共计生产原煤11263.5万t，平均每处产量417.17万t，占陕西全省2011年原煤产量40538.09万t的27.78%；机械化程度均为100%，原煤生产人员平均效率达到29.473t/工，百万吨死亡率均值为0.044（27处中仅3处当年度出现致死亡安全事故），合计利润达213.556亿元，平均盈利7.91亿元。同时，陕西当前已建成9个特大型现代化千万t级矿井（其中含神华集团在陕的4个），29个300万t及以上现代化矿井（见表4-8），69个120万t及以上矿井，204个30万t及以上矿井。这些大中型煤矿多数在现代化水平上已居于国内领先，有些甚至居于国际领先水平（如2015年陕西煤业化工集团黄陵矿业公司一号煤矿首次实现了无人化开采，该公司二号煤矿智能化无人开采技术装备正处于设计研制阶段，其整体技术达到国际领先水平）。

表 4-8 陕西 300 万 t 及以上产能煤矿统计

序号	名称	产能（万 t）	序号	名称	产能（万 t）
1	中国神华榆家梁煤矿	1630	16	陕西建新煤化有限责任公司	400
2	陕煤集团神木红柳林矿业有限公司	1500	17	陕煤集团孙家岔龙华矿业	400
3	中国神华能源股份有限公司哈拉沟煤矿	1250	18	陕北矿业韩家湾煤炭有限公司	400
4	陕煤集团神木柠条塔矿业有限公司	1200	19	榆林市杨伙盘煤矿	400
5	中国神华大柳塔煤矿活鸡兔井	1100	20	陕西国华锦界煤矿	300
6	中国神华大柳塔煤矿大柳塔井	1000	21	榆林神华青龙石煤矿	300
7	陕煤集团神木张家峁矿业有限公司	1000	22	彬县煤炭有限责任公司下沟煤矿	300
8	陕西清水川冯家塔矿业分公司	1000	23	陕西彬长大佛寺矿业有限公司	300
9	榆林市榆神煤炭榆树湾煤矿	1000	24	陕西长武亭南煤业亭南煤矿	300
10	榆林神华能源有限责任公司郭家湾煤矿	800	25	陕西火石咀煤矿有限责任公司	300
11	陕西黄陵二号煤矿有限公司	800	26	陕西中能煤田有限公司	300
12	神木汇森凉水井矿业有限责任公司	800	27	神木煤业石窑店矿业	300
13	陕西陕煤黄陵矿业有限公司一号煤矿	600	28	延安市禾草沟煤业有限公司	300
14	徐矿集团陕西郭家河煤业有限责任公司	500	29	中国神华石圪台煤矿	300
15	陕煤集团黄陵建庄矿业有限公司	500	合计	–	19280

资料来源：根据《全国煤矿生产能力情况第 5 批》《全国煤矿生产能力情况第 7 批》，以及 2013—2015 年陕西煤矿安全监察局煤矿安全生产许可证历次公告数据整理得到。

在采掘机械化程度方面，1990 年，陕西煤矿机械化开采水平还很低，据前文统计，当时较为先进的四大矿务局中采煤机械化程度最高的是蒲白矿务局，达到 53.25%；掘进机械化程度最高的是澄合矿务局，达到 81.96%；四大矿务局平均采煤机械化程度为 43.01%，平均掘进机械化程度为 48.26%。经过 20 多年的发展，尤其是 2003 年进入煤炭业“黄金十年”以来，陕西煤炭业在机械化开采方面取得了长足进步，正如前文所述，已建成的 33 个安全高效矿井采煤机械化水平均达到 100%。

综上，陕西全省煤矿平均单井产量达到百万 t 以上，采煤机械化程度超过 90%，在煤炭开采现代化程度与效率方面，远高于国内平均水平，已居于国内领先水平。

三、生态与环境保护

进入 21 世纪，陕西加大了生态与环境保护力度。“十五”期间，积极推进了洁净煤生产技术，减少了废弃物的排放量；发展循环经济，加大了煤矸石、煤泥、煤层气、矿井排放水及与煤共伴生资源的综合利用；加大了保护和治理矿区环境力度，按照“谁开发、谁保护，谁污染、谁治理，谁破坏，谁恢复”的原则，加强矿区环境保护和治理。“十一五”期间，陕西进一步扩大煤炭资源开发，尤其是煤电一体化、煤化一体化等现代煤炭转化产业，在提高煤炭资源综合利用水平和效益的同时，加强了生态建设和环境保护与治理力度，以建设资源节约型和环境友好型社会。例如，进一步强化了封山育林、退耕还林、治沙种草和打坝淤地等山川秀美工程，以改善生态环境，扩大环境容量；强化采煤塌陷治理，落实保水采煤措施，新建电厂要求配套空冷设备，同步安装脱硫装置，减少环境污染和破坏。“十二”五期间，围绕应对气候变化和发展低碳经济等新形势和新要求，努力推动能源化工产业实现“三个转变”，即向更加注重生态环保、能源民生及社会和谐转变[150]。大力发展循环经济，积极推行清洁生产，最大限度地回收利用生产过程中产生的各种废弃物和再生资源，实现资源综合利用。积极开展二氧化碳捕捉、封存和综合利用示范试点，促进低碳技术发展。燃煤电厂脱硫除尘设备安装使用率 100%，并逐步实现脱硫。重视生态环境保护，所有项目建设的同时实施配套生态建设和保护工程，强制推行绿化达标。

煤炭开采对区域生态的影响主要表现在“破坏地貌和植被、破坏和污染水资源、加剧水土流失和土地沙化、地表塌陷、空气质量恶化”等方面。对于陕西省而言，由于占全省煤炭资源总量 80% 以上的榆林地区煤层埋藏浅，水资源贫乏，生态环境脆弱。随着开发力度的加大，煤水矛盾越来越突出，大量煤矸石的堆积和有害气体的排放，已对矿区生态平衡造成了巨大影响。同时，生态与环境保护，需要大量资本、技术和人才的长期投入。然而正如前文所述，截至2014年年底，陕西全省资产达百亿的煤炭企业仅有6户（占全部规模以上煤炭企业的1.4%）；在全国的煤炭企业营业收入百强企业中，陕西仅有4户，而山西和内蒙古分别是17户和16户。这样的结构安排，在一定程度上增加了生态与环境保护的难度。总体上看，神华集团在陕煤矿生态与环境保护做得较好，省属大型煤炭集团如陕煤化集团、陕西能源集团、陕西榆林能源集团等的所属煤矿生态与环境保护较好，而大量的地方国有和乡镇企业煤矿，由于受意识、资金、技术等多方限制，生态与环境保护成效相对较差。

综上，由于煤炭资源的分布特点，以及拥有大量各自为政的地方国有和乡镇煤矿的生产结构，导致矿区环境保护及生态治理成效参差不齐，总体上不尽如人意。

四、产业融合发展

1949—1990年，陕西煤炭业经营模式单一，以单纯生产原煤并直接销售（供应）商品煤为主。“八五”期间围绕“20项兴陕工程”，努力做大煤炭开采规模的同时，开始致力于煤电一体化战略，新增原煤产能1000万t，新增发电装机容量210万kW。“九五”期间将神府、榆神、黄陵和彬长四大煤田建设纳入重点建设工程，侧重于煤炭开采规模的提升。“十五”期间在进一步扩大煤炭开采规模的同时，加大了一次能源的转化和深加工力度：建成洗煤厂44处，入洗能力2994万t，其中动力煤洗煤厂3处，入洗能力1920万t，炼焦洗煤厂41处，入洗能力1074万t；开工建设了锦界、铜川等煤电一体化项目，装机容量约200万kW；神木、兖矿甲醇项目，生产能力80万t；完成了神华、兖矿煤制油，陶氏、英美安格鲁煤制烯烃，庙沟门、清水川煤电一体化等结构调整项目前期工作；煤层气利用建成了铜川8×500kW瓦斯发电厂。“十一五”期间，按照“稳定渭北，重点开发彬长、陕北”和加快“三个转化（煤向电转化、煤电向载能工业品转化、煤气油盐向化工品转化）”的发展思路，进一步加大了产业融合力度；稳步扩大了煤油气产能，大力实施能源资源深度转化，能源结构由一次能源开发为主向一二次能源开发并举转变。煤制烯烃、煤制醋酸、煤制芳烃等现代煤化工产业链基本形成，并趋向大型化、国际化、现代化；府谷庙沟门 6×60 万 kW 煤电一体化、兖矿 60 万 t 煤制甲醇、北元化工 100 万 t 聚氯乙烯、彬长 180 万 t 煤制甲醇以及韩城 500 万 t 焦化综合利用等一批煤炭转化和煤炭洗选综合利用项目先后开工建设或投产；兰炭产业发展正式列入国家产业目录。“西电东送”装机达到 360 万 kW，电力外送能力达到 771 万 kW；同时煤矸石、矿井水和煤层气等综合利用率也大幅提高。“十二五”期间，陕西强化“以煤为基、多元发展”的发展战略，取得了成效。徐矿长青工业园 150 万 t 及深加工项目、北元化工 100 万 t 聚氯乙烯项目、兴化 30 万 t 合成氨、30 万 t 甲醇、30 万 t 纯碱、30 万 t 氯化铵等煤化工项目相继投产，导致化工行业原煤消费不断攀升，2013 年化工行业消费原煤 1037.13 万 t，较 2011 年增长 51%；从现代煤化工产业发展看，近年来，陕西省先后完成了百万 t 级煤炭直接液化、间接液化、60 万 t 煤制烯烃、20 亿 m^3 煤制气示范工程，标志着陕西省现代煤化工技术已经走在了世界的前列，全省 25 个煤炭科研项目获得省部级科技成果奖[149]。

在企业整合方面，进入“十二五”以后，陕西断续加大产业融合发展力度，2011 年和 2012 年又先后成立了陕西能源集团和陕西榆林能源集团。其中，陕西能源集团涉足金融、煤炭开采、煤电一体化、煤化一体化、房地产、酒店与文化产业等多个领域；陕西榆林能源集团将重点围绕资源勘查转化、煤炭开采与运销、发电与热力供应、煤炭出口 4 个板块，打造具有重大影响力的大型煤电、煤化能源产业集团。

综上，陕西煤炭业在产业融合发展方面，近年来有了长足进步，在现代化煤化工技术方面已处于世界领先水平，在煤电一体化方面，在国内已居于重要地位。

五、安全生产

前文分析结果显示，2004 年是陕西煤炭业事故致死亡人数最多的一年，主要原因在于当年铜川矿务局陈家山煤矿发生特大瓦斯爆炸事故，造成 166 人死亡。此后，陕西煤矿安全事故起数与致死亡人数都呈现快速下降趋势。2014 年全省煤矿事故起数和致死亡人数分别为 32 起和 52 人；全省煤矿百万吨死亡率为 0.101，远低于全国的 0.255。我国煤炭安全事故多发省（市）包括贵州、四川、湖南、山西、重庆、云南、黑龙江和河南等，50 个煤矿安全重点县主要分布在湖南（10 个）、四川（8 个）、云南（8 个）、贵州（6 个）、重庆（5个）、黑龙江（5个）等省（市），陕西省仅有1个即渭南的韩城市[113]。

综上，陕西在煤矿安全生产方面，远高于国内平均水平，处于国内领先地位。

六、经济与社会效益

自20世纪80年代陕北发现大煤田开始，煤炭行业迅猛发展并迅速成为陕西省国民经济的支柱和引擎。正如前文所述，2000年陕西规模以上煤炭开采与洗选业工业总产值仅为19.63亿元，占全省规模以上企业贡献的工业总产值1268亿元的1.55%，到2014年已升至2327.10亿元，已占全省的11.60%；截至2014年年底，规模以上煤炭企业就业人员20.64万人。2014年陕西煤炭行业对GDP的拉动率是1.2%，贡献率是12%，受市场低迷影响，煤炭行业对经济的直接和间接拉动作用近年来逐年减弱。基于行业比较，陕西省煤炭行业整体层次偏低，对其他行业的贡献低于社会平均水平，其作为基础产业对国民经济发展的支撑作用有所降低，与其他产业的融合度还有待加强[149]。

经济效益方面，表4－9和表4－10给出了陕西省与全国规模以上煤炭开采和洗选企业主要经济指标比较数据。

表4－9　2012—2014年陕西省与全国规模以上煤炭开采与洗选企业主要绝对数经济指标（亿元）

年度	对象	企业数（个）	资产总计	负债总额	销售收入	利润总额	利税总额
2014	陕西	439	3666.17	1734.10	1934.75	335.34	246.57
	全国	7098	51537.77	33829.98	30045.87	1268.48	2175.20
2013	陕西	511	3152.05	1456.20	2049.97	488.38	758.74
	全国	7595	48527.00	31071.78	32404.73	2369.87	2512.30
2012	陕西	491	3158.56	1288.75	2136.42	617.54	907.27
	全国	7790	44197.47	26648.10	33485.99	3555.03	2731.27

资料来源：全国数据来自Wind资讯；陕西数据根据历年《陕西统计年鉴》整理得到。

表4－10　2012—2014年陕西省与全国规模以上煤炭开采与洗选企业主要相对数经济指标

年度	对象	净资产利润率(％)	总资产利润率(％)	销售利润率(％)	单位利税(亿元/家)
2014	陕西	18.49	9.84	17.33	0.56
	全国	7.21	2.54	4.22	0.31
2013	陕西	27.39	15.48	23.82	1.48
	全国	13.54	5.11	7.31	0.33
2012	陕西	36.84	21.84	28.91	1.85
	全国	21.55	8.70	10.62	0.35

资料来源：全国数据来自Wind资讯；陕西数据根据历年《陕西统计年鉴》整理得到。

从表4－9中可以看出，全国和陕西规模以上煤炭开采与洗选企业数都呈现下降态势，主要原因在于企业的兼并重组。受市场低迷影响，销售收入、利润总额与利税总额都呈现下降趋势。从表4－10中可以看出，净资产利润率、总资产利润率、销售利润率与单位利税，无一例外，陕西都远高于全国平均水平。这说明，陕西煤炭企业经济效益处于全国领先水平。

综上，陕西煤炭业在陕西国民经济中居于非常重要的地位，创造的国民生产总值已超过全省总量的10％，解决的就业人数超过20万，同时也贡献了大量的利税，不足之处在于煤炭业层次整体偏低，与其他产业的融合度还有待加强。经济效益方面，各项指标远远高于全国平均水平，处于全国领先地位。

第五节　本章小结

本章着力于构建煤炭资源开发模式综合评价指标体系。首先对国家能源政策、煤炭行业发展背景，以及以神华集团公司为例对煤炭资源开发模式的发展趋势进行了分析，旨在为煤炭资源开发模式综合评价指标选择提供依据。

通过对国家能源政策分析发现，我国能源发展要坚持“节约、清洁、安全”的战略方针，加快构建清洁、高效、安全、可持续的现代能源体系。重点是推进煤炭清洁高效开发利用，控制煤炭消费总量，降低煤炭消费比重。

通过对煤炭行业发展背景的分析发现，煤炭行业也面临“煤炭需求增速的放缓期、超前产能与库存的消化期、环境制约的强化期、现代煤化工技术的发展期”，即“四期”并存的新趋势。市场继续呈现供需总量宽松、结构性过剩的态势，全社会库存维持高位，煤炭价格下行压力依然存在，行业去产能、去库存的任务繁重，煤炭企业经营压力加大，亏损面持续扩大，经营风险加大。

通过对神华集团的分析发现，煤炭资源开发模式的发展趋势是：持续优化生产布局和生产结构，提升煤炭开采现代化程度和效率，加大生态与环境保护力度，重视多元经营和产业融合发展，安全生产方面“零伤害”，唯有如此，才能与国家大政方针吻合，才能大大提升抗市场风险能力，立于不败之地。

基于前述分析提出了煤炭资源开发模式综合评价指标体系设计的指导思想、评价指标选择的原则，并进一步完善评价指标选择依据，随后确定了综合评价指标体系的六大要素，即产业布局与结构、开采现代化程度与效率、生态与环境保护、产业融合发展、安全生产，以及社会与经济效益，并初步确定了衡量指标。

通过参考文献和专家咨询，确定了最终的二级指标和三级辅助指标。确定了 19 个二级指标和 18 个三级辅助指标。通过问卷调查方法，进一步确定了 6 个一级指标（六大要素）和 19 个二级指标的权重，最终构建出煤炭资源开发模式综合评价指标体系。

基于所构建的煤炭资源开发模式综合评价指标体系，从六个方面综合评价了陕西煤炭资源开发模式。

（1）生产布局与生产结构。陕西煤炭开采生产布局方面，已形成重点开发开采条件简单、开采成本低、市场竞争力强的煤炭资源，优质煤炭资源开采比重首屈一指。在煤炭业生产结构优化方面取得了相当好的成绩，集团化战略得到进一步推进，在规模化生产与产业集中度方面，在国内处于领先地位。但是结构不太合理，即特大型企业尚可，居于全国领先水平；中大型煤炭企业数量偏少，中小型煤炭企业偏多。

（2）开采现代化程度与效率。陕西全省煤矿平均单井产量达到百万 t 以上，采煤机械化程度超过 90%，在煤炭开采现代化程度与效率方面，远高于国内平均水平，已居于国内领先水平，个别已居于国际领先水平（如 2015 年陕西煤业化工集团黄陵矿业公司一号煤矿首次实现了无人化开采，该公司二号煤矿智能化无人开采技术装备正处于设计研制阶段，其整体技术达到国际领先水平）。

（3）生态与环境保护。进入 21 世纪后，陕西加大了生态与环境保护力度，取得了相应成绩。但总体而言，由于煤炭资源的分布特点，以及拥有大量各自为政的地方国有和乡镇煤矿的生产结构，导致矿区环境保护及生态治理成效参差不齐，总体上不尽如人意。

（4）产业融合发展。陕西煤炭业在产业整合发展方面，近年来有了长足进步，在现代化煤化工技术方面已处于世界领先水平，在煤电一体化方面，在国内已居于重要地位。

（5）安全生产。陕西在煤矿安全生产方面，远高于国内平均水平，处于国内领先地位。

（6）陕西煤炭业在陕西国民经济中居于非常重要的地位，创造的国民生产总值已超过全省总量的 10%，解决的就业人数超过 20 万，同时也贡献了大量的利税，不足之处在于煤炭业层次整体偏低，与其他产业的融合度还有待加强。经济效益方面，各项指标远远高于全国平均水平，处于全国领先地位。

第五章　陕西现代化矿井评价与建设

陕西是我国煤炭大省之一，在我国煤炭生产中占有重要地位，进一步加强陕西现代化矿井的建设步伐，对于保障我国能源安全，保障我国经济和社会持续快速发展，有着重要的现实和战略意义。本章将着力探讨现代化矿井的评价指标及标准，目的在于：一方面可以进一步丰富现代化矿井方面的理论研究内容，为政府相关部门制定有关现代化矿井发展的相关政策提供理论依据；另一方面可以为陕西现代化矿井建设树立“标杆”，使各矿井在现代化建设过程中有章可循、有的放矢，从而加速陕西现代化矿井的建设步伐。

第一节　现代化矿井评价应考虑的主要因素

一、矿井自然环境

矿井自然环境主要涉及水资源、土地、地形地貌、植被等地理和生态环境。我国淡水资源贫乏，人均占有量仅相当于世界人均占有量的1/4，而且分布极不均衡。昆仑山—秦岭—大别山以北地区，面积约占全国50%，水资源量仅占全国的21.4%；而太行山以西煤炭资源富集区水资源量仅占全国的1.6%。昆仑山—秦岭—大别山以北地区，大部分为大陆性干旱、半干旱气候带，尤其是大兴安岭和太行山以西地区，气候干旱少雨，土地荒漠化十分严重；黄土高原地区水土流失十分严重，泥石流、滑坡等地质灾害频繁，植被覆盖率低，生态环境十分脆弱[102]。

综上，我国煤炭富集地区水资源短缺、生态环境脆弱。水资源短缺和生态环境脆弱是制约我国主产煤区（北方地区）煤炭资源开发和就地转化的最重要因素。陕西三个大型煤炭基地（神东、陕北与黄陇）环境状况不容乐观，分布在干旱、半干旱地区，水资源短缺，环境容量普遍不足。因此，陕西现代化矿井的建设与评价，应考虑水资源与生态环境等自然环境的差异，水资源短缺和生态环境脆弱矿区，应加大对水资源与生态环境的保护力度。

二、矿井资源赋存情况

矿井资源赋存情况主要涉及矿井所在井田范围及储量、煤层条件、煤层埋藏深度、地质构造、煤炭的化学与物理性质（或煤类）等。陕西煤炭资源总量丰富，神东与陕北两个大型煤炭基地煤炭资源井田范围广、储量多、埋藏浅、煤类、品质等方面有优越；比较而言，黄陇基地各方面相对较差。因此，在三大基地现代化矿井建设模式与评价标准上，必须考虑煤炭资源赋存的差异，给予差别化的建议和评价标准。

三、矿井开采条件

矿井开采条件主要包括：井田范围及储量、煤层条件、煤层埋藏深度及地表条件、地质构造、安全生产条件，以及矿区环境条件，等等。我国煤田地质条件总体上是南方复杂、北方简单，东部复杂、西部简单，与世界主要产煤国家相比为中等偏下。地质构造简单的煤田主要分布在山西、陕西、内蒙古、宁夏、新疆五省（自治区），其他地区的煤田构造大多复杂。国有重点煤矿中，高瓦斯和煤与瓦斯突出矿井（双突）数量占50%以上[151]，国有地方煤矿和乡镇煤矿瓦斯问题也比较突出，严重影响煤矿的开采与安全。毋庸置疑，矿井开采条件上的差异也会直接影响各矿区现代化矿井的建设模式、生产效率和经济与社会效益。就陕西三大基地而言，神东和陕北两大基地地质构造简单，开采条件好，而黄陇基地与神东和陕北两大基地相比则较差。

四、矿井生产与保障系统

矿井生产与保障系统主要包括开采工艺、采煤、掘进、机电、运输、通风与安全保障系统等，这些系统的规划设计水平、先进与合理化程度等，将直接决定矿井的现代化水平、生产效率、经济与社会效益。因此，矿井生产与保障系统的相关参数毫无疑问将是现代化矿井建设模式与评价标准的主要内容。

五、矿井生产及营运效果

矿井生产与营运效果，是现代化矿井评价标准的重要组成内容。结合煤炭业生产与营运特点，现代化矿井生产营运效果的评价，宜从安全、生产效率、经济与社会效益，以及资源与环境保护等维度，系统和全盘考虑。

此外，由于原煤运输成本、矿权取得成本、设备国产化率、劳动用工形式等，将会在一定程度上影响矿井的生产效率或经济与社会效益。表 5－1 列示了 2008 年我国安全高效矿井技术经济指标的 Pearson 相关性检验结果。表中数据显示，矿井盈利与产量、综合单产、掘进机械化程度、综掘机械化程度等指标显著正相关，而吨煤盈利与产量显著负相关。

表 5－1　2009 年命名的中国煤炭工业安全高效矿井技术经济指标 Pearson 相关性检验

	产量	综合单产	原煤工效	采煤机械化程度	掘进机械化程度	综掘机械化程度	人均收入	盈利	每 t 盈利
产量	1	0.771**	0.045	0.095	0.216**	0.402**	0.696**	0.499**	−0.121*
综合单产	0.771**	1	0.009	0.109	0.121*	0.371**	0.683**	0.409**	−0.057
原煤工效	0.045	0.009	1	0.015	0.034	0.048	0.027	0.019	−0.015
采煤机械化程度	0.095	0.109	0.015	1	−0.033	0.178**	0.107	0.102	0.049
掘进机械化程度	0.216**	0.121*	0.034	−0.033	1	0.009	0.151*	0.175**	0.048
综掘机械化程度	0.402**	0.371**	0.048	0.178**	0.009	1	0.472**	0.288**	0.121*
人均收入	0.696**	0.683**	0.027	0.107	0.151*	0.472**	1	0.480**	0.151*
盈利	0.499**	0.409**	0.019	0.102	0.175**	0.288**	0.480**	1	0.586**
每 t 盈利	−0.121*	−0.057	−0.015	0.049	0.048	0.121*	0.151*	0.586**	1

注：①“**”表示在 0.01 水平（双侧）上显著相关；“*”表示在 0.05 水平（双侧）上显著相关。②数据根据《中国煤炭工业安全高效矿井建设年度报告（2009）》[152] 所披露的相关数据进行双侧 Pearson 相关性检验得到。

表 5－2 统计了我国神东、晋北等 12 个大型煤炭生产基地（14 个大型煤炭生产基地中，陕北与云贵由于 2009 年无命名的安全高效矿井，故略），以及四川和重庆的安全高效矿井的吨煤盈利情况，中位数数据显示，晋东安全

高效矿井吨煤盈利水平最高，以后依次为鲁西、河南、冀中、晋中、两淮、神东，上述基地安全高效矿井吨煤盈利水平高于全国水平，即 58.05 元/t。其后依次为黄陇、新疆、蒙东、宁东，川渝地区安全高效矿井吨煤盈利最低，中位数仅为 2.44 元/t，平均值为 3.85 元/t。综上，现代化矿井生产效率、经济与社会效益事实上受多种因素的影响，因此，在现代化矿井的评价及建设模式上，也应综合考虑这些因素，设定相应的评价指标。

表 5-2 2009 年度命名的安全高效井工矿井吨煤盈利描述统计（元/t）

所属基地	神东	晋北	晋中	晋东	蒙东	两淮	冀中
均值	93.31	24.20	181.40	198.72	36.02	86.37	161.50
中位数	60.01	16.70	77.18	160.00	26.90	60.34	98.06
最大值	306.22	122.84	616.37	634.89	174.72	436.47	856.16
最小值	11.76	0.74	3.61	3.28	0.88	13.68	1.17
所属基地	鲁西	河南	宁东	黄陇	新疆	川渝	合计
均值	160.44	127.90	31.19	41.03	30.65	3.85	111.84
中位数	113.71	104.36	26.51	35.70	27.64	2.44	58.05
最大值	534.08	410.07	40.91	116.87	69.83	10.49	856.16
最小值	1.06	4.36	26.14	4.91	3.11	0.03	0.03

注：数据根据《中国煤炭工业安全高效矿井建设年度报告（2009）》[152] 所披露的相关数据整理得到。

第二节 陕西现代化矿井评价指标及标准

基于前文分析，本书认为应从生产与营运效果、生产与营运保障两个方面来构建现代化矿井的评价指标体系。其中，生产与营运效果维度涵盖安全、生产效率与效果（采出率、矿井综合单产、矿井原煤工效、全员工效）、经济与社会效益，以及资源与环境保护等内容，而生产与保障维度则包含矿井设计、采煤方法、采掘机械化程度、矿井安全监测监控、信息化管理、矿井劳动定员管理、环境保护设施与措施等内容。

一、生产与营运效果评价指标

（一）安全

煤炭业属高危行业，其危险主要来自瓦斯爆炸、冒顶事故、煤与瓦斯突出、自然发火、煤尘爆炸、透水事故等。我国煤矿地质条件复杂，适合露天开采的矿井不多，同时又是世界产煤国家中煤与瓦斯突出最严重的国家之一，国有重点煤矿50%以上为高瓦斯和突出矿井。另外，采掘机械化程度低，用人多等，也为矿井安全带来隐患。尽管我国煤矿安全日益好转，百万吨死亡率持续下降，到2014年降到0.255，但与美国（百万吨死亡率维持在0.02左右）、澳大利亚、南非等世界上主要产煤国家相比，还相差甚远[113]。因此，我国现代化矿井必须将职工的安全放在首要地位予以重视，拥有国际一流安全水平，毫无疑问是对现代化矿井的必然要求。

表征煤矿安全的指标，见表5－3。一般首选“百万吨死亡率”，陕西现代化矿井百万吨死亡率应维持在0.03以下。同时，可辅以一次死亡3人以上的事故（次/年）与职业病发病率（人/千人）等。

表5－3　陕西现代化矿井安全效果评价指标及标准

基本指标	标准	辅助指标	标准
百万吨死亡率	≤0.03	一次死亡3人以上的事故	无
		职业病发病率	所在基地一流水平❶

（二）生产效率与效果

根据前文的鉴定，现代化矿井应该拥有世界一流的生产效率与效果。表征生产效率与效果的指标包括：矿井产量（万t）、综合单产（t/个·月）、原煤工效（t/工）、全员效率（t/人）、掘进进尺（m/年）与平均单进（m/个·月）等，见表5－4。

❶ 基地一流水平：指神东、陕北及黄陇煤炭基地中特级安全高效矿井的水平。

其中：

综合单产(t/个·月)

=矿井工作面原煤产量合计(计效产量)(t)/(工作面个数×12个月)；

原煤生产人员工效(t/工)

=报告期原煤产量(计效产量)(t)/报告期参与计效的原煤生产人员实际工作工日数(工日)；

全员效率(t/人)=报告期原煤产量(计效产量)(t)/矿井平均总人数；

其余指标（略）。

评价标准，上述指标应在同地区处于一流水平。

表5－4　陕西现代化矿井生产效率与效果评价指标及标准

基本指标	标准	辅助指标	标准
矿井产量	所在基地一流水平	全员效率	所在基地一流水平
综合单产	同上	掘进进尺	同上
原煤工效	同上	平均单进	－

（三）经济与社会效益

现代化矿井应拥有一流的经济与社会效益。表征经济效益的指标主要包括：净利润（万元）、吨煤盈利（元/t）、总资产报酬率（%）、净资产报酬率（%）、原煤生产成本（元/t）、原煤完全成本（元/t）等；表征社会效益的指标包括：人均收入（万元）、人均收入增长率（%）、国产设备利用率（%）与社会贡献率（%），见表5－5。

表5－5　陕西现代化矿井经济与社会效益评价指标及标准

基本指标	标准	辅助指标	标准
净利润	所在基地一流水平	吨煤盈利	所在基地一流水平
总资产报酬率	同上	净资产报酬率	同上
原煤生产成本	同上	原煤完全成本	同上
人均收入	同上	人均收入增长率	同上
国产设备利用率	同上	社会贡献率	同上

其中：

国产设备利用率（%）

=国产设备（固定资产）原值平均总额/固定资产原值平均总额×100%；

社会贡献率（%）

=（利息支出总额+净利润+纳税总额+保险费支出+公益救济性支出总额+职工收入总额）/平均总资产×100%；

其余指标（略）。

（四）资源与环境保护

煤炭是不可再生能源，因此应高效回收，尽量减少浪费。而低碳时代的到来，要求尽量减少污染物排放，保护生态环境。表征资源保护的指标主要包括：工作面采出率（厚煤层≥77%，中厚煤层≥82%，薄煤层≥87%）与采区回采率（厚煤层≥95%，中厚煤层≥97%，薄煤层≥99%）；表征环境保护的指标主要包括：污染物达标排放率（100%），固废处置率（100%），CO_2、氨氮与 SO_2 排放总量（符合要求），塌陷土地治理率（≥90%），排矸场覆土绿化率（100%），矿区工业场地绿化率（≥30%），矿井水综合利用率（100%），矸石综合利用率（≥80%），原煤生产能耗（标准煤/t），原煤入选率（100%），瓦斯抽采利用率（≥85%），见表5－6。

其中：

工作面采出率(%)

=工作面煤炭采出量(t)/工作面动用煤炭资源储量(t)×100%；

采区回采率(%)

=采区内煤炭采出量(t)/采区内动用煤炭资源储量(t)×100%；

其余指标（略）。

表5－6　陕西现代化矿井资源与环境保护效果评价指标及标准

基本指标	标准	辅助指标	标准
工作面采出率	厚煤层≥77%， 中厚煤层≥82%， 薄煤层≥87%	污染物达标排放率	同基地一流水平

续表

基本指标	标准	辅助指标	标准
采区回采率	厚煤层≥95%， 中厚煤层≥97%， 薄煤层≥99%	固废处置率	同基地一流水平
矿井水综合利用率	同基地一流水平	排矸场覆土绿化率	100%
矸石综合利用率	同基地一流水平	矿区工业场地绿化率	≥15%
塌陷土地治理率	≥90%	原煤生产能耗	同基地一流水平
原煤入选率	100%	瓦斯抽采利用率	85%（适用于高瓦斯、双突矿井）

二、生产与营运保障评价指标

（一）开采与掘进技术

1. 开采技术

采煤方法是按照煤层赋存条件设计的采区巷道布置和使用各种机械设备组成的采煤工艺及其流程的总称。采煤方法是“煤矿生产的核心”。我国煤层赋存条件比较复杂，煤炭资源分布地域辽阔，地质条件复杂多样，井型大小不同，技术经济条件不一，所以采煤方法和技术装备呈多层次发展、多种工艺并存的局面。

当前，我国井工矿当前采用的较为先进的采煤方法主要包括：厚煤层综合机械化放顶煤开采、中厚煤层及厚煤层一次采全高综合机械化采煤、薄煤层机械化（如刨煤机开采）开采方法等。露天矿开采的主要采煤方法是：岩石剥离采用吊斗铲倒堆开采、黄土剥离方面采用轮斗连续生产工艺、煤层开采为单斗—卡车—胶带输送机车半连续生产工艺等。其中，放顶煤采煤法具有以下缺点：由于顶煤回收率低而导致工作面采出率低；工艺复杂且对煤层、顶板以及覆岩的条件要求比较苛刻，当这些条件不合适（如顶煤冒放性差、顶板坚硬等）时需要人工干预，不但会增加生产的困难而且效果也会受到影响。而一次采全高采煤法，具有对煤层厚度变化的适应范围有限、装备投资较大等缺点。因此，陕西现代化矿井宜根据自身具体条件，选择上述先进的、适合自身煤层赋存条件的采煤方法。

综采综掘技术是煤炭生产企业在采掘方面发展的趋势，因此，厚煤层与中厚煤层矿井，应大力推进综采综掘技术，生产模式尽量实行一井一面或一井两面，以提高单产单进水平。构造复杂带矿井、中小型矿井及大矿的边角可采用轻型支架、悬移支架、网格支架等，稳定或较稳定薄煤层应推行刨煤机采煤。

此外，陕西现代化矿井应根据自身的开采条件，选择最优的“准备方式”[如近水平煤层采用盘区准备，按照传统观念，准备方式有上（下）山准备、石门准备和大巷准备三种方式]，科学合理划分井田和布置大巷，合理确定开采顺序。

2. 掘进技术

巷道掘进是矿井生产必不可少的一项工作，现代化的巷道掘进技术是现代化矿井生产技术的重要组成部分。目前用于煤巷的机械掘进方式有综合机械化掘进机组掘进（简称综掘）工艺方式和连续采煤机机组掘进（简称连掘）工艺方式两类。其中，综掘工艺方式又分为掘锚机分体和掘锚机一体两种工艺方式。上述三种工艺方式的差别主要在掘与支的安排上。掘进工艺装备和掘进工艺发展的重点是提高单机组和单头掘进速度。按照现代化矿井的标准，陕西现代化矿井煤巷掘进应完全机械化。

采煤与掘进技术保障衡量指标主要包括：采煤方法、工作面个数、采煤机械化程度（%）、掘进装载机械化程度（%）、综掘机械化程度（%），标准见表5－7。

表5－7　陕西现代化矿井开采与掘进技术保障评价指标及标准

基本指标	标准
采煤方法	同基地一流水平
工作面个数	一井一面或一井两面
采煤机械化程度	100%
掘进装载机械化程度	≥95%
综掘机械化程度	≥80%

（二）矿井设备

毫无疑问，现代化矿井应配备较为先进的设备。采掘及矿井各生产系统机械设备是矿井生产与安全必不可少的设备。陕西现代化矿井的采煤、掘进、通风、排水、提升、运输、压气等矿井生产环节和系统应全面实现机械化，有些设备应实现自动化和无人值守。先进、完善、配套合理的采掘及矿井各生产系统机械设备是实现矿井现代化的基础和保障。然而，设备的造型与矿井规模、煤层厚度、顶底板条件、开拓系统、采煤方法、投资大小等因素密切相关。换言之，设备选择是否合理，要结合矿井具体条件与经济效益等方面因素，进行判断。

表5－8　全套国产设备、部分国产设备与全套进口设备矿井相关指标统计

	特征值	产量（万t）	综合单产（t/个·月）	原煤工效（t/工）	盈利（万元）	安全（百万吨死亡率）	每t盈利（元/t）
设备国产(16)	均值	554.14	328199.06	23.01	65021.55	0.19	126.74
	中位数	466.39	274838.30	17.79	61018.00	0.00	131.55
	最大值	1211.89	846250.00	58.68	191468.00	2.00	296.90
	最小值	296.00	114040.00	10.37	1444.83	0.00	3.61
设备部分国产（18）	均值	725.77	386559.26	45.15	62039.52	0.06	100.12
	中位数	603.12	266185.00	16.95	40902.45	0.00	60.03
	最大值	2148.70	906885.00	157.86	182091.00	1.00	436.47
	最小值	170.00	81219.00	7.92	1068.50	0.00	2.75
设备进口（9）	均值	1047.60	596980.21	96.10	58721.25	0.00	69.32
	中位数	1067.05	447378.70	118.80	56361.25	0.00	45.23
	最大值	1690.00	1351489.00	156.82	150000.00	0.00	216.25
	最小值	346.21	303873.30	16.96	11500.00	0.00	14.71

注：数据根据《中国煤炭工业安全高效矿井建设年度报告（2009）》[152]所披露的相关数据整理得到。

相比较而言，美国、澳大利亚等国生产的一流矿井设备较国内同行生产的要先进，当然在价格上也不菲。目前，我国绝大多数矿井采煤队选择全套国产设备，有一些矿井的采煤队选择国内设备与国外进口设备配套，少数采煤队全套进口国外先进设备。例如，2009 年度安全高效矿井共有采煤队 504 个，其中，采用全套国产设备的采煤队有 432 个，部分引进国外设备的采煤队有 63 个，全套引进国外设备的采煤队仅 9 个。表 5－8 列出了国产设备产量前 16 名、部分引进设备前 18 名，以及全套引进国外设备采煤队所在矿井的生产效率、经济效益与安全等的描述统计数据。从表中数据可以看出，在生产效率上，全套引进国外设备的采煤队在原煤产量和原煤工效上遥遥领先于国内其他采煤队，安全上也有明显优势。然而，在总盈利水平与吨煤盈利水平上，采用全套国产设备采煤队所在的矿井，则明显优于部分引进国外设备与全套引进国外设备采煤队所在矿井。因此，陕西现代化矿井在设备选择上，应综合考虑设备的先进性及经济效益因素，选择适合自身条件的先进的国内外设备。

综上，在设备选择上，评价标准应着眼于所选择设备是否适合矿井具体条件，在安全、生产效率、经济与社会效益上，是否能使矿井处于国际一流水平。

（三）安全保障

先进的采煤方法、较高的采掘机械化程度、先进的采掘及相关设备等，为矿井的安全生产提供了重要保障。但仅有这些还远远不够，要保证现代化矿井安全水平达到国际一流，还需建立和完善相应的安保设施。

安全保障上，首先要搞好“一通三防”，应选择一流的工艺、技术和设施（设备）。具体而言，要完善以下设施，即瓦斯防治设施（建立完善的通风系统设施和安全检测监控系统）、自然火灾防治设施（配备束管检测系统）、外因火灾防治设施（设消防管路，消防材料库，防火门等防灭火设施）、水灾溃沙灾害防治设施（配备矿压监测预报系统）、粉尘防治设施（配备地面倒锥壳保温水塔，防尘管路系统，采、掘设备喷雾系统，防爆水棚，等等）、灾后应急救援设施（配备压风管路系统）。对于高瓦斯、煤与瓦斯突出矿井，必须要构建“通风可靠，抽采达标，监控有效，管理到位”瓦斯综合治理工作体系。同时，为了保证各项设施系统高效运转，陕西现代化矿井还需建立健全科学先进的安全管理体系，如南非的 NOSA 安全管理体系、国际上通用的 OSHMS

管理体系，以及由国家煤矿安全监察局和神华集团共同倡导实施的“煤矿本质安全管理系统”等。

陕西现代化矿井在安全方面的衡量指标主要包括：“一通三防”工艺、技术和设施（设备）、顶板管理工艺、技术和设施、运输设施（设备）、安全管理体系。

（四）信息化与自动化

将信息化与自动化技术与现代化矿井的设计、生产、管理、安全相结合，这是时代的要求，也有利于提高矿井的生产效率与效果、经济效益和安全水平，从而全面提升矿井的竞争力。信息化建设方面，包括通信网、数据通信网和电视网的建设。具体而言，包括行政通信网即行政电话和会议电话等；调度通信网即生产、电力、安全、消防、救护、运销、经营、铁路专用线等调度系统；移动通信网和备用应急通信网；数据通信网即管理和安全、生产监控数据通信网；矿区电视网即广播电视、会议电视和工业电视，等等。对于上述信息网络，各基地现代化矿井，宜一应俱全。以确保安全高效生产与营运。

主要建设任务包括：①数字矿井的基础设施建设。要研发和应用煤矿安全生产信息化技术，开发适应煤矿井上、井下环境的高速、可靠、经济的宽带综合网络系统，推进矿井计算机网络管理。要逐步实现“三网融合”，即加强宽带通信网、数字电视网和下一代互联网等信息基础设施建设，推进基础通信平台的整合。②生产设备与过程自动化。提高煤矿数字信息网络综合自动化监测监控技术与装备水平，实现煤矿安全、生产、调度、运销一体化、综合自动化系统。③矿井可视化即实现矿井数字信息与可视化技术。

信息化评价指标（标准）包括：通信网、数据通信网和电视网健全程度；信息化投入总额占固定资产投资比重（25% 以上）；每百人计算机拥有量（60 台以上，或 60% 以上）；网络性能（计算机网络的出口带宽大于 100M 以上）；网络规模（计算机联网率达到 100% ），等等。

（五）管理体系

技术和管理是实现现代化矿井组织目标的重要保障，如果没有科学的领导、组织、控制和激励等管理方法，再好的技术也不能发挥其优势，只有实现技术与管理的完美结合，才能真正形成现代化矿井的核心竞争力。因此，建立科学、合理的现代化矿井管理体系是实现现代化矿井目标的关键所在。

矿井现代化管理体系的建设，主要涉及以下内容：矿井战略与目标体系、组织管理体系、运营管理体系和企业文化建设等。

对矿井管理体系的评价，主要涉及以下方面：①有无愿景规划与战略目标体系；②组织机构模式的选择，定岗、定员与定编是否遵循“精干高效”原则；③素能标准、岗位说明书、业务流程，以及矿井管理制度是否健全；④是否实施全面预算管理；⑤绩效考核体系是否健全科学；⑥薪酬体系是否先进、科学；⑦员工招聘、培训与晋升体系是否先进科学；⑧矿井文化建设重视程度，等等。

（六）环境保障

现代化矿井建设与生产对环境的影响可分为环境污染及生态破坏两大类。其中，环境污染主要包括：①煤炭在转载、储运过程中所产生的粉尘，锅炉燃煤所产生的烟尘和 SO_2 对空气的污染；②井下排水和工业场地污水排放对水体的污染；③矸石、灰渣及生活垃圾等固废的不合理堆存造成的对大气、水体及土壤的污染；④噪声排放对居民的影响，等等。而生态破坏，则从矿井的勘探、建设、运营及闭矿一直存在。①勘探期的影响主要是勘探过程中钻孔布置不合理造成的对地下水的影响；②建设期的影响主要是占地、改变土地的使用功能、对地表植被的破坏；③运营期的影响主要是采煤引起的地表沉陷，以及由地表沉陷引起的次生环境问题，包括对土地利用结构的影响、对植被的破坏、对区内生态系统的演替的影响、地下水的渗漏及由此引发的次生环境问题（如地质灾害、生态灾民等）；④闭矿后的影响主要是生产期影响的延续及社会经济问题。

为了降低环境污染，提高生态保护水平，陕西现代化矿井应配备完善的水污染防治、大气污染防治、固废处理及处置、噪声污染防治、环境监测等方面的设施，并采用科学、先进的工艺，使之成为一个完善的系统，实现时时监控。

陕西现代化矿井环境保护评价内容包括：矿井水处理（是否有先进的设施与工艺），工业场地污水处理（是否有先进的设施与工艺），锅炉烟尘（是否安装除尘设施），贮运系统煤尘（是否采用全封闭式系统），地面生产系统（破碎、筛分设备是否布置在独立的房间内，并设有收尘和除尘设施），矸石利用与处置（是否有科学先进的利用与处置设施与工艺），灰渣、垃圾、污泥（是否进行了科学的处理，如用于建材和绿化），噪声防治（是否有相应的设施，如矿井通风机房采用隔声门窗，出风管口安装消声器，出口导向无人区；主井提升机房安装可拆卸式隔声箱；锅炉鼓、引风机进出口安装消声器；地面其他生产设施采用减振、隔声、消声的综合措施，等等）。

三、现代化矿井评价指标体系及标准

基于上文，陕西现代化矿井的评价指标体系及标准如表 5－9 所示。需要说明的是，评价标准上，生产与营运效果指标多数为定量指标；而生产与营运保障指标多数为定性标准，主要因为保障指标的确不好予以量化。其中，同基地一流水平，可参考神东、陕北、黄陇三个大型煤炭基地中特级安全高效矿井的水平。之所以给定这类指标标准，主要考虑到这三个基地在资源赋存、地质条件、安全生产条件等方面客观上存在或大或小的差异[45]。换言之，并非所有指标都可以摆在同一平台上进行比较。

表 5－9　陕西现代化矿井的评价指标体系及标准

	一级指标	二级指标	标准	三级辅助指标	标准
生产与营运效果评价指标及标准	安全	百万吨死亡率	≤0.03	一次死亡 3 人以上的事故	无
				职业病发病率	同基地一流水平
	生产效率与效果	矿井产量	同基地一流水平	全员效率	同基地一流水平
		综合单产	同上	掘进进尺	同上
		原煤工效	同上	平均单进	同上
	经济与社会效益	净利润	同基地一流水平	吨煤盈利	同基地一流水平
		总资产报酬率	同上	净资产报酬率	同上
		原煤生产成本	同上	原煤完全成本	同上
		人均收入	同上	人均收入增长率	同上
		国产设备利用率	同上	社会贡献率	同上

续表

	一级指标	二级指标	标准	三级辅助指标	标准
生产与营运保障评价指标与标准	资源与环境保护效果	工作面采出率	厚煤层≥77%， 中厚煤层≥82%， 薄煤层≥87%	污染物达标排放率	同基地一流水平
		采区回采率	厚煤层≥95%， 中厚煤层≥97%， 薄煤层≥99%	固废处置率	同基地一流水平
		矿井水综合利用率	同基地一流水平	排矸场覆土绿化率	100%
		矸石综合利用率	同基地一流水平	矿区工业场地绿化率	≥15%
		塌陷土地治理率	≥90%	原煤生产能耗	同基地一流水平
		原煤入选率	100%	瓦斯抽采利用率	85%（适用于高瓦斯、双突矿井）
	开采与掘进技术	采煤方法	同基地一流水平	–	–
		工作面个数	一井一面或一井两面	–	–
		采煤机械化程度	100%	–	–
		掘进装载机械化程度	≥95%	–	–
		综掘机械化程度	≥80%		
	矿井设备		安全、生产效率、经济与社会效益上具有一流的性价比	–	–
	安全保障	“一通三防”工艺、技术和设施（设备）	同基地一流水平	–	–
		顶板管理工艺、技术和设施	同上	–	–
		运输设施（设备）	同上	–	–
		安全管理体系	同上	–	–
	信息化与自动化	行政通信网	同基地一流水平	信息化投入比重	≥25%
		生产、电力、安全、消防、救护、经营等调度系统	同上	每百人计算机拥有量	60 台以上
		管理和安全、生产监控数据通信网	同上	网络性能与规模	同基地一流水平
		广播电视、会议电视和工业电视等电视网	同上	–	–

续表

	一级指标	二级指标	标准	三级辅助指标	标准
生产与营运保障评价指标与标准	管理体系	愿景规划与战略目标	科学先进	–	–
		组织机构模式	精干高效	–	–
		定岗、定员与定编	精干高效	–	–
		素能标准、岗位说明书、业务流程	齐全	–	–
		管理制度	齐全	–	–
		绩效考核体系	科学先进	–	–
		薪酬体系	科学先进	–	–
		员工招聘、培训与晋升体系	健全且科学	–	–
		矿井文化建设	同基地一流水平	–	–

第三节　陕西现代化矿井的建设模式

我国煤炭资源分布具有北富南贫、西多东少与相对集中等总体特征。鉴于此，2011 年 1 月召开的全国能源工作会议决定，“十二五”期间将有序推进 14 个大型煤炭基地建设，力争期末其产量占到全国总产量的 90%，基地内大中型煤矿生产能力占到 90%。鼓励开发、建设大型现代化露天煤矿和矿井，严格限制新建小煤矿。同时，按照“控制东部、稳定中部、发展西部”的原则，合理控制煤炭开发规模和开采强度。由此可见，现代化矿井的建设，主要应立足于神东、晋北、晋东、蒙东（东北）、云贵、河南、鲁西、晋中、两淮、黄陇（华亭）、冀中、宁东、陕北与新疆 14 个大型亿 t 级煤炭基地[153-155]。而在上述 14 个大型煤炭基地中，陕西就有 3 个，分别是神东、陕北、黄陇。因此，陕西现代化矿井建设在全国现代化矿井建设中，占有重要地位。

这一部分将回顾我国 14 个大型煤炭基地及其现代化矿井（安全高效矿井）的建设情况，随后基于陕西三大型煤炭基地资源赋存、自然环境、开采条件等的比较分析，从矿井设计、采煤、掘进、机电、运输、通风、安全保障、信息化建设及矿井管理等视角，探索陕西现代化矿井的建设模式。

一、我国大型煤炭基地及其安全高效矿井建设现状

（一）我国大型煤炭基地建设

2003 年初，国务院总理办公会议决定，利用国债资金重点支持大型煤炭基地建设，促进煤电联营，形成若干个亿 t 级煤炭骨干企业。鉴于此，国家发展改革委组织有关设计、咨询单位，历时一年多，经广泛征求意见、专家论证和修改完善，完成了国家大型煤炭基地建设规划编制工作，并于 2006 年 3 月，正式批复了《大型煤炭基地建设规划》。在这一总体规划中，我国将重点建设神东、晋北、晋东、蒙东（东北）、云贵、河南、鲁西、晋中、两淮、黄陇（华亭）、冀中、宁东、陕北 13 个大型亿 t 级煤炭基地。该规划涉及 14 个省、自治区，总面积 10.34 万 km^2，拥有 98 个主要矿区（煤田），规划煤矿项目 500 处，保有储量高达 6908 亿 t，占全国煤炭储量的 70%。目标是到 2010 年，煤炭产量达到 17 亿 t，形成 5～6 个亿 t 级生产能力的特大型企业集团和 5～6个 5000 万 t 级生产能力的大型企业。这 13 个大型煤炭基地的发展方向和重点是：神东、晋北、晋中、晋东、陕北大型煤炭基地主要负担向华东、华北、东北供给煤炭，并作为“西电东送”北通道电煤基地。冀中、河南、鲁西、两淮基地负担向京津冀、中南、华东供给煤炭。蒙东（东北）基地负担向东三省和内蒙古东部供给煤炭。云贵基地负担向西南、中南供给煤炭，并作为“西电东送”南通道电煤基地。黄陇（华亭）、宁东基地负担向西北、华东、中南供给煤炭[153,154]。

2011 年 1 月 6 日召开的全国能源工作会议确定，“十二五”期间将有序推进 14 个大型煤炭基地建设，力争期末其产量占到全国总产量的 90%，基地内大中型煤矿生产能力占到 90%。同时将加快推进煤矿企业兼并重组，即打破地域、行业和所有制界限，鼓励各类所有制煤矿企业以产权为纽带、以股份制为主要形式进行兼并重组。在“十二五”期间，要形成 10 个亿 t 级和 10 个 5000 万 t 级特大型煤炭企业。换言之，在这次会议上，新疆被正式确定为我国第 14 个大型煤炭基地[155]。新疆煤炭资源丰富，预测储量为 2.2 万亿 t，占全国煤炭总预测储量的 40%。目前，新疆煤炭年产量保持在 5000 万 t 左右，根据规划，到 2020 年，新疆煤炭产量将占全国总产量的 20% 以上，达 10 亿 t[155]（14 个大型煤炭基地及矿区、煤田见表 5－10）。

表 5-10　我国 14 个大型煤炭基地及 104 个矿区(或煤田、基地)统计

序号	基地	矿区	
		数量(个)	名称
1	神东	6	神东、万利、准格尔、包头、乌海与府谷矿区
2	晋北	6	大同、平朔、朔南、轩岗、河保偏、岚县矿区
3	晋中	8	西山、东山、汾西、霍州、离柳、乡宁、霍东与石隰矿区
4	晋东	4	晋城、潞安、阳泉、武夏矿区
5	蒙东（东北）	16	扎赉诺尔、宝日希勒、伊敏、大雁、霍林河、平庄、白音华、胜利、阜新、铁法、沈阳、抚顺、鸡西、七台河、双鸭山与鹤岗矿区
6	两淮	2	淮南与淮北矿区
7	云贵	13	盘县、普兴、水城、六枝、织纳、黔北、老厂、小龙潭、昭通、镇雄、恩洪、筠连与古叙矿区
8	冀中	9	峰峰、邯郸、邢台、井陉、开滦、蔚县、宣化下花园、张家口北部与平原煤田
9	鲁西	9	兖州、济宁、新汶、枣滕、龙口、淄博、肥城、巨野与黄河北矿区
10	河南	6	鹤壁、焦作、义马、郑州、平顶山与永夏矿区
11	陕北	2	榆神与榆横矿区
12	宁东	9	石嘴山、石炭笋、灵武、鸳鸯湖、横城、韦州、马家滩、积家并与萌城矿区
13	黄陇（华亭）	8	彬长（含永陇）、黄陵、旬耀、铜川、蒲白、澄合、韩城与华亭矿区
14	新疆	6	准东、准南、吐-哈、伊犁、库-拜、塔北煤田
合计	-	104	-

注：前 13 个基地相关资料来源于 http：//blog. sina. com. cn/，新疆基地资料根据网上相关资料整理得到。

另据《中国能源报》报道，“十二五”期间能源发展总的要求是贯彻《中共中央关于制定国民经济和社会发展第十二个五年规划的建议》（以下简称《建议》）。《建议》对“十二五”能源发展作了充分阐述，指出要“推动能源生产和利用方式变革，构建安全稳定经济清洁的现代能源产业体系。”[137]

其中，在推动煤炭清洁高效利用方面，将着力建设大型煤炭基地。具体做法包括：①有序推进 14 个大型煤炭基地建设。按照“控制东部、稳定中部、发展西部”的原则，合理控制煤炭开发规模和开采强度。鼓励开发、建设大型现代化露天煤矿和矿井，严格限制新建小煤矿。力争“十二五”末，大型煤炭基地产量占到全国总产量的 90%，基地内大中型煤矿生产能力占到 90%。②加快推进煤矿企业兼并重组。打破地域、行业和所有制界限，鼓励各类所有制煤矿企业以产权为纽带、以股份制为主要形式进行兼并重组。重点对山西、陕西、内蒙古、宁夏、青海、甘肃、新疆、贵州的新矿区实施矿业权整合。“十二五”期间，要形成 10 个亿 t 级和 10 个 5000 万 t 级特大型煤炭企业。③推进煤炭清洁高效利用和综合利用。提高煤炭洗选比例。在特大型矿区内建设低热值燃料综合利用发电项目。结合煤质、水资源及生态环境条件，合理规划煤制烯烃等煤化工项目。④扎实做好煤矿安全生产工作。保证煤矿安全改造投入，坚决关闭不符合安全生产条件的小煤矿，继续加强煤矿瓦斯防治和安全管理工作，大幅减少煤矿事故。

在优化煤炭发展区域布局上，具体措施是：①建设大型煤炭基地和现代化矿井，发展大型煤电基地和坑口电站群。②稳定山西煤炭资源开发，而河南、安徽煤炭资源在逐步减少，为延长开采年限，要调整两省开发强度，不宜以增加产能为目标，要在提高回采率上多下功夫。同时，合理布局燃煤电站建设。③控制东部煤炭资源开采，严格控制东部地区新增火电项目，在大中城市及其附近地区不再布局建设新的燃煤电站，所需电力通过西部输电解决，也可改善日益恶化的空气质量。④加强国家能源战略基地建设。山西、鄂尔多斯盆地、蒙东、西南、新疆五个区域煤炭、油气、水力资源蕴藏量占全国的 70% 以上，要统筹做好开发规划，把握开发强度、节奏和时序，把这五个能源资源集聚区域打造成支撑我国经济长期发展的国家能源战略基地。另外，建设现代能源储运体系。一是推进煤炭运输通道建设，加强“三西”地区以及蒙东、新疆东部外运通道建设，提高北煤南运、西煤东运能力。二是加强沿海主要煤炭装卸港泊位和长江中部下水港能力建设。

（二）我国大型煤炭基地安全高效矿井建设现状

1. 总体情况

为减少安全事故，应对激烈的竞争环境和低碳经济要求，在政府相关政策的推动下，我国各大型煤炭基地在打造一流安全高效矿井方面，一直做着不懈的努力。截至 2014 年年底，我国已建成了 442 个安全高效矿井（特级 198 处，一级 167，二级 77 处），这些安全高效矿井，绝大多数来自 14 个大型煤炭基地，仅少数几处来自非大型煤炭基地（四川、重庆等）[117]。无独有偶，2009 年度命名的安全高效矿井也多来自 14 个大型煤炭基地，其中，蒙东（东北）基地最多，共 44 处，占全部 12. 26%；其次为河南，共 43 处，占全部 11. 98%；以下依次为晋东、鲁西、两淮、晋中、神东、晋北、冀中、黄陇（华亭）、新疆，陕北与宁东相同，均为 3 处，最少为云贵基地 1 处。另外，神东、晋北、蒙东、鲁西、河南与黄陇等基地还盛产特级矿井，117 处特级矿井中仅 22 处旁落他处（见表 5 – 11）。

表 5 – 11　2009 年度安全高效矿井在各大型煤炭生产基地的分布情况

序号	所属大型基地	总量（处）	比重（%）	特级数（处）	比重（%）
1	神东	32	8. 91	19	16. 24
2	晋北	31	8. 64	12	10. 26
3	晋中	34	9. 47	3	2. 56
4	晋东	39	10. 86	16	13. 68
5	蒙东（东北）	44	12. 26	12	10. 26
6	两淮	35	9. 75	6	5. 13
7	云贵	1	0. 28	0	0
8	冀中	29	8. 08	3	2. 56
9	鲁西	36	10. 03	15	12. 82
10	河南	43	11. 98	10	8. 55
11	陕北	3	0. 84	2	1. 71
12	宁东	3	0. 84	3	2. 56
13	黄陇（华亭）	20	5. 57	11	9. 40
14	新疆	5	1. 39	5	4. 27
15	其他（川、渝）	4	1. 11	0	0
合计		359	100	117	100. 00

注：数据根据《中国煤炭工业协会关于命名 2009 年度煤炭工业安全高效矿井（露天）的决定》[152]披露数据整理得到。

2. 生产与营运效果

2012—2013 年度命名的 442 个安全高效矿井，是我国煤炭业的先进代表和标杆，2013 年煤炭产量合计 13.90 亿 t，占全国 36.8 亿 t 的 37.77%；百万吨死亡率 0.004，比全国平均 0.288 低 98.61%；采煤机械化程度达到 99.86%，平均综合单产 15.67 万 t/个·月，平均原煤生产人员效率 17.33 t/工，共盈利 1281.94 亿元，职工人均收入约 8.20 万元[117]。

但在不同的基地，所命名的安全高效矿井的各项指标略有差异。以 2009 年为例，我国 14 个大型基地共有 279 个井工矿井被命名为安全高效矿井及 9 个露天安全高效矿井，相关生产与营运效果数据参见表 5－12、表 5－13 与表 5－14。

表 5－12 描述统计了这 279 个安全高效矿井的总体生产与营运效果情况，以及分基地安全高效矿井的生产与营运效果情况。

表 5－13 描述统计了 2009 年度 94 个特级安全高效井工矿井的生产与营运效果情况。

表 5－14 描述统计了 2009 年度 9 个露天安全高效矿井生产与营运效果。

表 5－12　2009 年度命名的安全高效井工矿井生产与营运效果描述统计

	特征值	产量（万 t）	综合单产（t/个·月）	原煤工效（t/工）	采机械化程度（%）	掘机械化程度（%）	综机械化程度（%）	人均收入（万元）	盈利（万元）
总体（279）	均值	274.18	152785.00	72.31	99.39	99.23	62.76	4.97	26287
	中位数	189.72	100000.00	9.30	100.00	100.00	65.00	4.50	12330
	最大值	2148.70	1351489.00	16015	100.00	100.00	100.00	13.00	198624
	最小值	45.00	10942.00	2.31	80.70	95.00	15.00	2.19	106
神东（16）	均值	798.77	471864.00	79.17	100.00	99.74	87.54	8.46	50203
	中位数	898.75	324230.00	72.24	100.00	100.00	100.00	8.27	43300
	最大值	2148.70	1351489.00	157.86	100.00	100.00	100.00	13.00	150000
	最小值	90.00	74998.00	7.60	100.00	95.80	50.00	5.24	9583
晋北（21）	均值	355.71	217764.00	24.20	100.00	99.99	67.71	5.01	13572
	中位数	272.40	98183.00	9.33	100.00	100.00	69.00	4.26	2392
	最大值	1038.26	906885.00	136.23	100.00	100.00	100.00	9.98	125976
	最小值	63.00	60194.00	4.33	100.00	99.80	25.00	2.19	134

续表

	特征值	产量（万 t）	综合单产（t/个·月）	原煤工效（t/工）	采机械化程度（%）	掘机械化程度（%）	综机械化程度（%）	人均收入（万元）	盈利（万元）
晋中（26）	均值	208.05	102213.00	10.34	99.62	98.91	76.40	4.66	24996
	中位数	158.50	100916.00	10.44	100.00	100.00	81.65	4.51	16009
	最大值	485.00	168047.00	19.00	100.00	100.00	100.00	6.40	138991
	最小值	58.65	32216.00	5.10	90.00	95.00	32.00	3.00	1122
晋东（31）	均值	278.89	151197.00	11.72	100.00	98.70	76.98	5.22	42594
	中位数	179.90	121029.00	10.24	100.00	100.00	80.00	4.90	26920
	最大值	1073.00	549106.00	22.55	100.00	100.00	100.00	7.22	132912
	最小值	45.40	51207.00	4.33	100.00	95.00	45.00	3.41	1140
蒙东（36）	均值	192.27	120124.00	8.09	99.92	98.84	53.10	3.91	7870
	中位数	194.94	102675.00	8.02	100.00	100.00	49.60	3.72	4283
	最大值	405.00	409301.00	17.98	100.00	100.00	91.20	5.41	56712
	最小值	70.50	40354.00	3.59	97.00	95.00	17.00	2.87	106
两淮（35）	均值	300.47	129255.00	10.00	98.38	99.94	46.64	5.10	25600
	中位数	200.00	94628.00	8.20	100.00	100.00	45.00	4.49	13293
	最大值	1211.89	412942.00	20.22	100.00	100.00	86.00	8.56	107872
	最小值	100.80	10942.00	6.02	80.70	98.00	18.50	3.91	1750
冀中（24）	均值	178.04	82064.00	7.44	100.00	99.28	61.74	4.52	22742
	中位数	137.50	79848.00	7.10	100.00	100.00	53.90	4.14	12564
	最大值	549.00	147372.00	15.40	100.00	100.00	100.00	7.40	69606
	最小值	51.00	43056.00	4.01	100.00	95.00	20.00	3.20	149
鲁西（33）	均值	255.62	142165.00	495.99	98.35	99.35	53.97	5.45	44082
	中位数	235.35	121514.00	10.87	100.00	100.00	51.70	5.16	20641
	最大值	700.64	435401.00	16015	100.00	100.00	95.00	10.86	191468
	最小值	81.10	41300.00	2.82	87.00	95.00	15.00	3.70	115
河南（35）	均值	192.78	102315.00	8.98	99.25	99.21	47.44	4.16	26143
	中位数	169.70	93363.00	8.29	100.00	100.00	45.00	3.93	15126
	最大值	497.66	209350.00	17.40	100.00	100.00	86.40	6.40	198625
	最小值	45.00	39614.00	2.31	86.70	95.00	17.00	2.85	382

续表

	特征值	产量（万 t）	综合单产（t/个·月）	原煤工效（t/工）	采机械化程度（%）	掘机械化程度（%）	综机械化程度（%）	人均收入（万元）	盈利（万元）
宁东（3）	均值	670.15	283617.00	19.12	100.00	100.00	87.28	6.46	19090
	中位数	501.10	262052.00	18.99	100.00	100.00	87.60	6.40	13282
	最大值	1202.75	421131.00	19.81	100.00	100.00	93.30	6.60	31446
	最小值	306.60	167667.00	18.56	100.00	100.00	80.94	6.38	12543
黄陇（11）	均值	195.48	213719.00	9.39	98.27	97.89	76.97	4.63	8330
	中位数	140.07	86896.00	10.08	100.00	98.00	75.20	4.90	3875
	最大值	510.00	1144290.00	18.40	100.00	100.00	100.00	6.94	24200
	最小值	63.00	60298.00	4.02	82.94	95.00	24.50	2.92	442
新疆（8）	均值	142.02	108425.00	13.15	100.00	98.89	92.49	5.07	3972
	中位数	140.49	101469.00	13.03	100.00	100.00	97.50	4.86	4276
	最大值	179.55	182628.00	17.40	100.00	100.00	100.00	6.27	7441
	最小值	83.12	68672.00	8.90	100.00	95.00	76.76	3.89	385

注：①数据根据《中国煤炭工业安全高效矿井建设年度报告（2009）》[152]所披露的相关数据整理得到；②2009年度共命名292个安全高效矿井，其中有露天矿井9个，非大型煤炭基地矿井4个（四川与重庆各2个）。

表 5-13　2009 年度命名的特级安全高效井工矿井生产与营运效果描述统计

	特征值	产量（万 t）	综合单产（t/个·月）	原煤工效（t/工）	采机械化程度（%）	掘机械化程度（%）	综机械化程度（%）	人均收入（万元）	盈利（万元）
总体（94）	均值	469.82	274161.98	198.96	99.93	99.60	78.93	6.27	47073.91
	中位数	319.90	179409.50	15.28	100.00	100.00	79.39	6.18	31532.25
	最大值	2148.70	1351489.00	16015.00	100.00	100.00	100.00	13.00	198624.80
	最小值	90.00	60298.00	7.93	95.36	95.00	42.10	3.01	385.30
神东（13）	均值	944.81	552613.87	93.58	100.00	100.00	91.15	9.11	57471.70
	中位数	1020.70	473626.40	112.80	100.00	100.00	100.00	8.60	61242.00
	最大值	2148.70	1351489.00	157.86	100.00	100.00	100.00	13.00	150000.00
	最小值	90.00	74998.00	7.99	100.00	100.00	50.00	5.94	9898.80

续表

	特征值	产量（万 t）	综合单产（t/个・月）	原煤工效（t/工）	采机械化程度（%）	掘机械化程度（%）	综机械化程度（%）	人均收入（万元）	盈利（万元）
晋北（8）	均值	686.69	431663.00	52.07	100.00	99.92	78.96	7.02	32465.95
	中位数	610.22	215734.50	25.63	100.00	100.00	74.35	6.75	21749.50
	最大值	1038.26	906885.00	136.23	100.00	100.00	100.00	9.98	125976.30
	最小值	300.00	121029.00	15.03	100.00	99.34	47.00	4.03	693.00
晋中（2）	均值	244.68	131738.00	11.15	100.00	98.72	91.15	6.35	13006.02
	中位数	244.68	131738.00	11.15	100.00	98.72	91.15	6.35	13006.02
	最大值	245.16	155717.00	12.65	100.00	100.00	100.00	6.40	15617.24
	最小值	244.20	107759.00	9.65	100.00	97.43	82.30	6.29	10394.80
晋东（12）	均值	398.12	239918.11	15.71	100.00	99.58	83.08	6.21	70865.37
	中位数	290.44	190777.50	16.51	100.00	100.00	86.80	6.29	74647.65
	最大值	1073.00	549106.00	22.55	100.00	100.00	100.00	7.22	132912.00
	最小值	140.00	121562.00	10.91	100.00	95.00	60.00	4.61	13254.60
蒙东（8）	均值	287.23	202883.88	13.31	100.00	99.17	70.36	4.58	21968.48
	中位数	269.00	185597.00	12.72	100.00	100.00	76.20	4.74	10083.00
	最大值	405.00	409301.00	17.98	100.00	100.00	91.20	5.41	56712.00
	最小值	210.00	129419.00	10.31	100.00	96.00	42.10	3.01	5746.00
两淮（9）	均值	549.94	239916.00	15.51	100.00	100.00	64.92	6.56	51378.11
	中位数	431.67	242020.00	15.20	100.00	100.00	62.50	6.55	56092.80
	最大值	1211.89	412942.00	20.22	100.00	100.00	86.00	8.56	107872.40
	最小值	186.67	127382.00	9.57	100.00	100.00	45.00	4.33	8588.20
冀中（4）	均值	348.73	118591.50	12.65	100.00	100.00	92.66	5.85	39265.25
	中位数	365.00	122887.50	13.64	100.00	100.00	92.00	6.14	42578.50
	最大值	549.00	147372.00	15.40	100.00	100.00	100.00	7.40	69606.00
	最小值	115.90	81219.00	7.93	100.00	100.00	86.64	3.71	2298.00
鲁西（16）	均值	378.15	202216.73	1015.74	99.71	99.59	68.89	5.78	68282.43
	中位数	306.00	167639.30	15.25	100.00	100.00	70.80	5.89	37200.90
	最大值	700.64	435401.00	16015.00	100.00	100.00	80.67	6.82	191468.00
	最小值	223.23	121514.00	12.04	95.36	96.00	50.00	4.76	6991.00

续表

	特征值	产量（万 t）	综合单产（t/个·月）	原煤工效（t/工）	采机械化程度（%）	掘机械化程度（%）	综机械化程度（%）	人均收入（万元）	盈利（万元）
河南（9）	均值	292.48	152084.86	13.42	100.00	100.00	76.11	4.94	60243.08
	中位数	279.87	141471.00	12.51	100.00	100.00	78.00	4.42	45400.00
	最大值	497.66	209350.00	17.40	100.00	100.00	86.40	6.40	198624.80
	最小值	162.13	110138.00	10.20	100.00	100.00	59.80	3.55	15126.30
宁东（3）	均值	670.15	283616.67	19.12	100.00	100.00	87.28	6.46	19090.07
	中位数	501.10	262052.00	18.99	100.00	100.00	87.60	6.40	13282.00
	最大值	1202.75	421131.00	19.81	100.00	100.00	93.30	6.60	31445.50
	最小值	306.60	167667.00	18.56	100.00	100.00	80.94	6.38	12542.70
黄陇（4）	均值	227.73	391821.05	12.47	99.50	98.25	79.05	5.44	8993.80
	中位数	140.16	181348.10	10.70	100.00	98.00	73.10	4.96	4437.60
	最大值	510.00	1144290.00	18.40	100.00	100.00	100.00	6.94	24100.00
	最小值	120.60	60298.00	10.08	98.00	97.00	70.00	4.90	3000.00
新疆（6）	均值	145.58	118733.67	13.60	100.00	98.52	89.99	5.06	3087.94
	中位数	140.49	108972.00	14.30	100.00	100.00	90.50	4.86	2634.25
	最大值	175.00	182628.00	17.40	100.00	100.00	100.00	6.25	7280.00
	最小值	119.83	68672.00	8.90	100.00	95.00	76.76	4.39	385.30

注：①数据根据《中国煤炭工业安全高效矿井建设年度报告（2009）》所披露的相关数据整理得到；②2009 年度共命名特级高效矿井共 100 个，均来自 14 个大型煤炭基地，其中井工特级矿井 94 个，露天特级矿井 6 个。

表 5－14　2009 年度命名的露天安全高效矿井生产与营运效果描述统计

	数量（个）	产量（万 t）	综合单产（t/个·月）	原煤工效（t/工）	剥采比（m^3/t）	人均收入（万元）	盈利（万元）	每 t 盈利（元/t）
均值	9	1032.61	186436.33	73.59	4.59	6.08	51366.38	58.43
中位数	9	942.00	163000.00	75.22	4.06	6.45	24777.00	29.72

续表

	数量（个）	产量（万 t）	综合单产（t/个·月）	原煤工效（t/工）	剥采比（m^3/t）	人均收入（万元）	盈利（万元）	每 t 盈利（元/t）
最大值	9	2283.88	373000.00	150.28	7.60	7.75	166200.00	232.13
最小值	9	200.20	82256.00	8.66	1.91	4.29	427.00	1.80

注：①数据根据《中国煤炭工业安全高效矿井建设年度报告（2009）》所披露的相关数据整理得到；②2009 年度，共命名露天安全高效矿井 9 个，其中特级 6 个、一级 3 个，蒙东 2 个、神东 3 个、晋北 2 个、新疆与云贵基地各 1 个；③剥采比，是指剥离岩土量与采出矿石量的比例。

3. 生产与营运保障

在开采工艺上，我国大型煤炭生产基地的矿井正向大规模、单井单面、综采一次采全高与综采放顶煤等方向发展。以 2009 年建成的安全高效矿井为例，大型煤炭生产基地 279 处安全高效井工矿（2009 年共建成 292 处安全高效矿井，其中露天矿 9 处，四川与重庆各有 2 处井工矿），合计生产原煤 7.65 亿 t，占全国 27.93 亿 t 的 27.38%；有综采工作面 423.2 个，高档普采工作面 31.5 个，涵盖了我国煤矿常用的各种采煤工艺，既有综采一次采全高、综采放顶煤、分层综采、刨煤机综采、高档普采、旺格维利采煤法，也有炮采和水采。94 处特级安全高效井工矿（全出自大型煤炭基地），生产原煤 3.4355 亿 t，平均每井生产 365.5 万 t；采煤队共 164 个，其中百万 t 采煤队就有 131 个；共有采煤平均工作面 145.2 个，其中综采平均工作面就达到 142.2 个，约 44% 的特级矿井采用一井一面生产模式；上述规模化生产，以及一井一面和综采等先进设计和工艺，也为这些特级安全高效井工矿井带来了丰厚的回报，这 94 处特级井工矿与 6 处特级露天矿合计盈利 507.22 亿元，单矿平均盈利达 5.07 亿元，当然也造就了较高的生产效率和员工人均收入。

综上，生产能力上规模，一井一面、综采一次采全高、综采放顶煤等生产工艺，是我国大型煤炭基地现代化矿井的建设方向。

二、陕西现代化矿井建设

（一）建设规模

正如前文所述，我国《大型煤炭基地规划》提出了冀中、鲁西、河南三个基地应重点做好老矿区生产接续，稳定煤炭生产规模；神东、晋北、晋东、蒙东（东北）、云贵、两淮、黄陇、宁东和陕北九个基地要适度加快开发，提高煤炭供应能力；晋中基地为优质炼焦煤资源，应实行保护性开发。这为煤炭资源的开发指出了方向。同时，“十二五”期间，我国将按照“控制东部、稳定中部、发展西部”的原则，合理控制煤炭开发规模和开采强度。鼓励开发、建设大型现代化露天煤矿和矿井，严格限制新建小煤矿。力争“十二五”末，大型煤炭基地产量占到全国总产量的90%，基地内大中型煤矿生产能力占到90%。因此，我国大型煤炭基地现代化矿井的建设，与国际上主要产煤国一样，大型化乃大势所趋。然而，矿井的大型化，会受矿井所在矿区资源赋存、地质条件等因素影响。换言之，我国14个大型煤炭基地现代化矿井，在规模上也不能搞一刀切。

表5－15列示了2009年命名的14个大型煤炭基地安全高效井工矿井总体及特级、一级、二级生产产量的均值、中位数、最大值与最小值数据。

表5－15　2009年度命名的大型煤炭基地安全高效井工矿井数量及产量统计

		安全高效矿		特级		一级		二级	
	特征值	数量（处）	产量（万t）	数量（处）	产量（万t）	数量（处）	产量（万t）	数量（处）	产量（万t）
总体	均值	279	274.18	94	469.82	118	211.13	67	110.75
	中位数		189.72		319.90		180.49		95.60
	最大值		2148.70		2148.70		800.17		300.00
神东	均值	16	798.77	13	944.81	3	165.94	0	－
	中位数		898.75		1020.70		186.53		－
	最大值		2148.70		2148.70		196.60		－
晋北	均值	21	355.71	7	684.76	10	234.86	4	82.00
	中位数		272.40		520.27		219.30		77.50
	最大值		1038.26		1038.26		388.47		110.00
晋中	均值	26	208.05	2	244.68	17	247.25	7	102.37
	中位数		158.50		244.68		250.50		91.80
	最大值		485.00		245.16		485.00		190.17

续表

	特征值	安全高效矿		特级		一级		二级	
		数量（处）	产量（万 t）	数量（处）	产量（万 t）	数量（处）	产量（万 t）	数量（处）	产量（万 t）
晋东	均值	31	278.89	13	421.36	11	226.89	7	96.05
	中位数		179.90		298.00		149.97		88.00
	最大值		1073.00		1073.00		551.89		145.26
蒙东	均值	36	192.27	8	287.23	18	186.85	10	126.06
	中位数		194.94		269.00		180.50		107.00
	最大值		405.00		405.00		299.57		220.78
两淮	均值	35	300.47	9	549.94	20	230.47	6	159.60
	中位数		200.00		431.67		175.58		156.80
	最大值		1211.89		1211.89		800.17		200.00
冀中	均值	24	178.04	4	348.73	9	198.12	11	99.54
	中位数		137.50		365.00		185.00		79.02
	最大值		549.00		549.00		392.63		300.00
鲁西	均值	33	255.62	16	378.15	10	156.90	7	116.57
	中位数		235.35		306.00		140.62		108.10
	最大值		700.64		700.64		264.25		219.18
河南	均值	35	192.78	9	292.48	16	200.29	10	91.03
	中位数		169.70		279.87		170.05		91.11
	最大值		497.66		497.66		449.60		150.59
宁东	均值	3	670.15	3	670.15	0	–	0	–
	中位数		501.10		501.10		–		–
	最大值		1202.75		1202.75		–		–

续表

	特征值	安全高效矿		特级		一级		二级	
		数量（处）	产量（万 t）	数量（处）	产量（万 t）	数量（处）	产量（万 t）	数量（处）	产量（万 t）
黄陇	均值	11	195.48	4	227.73	3	219.54	4	145.19
	中位数		140.07		140.16		95.59		144.83
	最大值		510.00		510.00		500.02		201.10
新疆	均值	8	142.02	6	145.58	1	179.55	1	83.12
	中位数		140.49		140.49		179.55		83.12
	最大值		179.55		175.00		179.55		83.12

注：数据根据《中国煤炭工业安全高效矿井建设年度报告（2009）》[152]披露数据整理得到。

表中数据再次说明，我国14个大型煤炭基地现代化矿井生产规模存在一定差异。其中，神东基地矿井生产规模最大，16个安全高效矿井平均规模为798.77万t、中位数为898.75万t，最大规模为2148.70万t；以中位数为标准，其余基地矿井规模排序为宁东（501.10万t）、晋北（272.40万t）、鲁西（235.35万t）、两淮（200万t）、蒙东（194.94万t）、晋东（179.90万t）、河南（169.0万t）、晋中（158.50万t）、新疆（140.49万t）、黄陇（140.07万t）与冀中（137.50万t）。其中，宁东、晋北、鲁西、两淮、蒙东基地安全高效矿井产量超过全国中位数189.72万t。以最大值为标准，排序先后依次为神东（2148.70万t）、两淮（1211.89万t）、宁东（1202.75万t）、晋东（1073万t）、晋北（1038.26万t）、鲁西（700.64万t）、冀中（549万t）、黄陇（510万t）、河南（497.66万t）、晋中（485万t）、蒙东（405万t）与新疆（179.55万t）。上述12个大型基地中，冀中、鲁西、河南三个基地应重点做好老矿区生产接续，在现代化矿井建设中，视条件设计开采规模，不刻意上规模；晋中基地为优质炼焦煤资源，应实行保护性开发，适当控制矿井规模；而神东、晋北、晋东、蒙东（东北）、两淮、黄陇和宁东七个基地，其现代化矿井建设，在规模上要上台阶，要向具有最大生产规模的矿井看齐，至少不低于本基地中位数规模。

陕北与云贵两基地，2009 年度无井工矿井入围安全高效矿井。2010 年度，陕北有 3 个矿井被命名为安全高效矿井，即中煤陕西南梁矿业（一级）、陕北矿业韩家湾矿（特级，150 万 t）与陕西汇森煤业凉水井矿（特级，305 万 t）。事实上，陕煤化集团在陕北基地的红柳林矿、柠条塔矿、张家峁矿等，同样属国内一流矿井。其中，红柳林矿与柠条塔矿均为 1200 万 t 级现代化矿井。云贵基地中，云南先锋煤业的先锋露天矿在 2009 年和 2010 年均入围安全高效矿井（2008 年产量为 200.20 万 t）；根据《中国煤炭工业年鉴 2008》相关资料，云南重点国有煤矿单井产量平均为 21 万 t，省属煤矿单井产量平均约 111.5 万 t，乡镇煤矿单井产量平均约 5.26 万 t，无大型矿井；贵州的六枝、盘江与水城等拥有大型矿井，三处的大型矿井 2008 年度生产原煤分别为 138.41 万 t、567.35 万 t 与 538.33 万 t。另外，正如前文所述，陕北与云贵两基地，其煤炭预测资源总量均较高，其中云贵超过千亿 t，仅次于神东基地；陕北约 751.17 亿 t，位列第四位。因此，这两个基地也应加大开发力度，现代化矿井建设要上规模、上水平。陕北基地，矿井规模应向 1000 万 t 级看齐；云贵基地，受水文地质开采条件，以及瓦斯、交通运输等多种因素制约，规模可适当控制。

综上，陕西现代化矿井建设，在规模上要上台阶，要向具有最大生产规模的矿井看齐，至少不低于本基地中位数规模。其中，由于神东、陕北两个大型煤炭基地资源丰富、开采条件简单，规模应向 1000 万 t 级看齐；黄陇基地，开采条件相对为差，可适当控制建设规模，条件好的可向 1000 万 t 级看齐，条件略差的可定位在 300 万 t 以上。

（二）开采工艺

首先，各基地应根据地质构造形态、资源赋存条件、资源/储量与煤质分布状况、水文地质条件、地形地貌和地物特征等，科学合理划分井田和布置大巷，合理确定开采顺序，选择最优的“准备方式”。其中，井田的划分，应利于集约化开发、井田开拓部署与初期采区布置、井口和工业场地位置选择、矿区铁路或公路选线接轨，以及矿井的建设施工。陕西三大基地，煤炭资源丰富，埋藏浅，开采条件简单，因此现代化矿井建设中，在井田划分上，应根据所在矿区资源赋存条件，尽可能宽大，准备方式可选择大巷准备，采用平硐或斜井开拓。

在采煤方法上，厚煤层综合机械化放顶煤开采、中厚煤层及厚煤层一次采全高综合机械化采煤、薄煤层机械化（如刨煤机开采）开采方法等是国内外现代化井工矿井在开采方法选择上的发展趋势。因此，各基地在现代化矿井，宜根据自身条件，选择上述先进的、适合自身煤层赋存条件的采煤方法。

综采综掘技术是煤炭生产企业在采掘方面发展的趋势。因此，厚煤层与中厚煤层矿井，应大力推进综采综掘技术，生产模式尽量实行一井一面或一井两面，以提高单产单进水平。构造复杂带矿井、中小型矿井及大矿的边角可采用轻型支架、悬移支架、网格支架等，稳定或较稳定薄煤层应推行刨煤机采煤。

（三）安全设施

在安全上，各基地现代化矿井必须贯彻“安全第一，预防为主，综合治理”的方针，确保矿井生产安全。

基于前文分析，神东、陕北两个大型煤炭基地，安全生产条件相对为好，安全隐患多出自顶板管理环节，来自瓦斯、水害等方面的隐患相对为少；因此，在配备“一通三防”（通风、防瓦斯、防尘、防火）一流设施和加强管理的基础上，宜侧重对顶板的管理。黄陇基地，存在高瓦斯、煤与瓦斯突出等情况，因此除对顶板、机电、运输、放炮等安全隐患加强管理外，还须构建“通风可靠，抽采达标，监控有效，管理到位”的瓦斯综合治理工作体系。

（四）信息化建设

数字化矿井，是当前国内外现代化矿井的共同追求。在信息化建设方面，包括通信网、数据通信网和电视网的建设。具体而言，包括行政通信网即行政电话和会议电话等；调度通信网即生产、电力、安全、消防、救护、运销、经营、铁路专用线等调度系统；移动通信网和备用应急通信网；数据通信网即管理和安全、生产监控数据通信网；矿区电视网即广播电视、会议电视和工业电视等。

对于上述信息网络，陕西现代化矿井在信息化建设中，宜一应俱全，以确保安全高效生产与营运。

（五）管理体系与环保

1. 管理体系

现代化的管理体系建设，对于现代化矿井而言也不可或缺。否则，即使配备最好的工艺、设施与装备，也不能达成安全高效的目标。现代化矿井管理体系主要建设内容包括战略与目标管理体系、组织管理体系、运营管理体系，以及企业文化建设体系四大部分。

2. 环境保护与水土保持

各基地现代化矿井建设，须贯彻“预防为主，防治结合”的指导方针，遵循我国有关环境保护法律、法规、政策和规定，合理开发和充分利用煤炭资源，严格控制环境污染和生态破坏，建设资源节约型和环境友好型矿井。

基于前文分析，陕西三大煤炭基地，环境容量小，水资源匮乏，因此应特别重视控制对环境的污染和生态的破坏（植被和土地的破坏），采用资源利用高、能耗物耗小、污染物产生量少的清洁生产技术、工艺和装备，同时按“减量化，再利用，资源化”的原则进行煤矸石、煤泥的综合利用，矿井排水应作为水资源重复利用，并及时实施土地复垦和生态恢复。陕西矿井开采可能对环境造成的影响及治理措施见表5－16。

表5－16　各基地煤矿开采对环境的影响及应对措施

煤矿开采对环境的影响	应对措施
地下水资源被破坏，人畜用水困难；水土流失、植被枯死、地表裂缝和滑坡，生态被破坏；土地荒漠化	保护性开采煤炭资源，研究推广保水采煤技术；矿井水综合利用，矸石填沟造地；水土保持，生态恢复；土地平整、梯田整治；高瓦斯矿井进行瓦斯综合利用

注：资料根据《环境影响评价技术导则煤炭工业矿区总体规划》（中煤国际工程集团北京华宇工程有限公司与国家环境保护总局环境工程评估中心2006年联合编制）及相关网络资源整理得到[156]。

第四节 本章小结

本章探讨了陕西现代化矿井评价应考虑的因素，随后从生产与营运效果、生产与营运保障两个维度，研究并提出了现代化矿井的评价指标与标准，构建了陕西现代化矿井的评价指标与标准体系，最后探讨了陕西现代化矿井的建设模式。

（1）由于矿井生产效率、经济与社会效益、开采方法与工艺的选择等要受制于矿井所在煤田地质构造（如断层、褶曲等）、煤炭资源赋存条件（如顶底板条件、倾角、煤厚、煤质等），以及瓦斯、涌水、自然发火等自然灾害条件。因此，在对陕西现代化矿井实施评价时，要考虑矿井的自然环境、资源赋存、开采条件等客观因素，以及矿井生产与保障系统，矿井生产及营运效果。

（2）陕西现代化矿井的评价，应基于“生产与营运效果”“生产与营运保障”两个层面进行。其中，生产与营运效果方面，二级指标包括“安全、生产效率与效果、经济与社会效益、资源与环境保护”4 个维度；三级指标应尽量精简，但要不失全面，同时可设置参考指标。生产与营运保障方面，二级指标包括“开采与掘进技术、设备、安全保障、信息化与自动化、管理体系与环境保障”5 个维度。三级指标上，应坚持全面性与重要性的结合。在指标的评价标准上，生产与营运效果层面的指标要定量化，以便于操作；而生产与营运保障方面的指标，则宜坚持定性与定量结合。

（3）简要介绍了我国 14 个大型煤炭基地的建设情况，再现了 14 个大型煤炭基地的形成过程与功能定位。随后，描述分析了我国大型煤炭基地现代化矿井（安全高效矿井）的建设情况，给出了其建设成绩及发展方向。最后，从建设规模、开采工艺、安全设施、信息化建设，以及管理体系建设与环保等层面，对陕西现代化矿井的建设提出了建设性意见和建议。

（4）由于资源赋存、自然环境、开采条件等方面存在或多或少的差异，陕西各基地现代化矿井建设，不能搞一刀切，采用同一种模式。①陕西现代化矿井建设，在规模上要上台阶，要向具有最大生产规模的矿井看齐，至少不低于本基地中位数规模。其中，由于神东、陕北两个大型煤炭基地资源丰富、开采条件简单，规模应向 1000 万 t 级看齐；黄陇基地，开采条件相对为差，可适当控制建设规模，条件好的可向 1000 万 t 级看齐，条件略差的可定位在 300 万 t 以上。②在开采工艺上，科学合理划分井田，是实现规模高产高效开采的前提；长壁后退式综放、长壁后退式一次采全高综采、薄煤层机械化（如刨煤机开采）开采方法等是国内外现代化井工矿井在开采方法与工艺选择上的发展趋势。三个基地现代化矿井建设，应结合自身资源赋存、开采条件等，选择这些先进的开采方法与工艺。③在安全设施上，各基地现代化矿井均应配备适合自身的国内外一流的安全设施，以防患于未然。黄陇基地，大部（或局部）存在高瓦斯、煤与瓦斯突出等情况，因此除对顶板、机电、运输、放炮等安全隐患加强管理外，还须构建“通风可靠，抽采达标，监控有效，管理到位”的瓦斯综合治理工作体系。④为达成安全、高产、高效与低耗等目标，各基地现代化矿井还须重视信息化建设、现代化管理体系建设，以及加强环境保护和水土保持的力度。

（5）表 5－17 是根据《中国煤炭工业安全高效矿井建设年度报告（2009）》所披露相关数据和相关网格数据整理得到的，有关我国各大型煤炭基地标杆现代化井工矿井的开拓方式、通风方式、开采方式与工艺、瓦斯等级，以及相关生产与营运结果数据。这些矿井多数已达到国内甚至国际一流水平，陕西三大煤炭基地现代化矿井建设，可以以它们作为标杆或参考。

表 5－17　我国大型煤炭基地标杆现代化井工矿井及相关技术数据

序号	基地简称	矿井名称	级别	开拓方式	通风方式	采煤方法与工艺	瓦斯	产量（万 t）	综合单产（t/个·月）	原煤工效（t/工）	采机械化程度（%）	掘机械化程度（%）	综机械化程度（%）	人均收入（万元）
1	神东	神东榆家梁煤矿	特级	平峒、小倾角斜井联合开拓	U 型	长壁综采	低	1690	1351489	126. 63	100	100	100	13
		神东哈拉沟矿	特级	平硐斜井立井联合开拓	U 型	长壁采全高综采	低	1205	905442	156. 82	100	100	100	13
		神东万利一矿	特级	斜井	U 型	长壁综采	低	1015. 5	846250	58. 68	100	100	100	6. 29
2	晋北	中煤能源安家岭一号井工矿	特级	斜井	中央并列式	长壁综放	低	1037	858889	102	100	100	100	8. 5
		大同煤业塔山矿	特级	平硐	分区式抽出	普通综采和综放	低	1025. 5	885564	81. 75	100	100	76	9
		大同马脊梁矿	特级	斜井	分区混合抽出	倾斜长壁综放	低	369. 28	123182	15. 23	100	100	72. 7	6. 26
3	晋中	山西西山马兰矿	一级	斜井	W 型	长壁一次采全高	低	385	129892	15. 24	100	100	100	4. 49
		山西西山镇城底矿	一级	斜、立井联合	W 型	长壁低位综放与一次采全高	低	189	86659	8. 01	100	100	74	4. 03
		山西焦煤双柳煤矿	特级	主斜副立井	三进一回混合式	长壁一次采全高	高	244. 2	155717	12. 65	100	97. 43	82. 3	6. 4

续表

序号	基地简称	矿井名称	级别	开拓方式	通风方式	采煤方法与工艺	瓦斯	产量（万 t）	综合单产（t/个·月）	原煤工效（t/工）	采机械化程度（%）	掘机械化程度（%）	综机械化程度（%）	人均收入（万元）
4	晋东	山西晋城寺河矿	特级	斜井	三进两回偏 Y 型	长壁大采高综采	高	1073	449205	16. 93	100	100	100	6. 2
		山西晋城成庄矿	特级	斜井立井联合	分区式	长壁综放	高	839. 9	219122	16. 57	100	99. 95	90	6. 27
		山西潞安漳村煤矿	特级	斜井	W 型通风	长壁采全高综放	低	370. 67	313650	22. 55	100	100	82. 3	6. 33
5	蒙东	扎赉诺尔铁北煤矿	特级	斜井	中央并列式	长壁综放	低	220. 86	194048	12. 02	100	96	70	3. 01
		龙煤东荣二矿	一级	立井	混合抽出式	长壁大采高综采	低	240. 67	101372	8. 3	100	100	27. 3	4. 06
		沈阳红阳三矿	特级	立井	-	倾斜长壁后综采	突出	278	129419	10. 31	100	100	91. 2	4. 79
6	两淮	淮南张集煤矿	特级	立井、大巷和石门分区开拓	分区通风方式	长壁采全高综采	双突	1211. 89	317143	18. 07	100	100	77	6. 97
		淮北朱庄煤矿	一级	立井	三进两回偏混合抽出式	综放	双突	217. 98	90825	9. 12	100	100	77. 7	4. 59
		国投刘庄煤矿	特级	立井	中央并列式	长壁综采	双突	456. 96	380798	15. 2	100	100	66	6. 41

续表

序号	基地简称	矿井名称	级别	开拓方式	通风方式	采煤方法与工艺	瓦斯	产量（万 t）	综合单产（t/个·月）	原煤工效（t/工）	采机械化程度（%）	掘机械化程度（%）	综机械化程度（%）	人均收入（万元）
7	云贵	兖矿贵州五轮山煤矿	–	斜井	中央并列抽出式	综采	高	240	–	–	–	–	–	–
		贵州水城汪家寨煤矿	–	平硐	U 型	综放	突出	150	–	–	–	–	–	–
		淄矿云南吉克矿井	–	斜井	中央并列抽出式	综采	双突	45	–	–	–	–	–	–
8	冀中	冀中东庞矿	特级	立井多水平开拓	南北翼对角抽出式	长壁采全高综采	低	280	81219	7.93	100	100	100	3.71
		冀中邢东矿	特级	立井多水平开拓	中央并列抽出式	长壁采全高综采	低	115.9	125000	12.2	100	100	95	7.4
		冀中邢台矿	一级	中央竖井平巷采区石门	混合抽出式	分层或高位综放	低	194.85	87934	7	100	96	86.7	5.54
9	鲁西	兖州东滩煤矿	特级	立井	两翼对角抽出式	长壁综放	低	700.64	319706	19	100	100	74.43	5.98
		兖州济宁三号煤矿	特级	立井	两翼对角抽出式	长壁综采	低	619.02	181673	28.87	100	100	80.67	5.2
		淄博许厂煤矿	特级	立井	中央并列式	长壁采全高综采	低	316	142885	15.91	100	96	76	6.4

续表

序号	基地简称	矿井名称	级别	开拓方式	通风方式	采煤方法与工艺	瓦斯	产量（万t）	综合单产（t/个·月）	原煤工效（t/工）	采机械化程度（%）	掘机械化程度（%）	综机械化程度（%）	人均收入（万元）
10	河南	平煤六矿	特级	立井	分区与中央并列混合式	长壁综采	突出	324	136363	12.11	100	100	69	3.55
		平煤十一矿	一级	立井	南北翼对角抽出式	长壁综采	高	313	83585	11.17	100	100	51.85	3.76
		郑煤裴沟煤矿	特级	立井	中央边界抽出式	长壁综放	双突	194.98	85517	10.78	86.7	100	34	4.39
11	陕北	陕煤化红柳林	—	斜井单水平	中央分列抽出式	长壁采全高综采	低	1200	–	–	–	–	–	–
		陕煤化柠条塔	—	斜井	中央并列抽出式	长壁采全高综采	低	1200	–	–	–	–	–	–
		陕北矿业韩家湾煤矿	特级（2009）	斜井	中央并列抽出式	长壁综采	低	150	–	–	–	–	–	–
12	宁东	宁煤羊场湾煤矿	特级	斜井	中央并列式	长壁综采	低	1202.75	421131	19.81	100	100	80.94	6.6
		宁煤枣泉煤矿	特级	斜井	中央并列抽出式	长壁综采	低	501.1	262052	18.99	100	100	93.3	6.4
		宁煤灵新煤矿	特级	斜井		长壁综采	低	306.6	167667	18.56	100	100	87.6	6.38

续表

序号	基地简称	矿井名称	级别	开拓方式	通风方式	采煤方法与工艺	瓦斯	产量（万 t）	综合单产（t/个·月）	原煤工效（t/工）	采机械化程度（%）	掘机械化程度（%）	综机械化程度（%）	人均收入（万元）
13	黄陇	黄陵一号煤矿	特级	平硐	混合抽出式	长壁采全高综采	高	510	237515	18.4	100	100	100	6.94
		淄博陕西长武亭南煤矿	特级	立井	中央并列抽出	长壁综放	高	260	190726	12.71	100	98	71	4.76
		华亭新窑煤矿	特级	斜井上下山	中央分列抽出	长壁低位综放	低	140.25	1144290	10.72	100	98	71	4.92
14	新疆	神新小红沟煤矿	特级	斜井阶段石门开拓	中央分列抽出	综放	低	137.8	114864	17.4	100	95	95	5.52
		神新大洪沟煤矿	特级	立井	中央并列式	长壁综放	低	123.7	103080	15.06	100	100	86	4.86
		神新碱沟煤矿	特级	斜井阶段石门开拓	中央分列抽出	短壁分层综放	低	143.17	68672	13.54	100	100	82.19	4.85

注：①综合单产单位：t/个·月；原煤工效单位：t/工；级别为 2009 年安全高效矿井级别。②数据根据《中国煤炭工业协会关于命名 2009 年度煤炭工业安全高效矿井（露天）的决定》披露数据，以及相关网格数据整理得到。③云贵、陕北标杆矿井对应产量栏为设计生产能力，由于这两个基地 2009 年度无井工矿井被命名为安全高效矿井，相关数据略。

第六章　陕西煤炭业的科技发展

我国煤炭业黄金十年一去不返，治霾成为全民诉求，深化煤炭产业改革、实现煤炭生产与消费利用的安全高效、生态清洁及低碳集约发展，是历史必然。然而，要实施创新驱动发展战略，打造中国煤炭业升级版，重视并迅速提升煤炭业发展的科学化水平，提高其科技贡献率，又是必由之路。我国煤炭业近年来取得了较大成就，与重视科技是分不开的。原煤产量的大幅增长（2014 年全国煤炭 38.74 亿 t 的产煤量，占世界总产量 81.65 亿 t 的 47.45%[157]），与世界其他产煤大国相比我国煤炭资源赋存条件差，在这种情况下有如此大的产量，是靠先进的科技和装备来支撑的。同时，近年来全国煤矿安全事故发生起数和伤亡人数均大幅下降，这离不开安全技术的发展，以及开采装备的进步。为全面实施创新驱动发展战略，打造中国煤炭业升级版，提升煤炭业发展的科学化水平，2015 年 3 月召开了我国煤炭业“十三五”科技发展规划工作启动会。会议指出，未来一段时期内，绿色、安全、智能、清洁、高效将成为煤炭科技发展的主要方向。

本章将全面回顾我国煤炭业研发投入情况，并比较分析与其他行业差异，随后实证分析煤炭企业研发投入与其经营绩效的关系，在此基础上全面分析陕西煤炭业科技投入情况，并提出相应政策和建议。

第一节　我国煤炭业研发投入分析

一、煤炭业研发投入状况

近年来我国煤炭业日益重视科技投入。图 6－1 显示，我国大中型煤炭企业研发人员全时当量已由 2006 年的 38249（人年）上升至 2010 年 44636（人年），研发经费由 2006 年 36.90 亿元上升至 2010 年 108.75 亿元。规模以上煤炭企业研发人员全时当量已由2011年的50763（人年）上升至2013年53713（人年），研发经费由2011年145.13亿元上升至2013年156.55亿元。

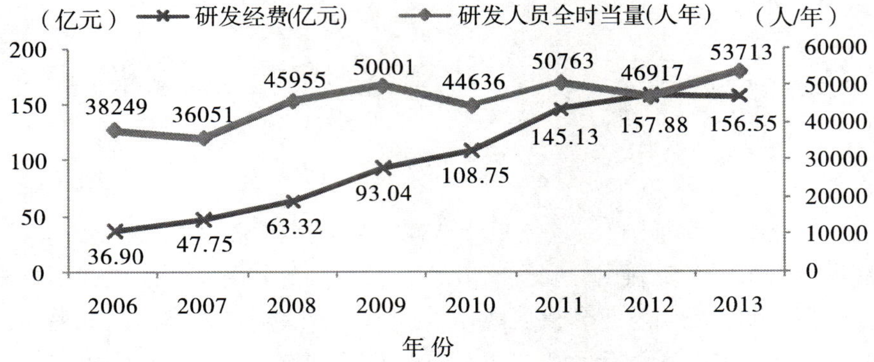

图6-1　2006—2013年大中型（或规模以上）煤炭企业R&D经费和R&D人员统计

注：研发经费为主纵轴，研发人员全时当量为次纵轴。

资料来源：根据历年《中国统计年鉴》和《中国科技统计年鉴》数据整理得到。

二、与其他产业研发投入的比较分析

为了全面了解煤炭业研发投入及产出状况，根据《中国科技统计年鉴2013》提供的数据，进行了统计分析，代表性的统计指标见表6-1。

表6-1　2012年煤炭开采和洗选业及全国各行业研发投入相关统计数据

指标	指标值	排名	最大值	最小值	平均值
内外部研发经费支出（万元/家）	219.31	16	7855.87	18.69	221.62
内外部研发支出占营业收入比例（%）	0.51	22	2.50	0.06	0.82
研发人数（人/家）	10	16	250	1	9
有研发机构企业占比（%）	1.73	37	29.88	1.12	11.31
有研发活动企业占比（%）	2.08	37	39.26	1.69	13.73
新产品收入占主营收入比例（%）	3.26	31	28.55	0.14	11.89

资料来源：根据《中国科技统计年鉴2013》相关数据整理得到。

表6-1数据表明，2012年规模以上煤炭开采与洗选业（以下简称煤炭业）企业总数为7869家，内部和外部研发经费支出总计为1725763万元，平均每家企业投入约为219.31万元（低于全国平均值，即221.62万元），在38

个行业中排名第 16 位；平均每家企业研发经费投入力度最大的是石油和天然气开采业（7855. 87 万元/家），最少的是黑色金属矿采选业（仅 18. 69 万元/家）。煤炭业内部和外部研发经费支出占营业收入比例为 0. 51%，低于全国平均值 0. 82%，在 38 个行业中排名第 22 位。每家规模以上煤炭企业平均拥有约 10 名研发人员，略高于全国平均水平。但拥有研发机构和活动的企业数较少，仅分别占煤炭业企业总数的 1. 73% 和 2. 08%，远低于全国平均水平，在 38 个行业中排名第 37 位（仅高于黑色金属矿采选业）。煤炭业新产品收入占主营收入比例仅为 3. 26%，远低于排名第 1 的汽车制造业（28. 55%），也低于全国平均水平（11. 89%），在 38 个行业中排名第 31 位。

通过上述数据及分析可以看到，虽然煤炭企业日益加大研发投入，但与其他行业相比拥有专门研发机构的煤炭企业较少，开展研发活动的煤炭企业不多，新产品收入占主营收入比例还远低于全国平均水平。

第二节　煤炭企业研发投入与经营绩效关系的实证分析

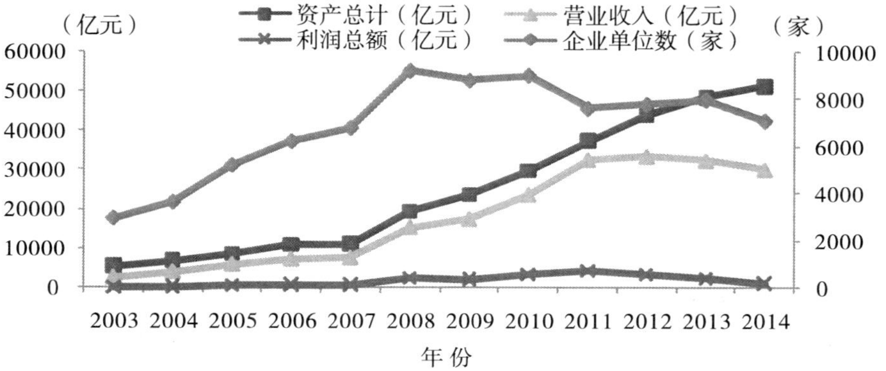

图 6－2　2003—2014 年煤炭开采与洗选业（规模以上）相关数据

注：资产总计、营业收入、利润总额为主纵轴，企业单位数为次纵轴。

资料来源：Wind 资讯。

自 2003 年以来，我国煤炭业经历了“黄金十年”，随即陷入低迷。图 6－2 显示在“黄金十年”里，我国煤炭业取得了较大成绩：规模以上煤炭企业由 2003 年的 2946 家升至 2012 年年底的 7790 家，资产总额由 5357. 40 亿元升至44197.47亿元，营业收入由2449.58亿元升至33485.99亿元，利润总额由137.74亿元涨至3555.03亿元。然而，受市场需求不旺、产能建设超前、进口煤炭冲击等多重因素影响，2011年11月初起我国煤炭价格开始大幅下降，规模以上煤炭企业利润总额也由2011年的最高值4341.73亿元快速跌至2014年的1268.48亿元，多数煤炭企业目前已陷入经营困境，亏损面超过70%[2]。在此背景下，煤炭企业实施“以量补价，降本增效，延长产业链，科技创新”等诸多措施，力求摆脱困境。其中，重视科技创新，加大研发投入，无疑将有利于促进传统煤炭企业向集约、高效、安全与可持续发展的轨道上转变。

国内外不少研究成果已证实，研发投入对经营绩效具有显著正向作用。由于学界对煤炭业研发投入的相关研究成果还为数不多，在当前煤炭企业为摆脱困境而多方寻求出路的背景下，综合运用已有学术成果的研究方法，进一步扩张研究范围和延长研究区间，厘清我国煤炭业研发投入现状和发展趋势，并实证检验我国煤炭业研发投入与其经营绩效的关系，将有利于为政府和煤炭企业的科技创新相关决策提供证据支持，因此具有较高的理论和现实意义。

一、研发投入与经营绩效的关系——基于时间序列数据

（一）研究方法、指标选取与样本数据

按照研发投入对经营绩效的传统做法，在广义的道格拉斯生产函数的基础上，把研发投入作为一个生产要素，得到广义的C－D生产函数，即：

$$Q_t = AK_t^{\alpha\gamma} L_t^{\beta} R_t^{\gamma} e^{\varepsilon_t} \tag{6.1}$$

其中，t 表示 t 时期，Q 表示产出水平，K 表示物质资本投入，L 表示劳动力的投入，R 表示研发投入（$R\&D$），A 是常数项。α、β、γ 分别表示物质资本的产出弹性、劳动的产出弹性和 $R\&D$ 投入的产出弹性。εt 为随机误差项（陈雄兵，2011）[158]。

为构造线性回归方程，使分析结果更为显著，对方程（6.1）两边取对数，得到计量方程为：

$$LnQ_t = A + \alpha LnK_t + \beta LnL_t + \gamma LnR_t + \varepsilon_t \tag{6.2}$$

本式中，Q_t 为 t 期煤炭业经营绩效，用煤炭业总产值（营业收入，或利润总额）作为衡量指标；K_t 为 t 期物质资本投入（以下简称资本投入），选用煤炭业总资产来度量；L_t 为 t 期劳动力投入（以下简称劳动投入），以煤炭业

从业人数衡量；R_t 为 t 期研发经费投入（以下简称研发投入），以煤炭业研发经费内部支出衡量。

本章侧重研究煤炭企业研发投入与其经营绩效之间的关系。鉴于我国煤炭业实际及数据的可获性，考察煤炭业研发投入对其经营绩效的贡献时，本章选择我国煤炭业大中型企业作为样本，选择的样本期间为2003—2013年。同时，选择中国煤炭业100强企业2005—2012年的截面数据，以进一步验证研究结论。

（二）描述统计

表6-2描述统计了2003—2013年我国大中型煤炭企业工业总产值（营业收入和利润总额）、资本投入（总资产）、研发投入（研发经费内部支出）与劳动投入（从业人数）。

表6-2　2003—2013年中国大中型煤炭企业投入与产出等相关数据统计

年份	2003	2004	2005	2006	2007	2008	2009	2010	2011	2012	2013
工业总产值（亿元）	1944	3045	4165	5145	6314	9976	10954	14972	20586	22546	21278
营业收入（亿元）	2012	2996	4461	5523	6889	10914	12307	16987	23672	25612	24259
利润总额（亿元）	107	227	406	505	753	1755	1671	2686	3742	3048	1824
总资产（亿元）	4688	6045	7782	9829	12158	16694	20380	25961	33961	39565	42523
研发经费内部支出（亿元）	14. 12	25. 85	28. 41	36. 90	47. 75	63. 32	93. 04	108. 8	154. 4	167	158. 2
从业人数（万人）	295. 1	301	343	366. 6	360. 1	383	392. 8	416. 2	446. 6	443	443
企业数（家）	446	447	707	835	928	1218	1246	1500	2324	2280	2280

资料来源：根据各年度《中国科技统计年鉴》《中国统计年鉴》提供的数据整理得到。

基于表 6－2 的数据可以看到，2003 年我国总计有 446 家大中型煤炭企业，到 2013 年增长至 2280 家，净增了 1834 家。2003 年大中型煤炭企业工业总产值（营业收入和利润总额）总计约为 1944 亿元（2012 亿元和 107 亿元），到 2013 年已增长到 21278 亿元（24259 亿元和 1824 亿元），净增了 9.95 倍（11.06 倍和 16.05 倍）。拥有的总资产，2003 年总计约为 4688 亿元，2013 年已增至 42523 亿元，净增了 8.07 倍。研发经费内部支出，2003 年总计约 14.12 亿元，2013 年增长至 158.22 亿元，净增了 10.21 倍。从业人数由 2003 年 295.09 万人增至 2013 年的 442.99 万人，增长了 0.501 倍。

从统计结果可以看出，2003—2013 年我国大中型煤炭企业经营绩效总体呈现向好势头：工业总产值和营业收入持续增长（受价格大幅下跌影响，2013 年营业收入稍有回落）；2003—2011 年利润总额持续增长，虽然 2012 年和 2013 年快速下跌，但仍然好于 2009 年及以前年度总体水平。在投入方面，大中型煤炭企业总计资本投入逐年增加，研发投入也逐年递增（净增长倍数略高于总资产），劳动投入总体呈现上升势头（但增幅远低于资本投入和研发投入的增幅）。这说明我国大中型煤炭企业日益重视研发投入，且正向机械化、精干高效方向发展。

（三）实证结果与分析

基于广义的 C－D 生产函数，应用前文方程（6.2）及 2003—2012 年我国大中型煤炭企业的工业总产值（营业收入，利润总额）、资本投入、劳动投入与研发投入等数据，得到的回归结果如表 6－3 所示。

表 6－3　回归结果数据

变量	工业总产值	营业收入	利润总额
C	－14.468 （－1.487）	－20.986** （－2.748）	－63.554 （－1.681）
K	0.298 （1.170）	0.336 （1.352）	－1.952 （－1.589）
L	1.353* （2.033）	1.794** （2.765）	5.833 （1.816）
R	0.494** （2.480）	0.436* （2.241）	2.110* （2.193）

续表

变量	工业总产值	营业收入	利润总额
调整 R^2	0.994	0.995	0.932
F 值	597.41***	695.28***	46.58***

注：“*”表示在10%的显著性水平上显著，“**”表示在5%的显著性水平上显著，“***”表示在1%的显著性水平上显著（以下各表同）。

表6-3中对应数据表明，大中型煤炭企业资本投入（K）与其总产值、营业收入呈现正相关关系（不显著），与利润总额间存在负相关关系（不显著）。劳动投入（L）与三个绩效指标均呈现正相关关系，且与工业总产值在10%的显著性水平上显著正相关，与营业收入在5%的显著性水平上显著正相关，与利润总额非显著正相关。研发投入（R）与三个绩效指标之间均呈现显著的正相关关系，即与工业总产值在5%的显著性水平上显著正相关，与营业收入在10%的显著性水平上显著正相关，与利润总额在10%的显著性水平上显著正相关。

同时检验了解释变量对被解释变量的滞后效应（包括滞后1年和滞后2年）。回归结果显示，解释变量的系数的符号与表6-3一致，但均不显著。

表6-4中是去掉控制变量资本投入（K）和劳动投入（L）后的回归结果数据，同时考虑了研发投入（R）对滞后1年和滞后2年的经营绩效的影响。数据表明，去掉控制变量后，我国大中型煤炭企业的研发投入，无论对其当年还是滞后1年或滞后2年的工业总产值、营业收入和利润总额均呈现正相关关系，且在1%的显著性水平上显著。

表6-4　去掉控制变量（K和L）后的回归结果数据

变量	当年			滞后1年			滞后2年		
	C	R	调整 R^2	C	R_1	调整 R^2	C	R_2	调整 R^2
工业总产值	4.985*** (11.25)	0.994*** (29.95)	0.989	6.859*** (10.24)	0.870*** (17.24)	0.970	7.949*** (8.08)	0.805*** (10.75)	0.935
营业收入	4.406*** (8.585)	1.044*** (27.166)	0.987	6.270*** (9.155)	0.922*** (17.852)	0.972	7.625*** (7.405)	0.838*** (10.687)	0.942
利润总额	-1.588 (-0.952)	1.325*** (10.606)	0.918	2.261 (1.043)	1.060*** (6.487)	0.820	4.969 (1.826)	0.878*** (4.236)	0.679

回归结果数据表明，我国大中型煤炭企业研发投入对其经营绩效有着显著的正向促进作用，加大研发投入有利于煤炭企业总产值、营业收入及利润总额的提高。

二、研发投入与经营绩效的关系——基于截面数据

（一）描述统计

以下基于2005—2012年煤炭行业100强企业相关数据，进一步检验煤炭企业研发投入与经营绩效的关系。

表6－5描述统计了2005—2012年煤炭行业100强企业的营业收入、净利润、资本投入（总资产）、劳动投入（从业人数）、研发投入（研发费用）等指标。

表6－5　2005—2012年我国煤炭业100强企业投入与产出相关指标统计（亿元）

年度	2005	2006	2007	2008	2009	2010	2011	2012
平均营业收入	58.75	71.76	93.06	141.87	157.45	222.28	319.73	333.90
平均净利润	3.28	3.69	5.95	12.24	11.27	13.64	20.46	15.08
平均总资产	93.66	118.87	151.02	209.67	260.29	314.64	406.94	505.33
平均研发费用	0.973	1.3458	1.4215	2.5348	2.7264	3.2253	5.1863	6.2226
平均从业人数（人）	31381	31829	32095	33742	35401	35840	39261	41416

资料来源：根据2006—2013年《中国煤炭企业100强分析报告》数据整理得到。

表6－5中的数据表明，2005年以来我国100强煤炭企业成长显著：平均营业收入从2005年的58.75亿元升至2012年的333.90亿元，增幅达468.34%；平均净利润从3.28亿元升至15.08亿元（最大值为2011年的20.46亿元），增幅达359.76%；平均总资产从93.66亿元涨至505.33亿元，增幅达439.54%；平均从业人数由31381人增加到41416人，增幅达31.98%；平均研发费用由0.973亿元提升至6.2226亿元，增幅达539.53%。四个指标增幅相比较而言，平均研发费用增幅居首，其次是平均营业收入（且基本与平均营业收入增幅相当），最低为平均从业人数。

（二）实证结果与分析

仍然基于前文所应用的方程（6.2），首先检验2005—2012年我国100强煤炭企业的资本投入（K）、劳动投入（L）、研发投入（R）三个变量与营业收入的相关关系。由于某些企业没有披露研发费用等相关数据，样本量均小于100个，如2005年仅74个样本量。回归结果如表6－6所示。

表6－6　对营业收入的回归结果

年度	样本量	常数项A	K	L	R	F值	调整 R^2
2005	78	1.595 （3.694）	0.777*** （11.612）	0.033 （0.519）	0.079*** （3.127）	286.26***	0.917
2006	82	2.111*** （5.25）	0.709*** （11.346）	0.053 （0.945）	0.111*** （4.874）	396.36***	0.936
2007	85	5.859** （5.859）	0.580*** （9.120）	0.206*** （3.391）	0.093*** （3.860）	284.21***	0.910
2008	83	1.523*** （3.119）	0.782*** （11.276）	0.096 （1.439）	0.031 （1.298）	256.53***	0.903
2009	84	1.288*** （2.694）	0.778*** （11.302）	0.073 （1.065）	0.078** （3.094）	311.53***	0.918
2010	87	0.984* （1.829）	0.794*** （11.568）	0.089 （1.443）	0.080*** （3.020）	258.39***	0.900
2011	86	0.916 （1.483）	0.908*** （12.834）	－0.049 （－0.763）	0.067** （2.104）	188.36***	0.869
2012	84	－0.539 （－0.646）	1.009*** （9.546）	－0.102 （－1.041）	0.089** （2.000）	141.82***	0.836

表6－6中的数据表明，2005—2012年各年度资本投入（K）与营业收入都显著正相关，说明增加资本投入有利于营业收入的增加；劳动投入（L）在2005—2010年与营业收入正相关（但仅2007年度是显著相关的），2011年和2012年与营业收入负相关（不显著）。研发投入（R）与营业收入呈现正相关关系，且除2008年以外，其余年度都显著正相关。

表6－7列示了2005—2012年我国100强煤炭企业资本投入（K）、劳动投入（L）、研发投入（R）对其净利润的回归结果。数据表明，2005—2012年各年度企业资本投入（K）与净利润在1%的显著性水平上均显著正相关；而劳动投入（L）与净利润存在负相关关系，且2005—2010年各年度均在1%的显著性水平上显著负相关；除2008年以外，研发投入（R）与净利润均存在显著正相关。

表6－7　对净利润的回归结果数据

年度	样本量	常数项A	K	L	R	F值	调整 R^2
2005	74	2.607 (1.552)	1.180*** (4.510)	−1.161*** (−4.687)	0.298*** (3.050)	16.09***	0.383
2006	80	1.512 (0.959)	1.406*** (5.697)	−1.304*** (−5.904)	0.255*** (2.876)	25.88***	0.489
2007	83	2.332* (1.763)	0.979*** (5.080)	−0.731*** (−3.956)	0.209*** (2.823)	20.46***	0.416
2008	83	−0.520 (−0.430)	1.306*** (7.598)	−697*** (−4.222)	0.018 (0.314)	32.74***	0.537
2009	84	−0.176 (−0.126)	1.191*** (5.922)	−0.712*** (−3.563)	0.122* (1.659)	23.51***	0.449
2010	86	0.226 (0.161)	1.054*** (5.874)	−0.600*** (−3.724)	0.186*** (2.697)	26.44***	0.473
2011	86	2.317 (1.886)	0.660*** (4.695)	−0.046 (−0.358)	0.013** (−0.207)	20.01***	0.401
2012	75	0.283 (0.209)	1.054*** (5.923)	−0.495 (−2.958)	0.017** (0.221)	22.25***	0.463

基于截面数据的回归结果与分析表明，我国100强大型煤炭企业研发投入，与其营业收入和净利润之间均存在正相关关系，且8个年度中仅1个年度非显著。这与前面基于我国大中型煤炭企业2003—2013年的时间序列数据的回归结果一致，且变得更加显著。这说明我国100强大型煤炭企业更加重

视科技创新，研发投入对经营绩效的作用也更强。同时，资本投入对营业收入的回归结果也与前文基于时间序列的回归结果方向一致，但由非显著变为强势显著；对净利润的回归结果与前文结果作用方向相反，且呈现强势显著。劳动投入对营业收入和净利润的回归结果与前文回归结果间存在差异，即对营业收入的正向作用方向虽然在多数年度没变，但仅在2007年度显著；在各个年度劳动投入对净利润均呈现显著的负作用，这正好与前文回归结果相反。这说明，与其他大中型企业不同，我国100强大型煤炭企业经营业绩增长并非源于劳动力的增加，而可能来自设备更新、研发投入等其他因素。

三、研究结论与启示

（1）对我国大中型煤炭企业（包括100强煤炭企业）工业总产值（营业收入、利润总额）、资本投入、研发投入、劳动投入进行了描述统计，统计结果显示，2003年以来我国煤炭企业工业总产值（营业收入、利润总额）具有较大幅度的提升，资本投入增幅较大，研发投入也有较大幅度增加，相比之下劳动投入增长有放缓趋势。

（2）基于广义的C－D生产函数，利用2003—2013年的时序序列数据，研究实证了大中型煤炭企业研发投入对经营绩效的贡献。实证结果表明，研发投入与工业总产值、营业收入和利润总额间均存在显著的正相关关系，即对企业的经营绩效具有显著的正向促进作用；去掉控制变量后，研发投入无论对其当年还是滞后1年或滞后2年的工业总产值、营业收入和利润总额均呈现显著的正向作用。同时实证结果表明，资本投入对其工业总产值、营业收入具有非显著的正向作用，对利润总额具有非显著的负向作用；而劳动投入对其工业总产值、营业收入具有显著的正向作用，对利润总额具有非显著的正向作用。

（3）在2005—2012年我国100强煤炭企业的截面数据基础上进行了回归分析，回归结果再次验证了基于大中型煤炭企业时间序列数据的研究结论，即研发投入对我国100强煤炭企业经营绩效有着显著正向作用，是推动其绩效提高的重要因素之一。作为控制变量的资本投入和劳动投入对营业收入和净利润的回归结果，与基于大中型煤炭企业时间序列数据的研究结果存在差异。资本投入对营业收入的正向作用由非显著变为强势显著，对净利润的作用由负向变为正向且强势显著；劳动投入对营业收入的正向作用方向虽然在多数年度没变，但仅在2007年度显著，而在各个年度劳动投入对净利润的作用均由正向转为负向且多数年度强势显著。

煤炭产业是关系能源安全和国民经济命脉的重要基础产业，在当前和可预见的未来仍然是我国经济与社会持续发展的重要支柱。然而，受国际经济增速放缓、美国页岩气革命，以及国内产能与产量过剩、进口大幅增加等因素影响，近几年来我国煤炭市场持续疲软，不少煤炭企业已陷入经营困难。既然研发经费投入对煤炭企业经营绩效具有显著的正向促进作用，有利于解决煤炭产业当前存在的“回采率低下，安全隐患高，环境污染严重，自主创新能力差”等诸多难题；因此，进一步加大研发经费投入，这样既有利于煤炭企业在当前持续低迷市场背景下降本增效和快速脱困，又有利于煤炭企业迅速转向集约、高效、安全与可持续发展轨道上来，为我国经济与社会持续发展提供能源安全保障。

第三节　陕西煤炭业科技投入的统计与分析

一、陕西煤炭业研发投入与产出情况分析

作为我国能源大省之一，进入21世纪以来，陕西煤炭业有了长足进步，煤炭业在科技投入方面，也有所作为。

表6－8展示了2011—2013年陕西规模以上煤炭开采和洗选业企业研究与试验发展（R&D）人员和经费支出情况。数据表明，R&D人员已从2011年782人增加到2013年的1831人，增长了134.14%；在全省R&D人员中的百分占比也由1.89%增至2.72%。R&D人员中研究人员三年中有较大变化，总体人数呈现递增态势，但百分占比2013年较2011年略有减少。R&D经费内部支出方面，三年中2012年度最少，但2013年得到快速增长，即涨升至26826万元，占全省规模以上企业R&D经费内部支出总数的1.91%。数据同时显示，企业是R&D经费内部支出的主力军，2011年、2012年均占总支出数的98.10%，2013年政府较上一年度增加了2.29倍R&D经费支持，使企业在R&D经费内部支出支持中占比下降至96.31%。

表6－8　2011—2013年陕西规模以上煤炭开采和洗选业企业研究与试验发展（R&D）人员和经费支出情况

年度	R&D人员（人）		R&D经费内部支出（万元）		
	人数及全省占比（%）	研究人员及在R&D人员中占比（%）	全省及占比（%）	政府资金及占比（%）	企业资金及占比（%）
2011	782（1.89）	252（32.23）	16329（1.69）	310（1.90）	16019（98.10）
2012	749（1.34）	347（46.33）	15849（1.33）	301（1.90）	15548（98.10）
2013	1831（2.72）	579（31.62）	26826（1.91）	989（3.69）	25837（96.31）

注：数据根据历年《陕西统计年鉴》相关数据整理得到。

表6－9展示了2011—2013年陕西规模以上煤炭开采和洗选业企业研究与试验发展项目情况。数据表明，2013年在各个指标上均较前两年有较大幅度的提升。在项目数上，2013年为134项，较2012年净增加了69项，在全省规模以上企业项目总数中占比也由2012年的1.26%上升至2.20%。在参加项目人员上，2012年为698人，2013年增至1673人，净增加了975人，全省中占比由2012年的1.45%提升至2013年的2.84%。在项目人员全时当量上，增幅更为明显，由2012年的212人年增至2013年的916人年，全省占比由2012年0.67%提升至2013年2.28%。在项目经费内部支出方面，由2011年的10511万元升至2013年的24430万元，全省占比由1.60%升至2.24%。

表6－9　2011—2013年陕西规模以上煤炭开采和洗选业企业研究与试验发展项目统计

年度	项目数		参加项目人员		项目人员全时当量		项目经费内部支出	
	项	全省占比（%）	人	全省占比（%）	人年	全省占比（%）	万元	全省占比（%）
2011	80	1.90	709	2.04	330	1.28	10511	1.60
2012	65	1.26	698	1.45	212	0.67	14173	1.78
2013	134	2.20	1673	2.84	916	2.28	24430	2.24

注：数据根据历年《陕西统计年鉴》相关数据整理得到。

表6－10展示了2011—2013年陕西规模以上煤炭开采和洗选业新产品开发、生产与销售情况。数据表明，在新产品开发项目数上，陕西规模以上煤炭开采与洗选企业由2011年的24项增加到2013年的64项；在全省占比上，相应由0.48%升至0.99%，有了较大幅度的提升。在新产品开发经费支出方面，2012年度最多，达到13702万元，在全省的占比达到1.07%。在新产品产值和销售收入方面，2012年度较少，分别为46万元和42万元，在全省的占比仅万分之五；比较而言，2013年新产品产值和销售收入方面相对较高，达到138655万元和137739万元，在全省的占比也快速上升至1.13%和1.36%。

表6－10　2011—2013年陕西规模以上煤炭开采和洗选业新产品开发、生产与销售情况

年度	新产品开发项目数		新产品开发经费支出		新产品产值		新产品销售收入	
	项	全省占比（%）	（万元）	全省占比（%）	（万元）	全省占比（%）	万元	全省占比（%）
2011	24	0.48	3631	0.34	41346	0.3788	41342	0.4281
2012	34	0.56	13702	1.07	46	0.0005	42	0.0005
2013	64	0.99	6621	0.37	138655	1.1287	137739	1.3564

注：数据根据历年《陕西统计年鉴》相关数据整理得到。

表6－11列示了2011—2013年陕西规模以上煤炭开采和洗选业自主知识产权情况。数据表明，在专利申请数上，2012年度相对较高，达到129项，在全省的占比达到2.36%；其中发明专利33件。在有效发明专利数上，2013年度最多，12件。在发表科技论文数上，三年中逐年增加，2013年达到476篇，在全省的占比达到8.67%。拥有注册商标数相对较少，最多年度也仅为7件，在全省的占比仅为0.15%。

表6－11　2011—2013年陕西规模以上煤炭开采和洗选业自主知识产权情况

年度	专利申请数			有效发明专利数		发表科技论文		拥有注册商标数	
	件	全省占比（%）	发明专利（件）	件	全省占比（%）	篇	全省占比（%）	件	全省占比（%）
2011	16	0.36	10	8	0.32	322	7.50	4	0.13
2012	129	2.36	33	11	0.23	385	8.03	3	0.07
2013	120	1.65	25	12	0.22	476	8.67	7	0.15

注：数据根据历年《陕西统计年鉴》相关数据整理得到。

综上所述，陕西省煤炭开采与洗选业近年来在科技投入上较为重视，在数量和占比上，2013 年绝大多数指标均较前两年度有较好表现。然而，陕西是煤炭业大省，煤炭业在陕西省国民经济与社会发展中占有重要地位。

表 6－12　2011—2013 年陕西规模以上煤炭开采和洗选业总体规模指标统计

年度	规模以上企业数量			工业总产值			从业人员平均数		
	全省（家）	煤炭业（家）	占比（%）	全省（亿元）	煤炭业（亿元）	占比（%）	全省（万人）	煤炭业（万人）	占比（%）
2011	3684	440	11.94	14283	1869	13.09	156.52	19.74	12.61
2012	4284	491	11.46	16926	2241	13.24	165.52	20.00	12.08
2013	4489	511	11.38	18982	2277	11.20	156.31	16.75	10.72

注：数据根据历年《陕西统计年鉴》相关数据整理得到。

表 6－12 列示了表征陕西规模以上煤炭开采与洗选业的总体规模的指标数据，以及对应的全省数据和在全省的百分占比。数据显示，在规模以上企业数量方面，全省和煤炭业在 2011—2013 年都有所增加，2011 年规模以上煤炭开采与洗选业共有 440 家企业，占全省总数 3684 家的 11.94%，2013 年相应变为 511 家、4489 家和 11.38%。在工业总产值方面，2011 年规模以上煤炭企业创造了 1869 亿元，占全省 14283 亿元的 13.09%，2013 年对应变为 2277 亿元、18982 亿元和 11.20%。在从业人员平均数方面，2011 年规模以上煤炭企业为 19.74 万人，占全省 156.52 万人的 12.61%，2013 年对应变为 16.75 万人、156.31 万人和 10.72%。可见，上述三个指标规模以上煤炭企业在全省总量中的百分占比分布在 10.27%～13.24%，但前文统计的规模以上煤炭企业在科技投入与产出中的表现，却远远低于此百分占比。因此，从全省平均来看，陕西煤炭业科技投入与产出还有较大的提升空间。

二、陕西大型煤炭业企业研发投入状况分析

进入 21 世纪后，随着陕西煤炭业的快速发展，陕西境内的大型煤炭企业也得到快速发展，2014 年评出的我国 100 强煤炭企业中，陕西省属企业占有 5 席。

表6－13　我国100强煤炭企业及陕西4家煤炭企业研发费用（万元）

年度	全国100强煤炭企业总数据	陕煤化集团	彬县煤炭公司	陕西榆林能源集团	陕西汇森煤业公司
2012	5226989	360547	358	135	3105
2011	4460220	213710	722	16	20
2010	2806035	81400	396	482	–
2009	2290202	47167	476	–	–
2008	2103559	23251	258	–	–
2007	1208313	14859	109	–	–
2006	1103595	11258	647	–	–
2005	758941	9080	266	–	–

注：①2005—2011年陕西榆林能源集团为陕西榆林市榆神煤炭有限责任公司；②数据根据历年《中国煤炭企业100强分析报告》相关数据整理得到。

表6－14　我国100强煤炭企业及陕西4家煤炭企业研发费用率（%）

年度	煤炭企业100强平均值	100强最大值	陕煤化集团	彬县煤炭公司	陕西榆林能源集团	陕西汇森煤业公司
2012	1.409	17.475	2.883	0.049	0.015	1.399
2011	1.395	11.148	2.121	0.085	0.004	0.011
2010	1.262	8.073	1.579	0.086	0.154	–
2009	1.455	11.047	1.470	0.113	–	–
2008	1.482	12.365	0.993	0.083	–	–
2007	1.429	11.455	1.007	0.092	–	–
2006	1.538	8.359	1.004	0.790	–	–
2005	1.490	9.124	1.000	0.397	–	–

注：①2005—2011年陕西榆林能源集团为陕西榆林市榆神煤炭有限责任公司；②研发费用率＝（研发费用额/营业收入）×100%；③数据根据历年《中国煤炭企业100强分析报告》相关数据整理得到。

表6－13列示了2005—2012年全国100强煤炭企业研发费用总数据和陕西省属5个全国100强大型煤炭的研究费用数据。表6－14列示对应的研发费

用率数据，研发费用率 =（研发费用额/营业收入）×100%。表6－13和表6－14中数据显示，自2005年起全国100强煤炭企业的研发费用逐年递增，已由2005年75.8941亿元增至2012年522.6989亿元，净增加了446.8048亿元，平均每年增加55.8506亿元。研发费用率平均维持在1.2%～1.6%。然而，100强企业中也有特别重视研发投入的企业，2012年研发费用率最大值达到17.475%。

陕西省属5家100强煤炭企业中，陕煤化集团最为关注研发投入，研发费用投入绝对额逐年递增，已由2005年的9080万元提升至2012年360547万元，净增加了351467万元，每年净增加约43933万元。研发费用率由2005年的1%提升至2012年的2.883%，且自2009年起研发费用率就一直高于全国100强平均值，2012年的2.883%是全国平均值1.409%的约2.05倍。彬县煤炭有限责任公司每年均有研发投入，但研发费用率低于全国100强煤炭企业平均水平。陕西榆林能源集团（2011年及以前年度为陕西榆林市榆神煤炭有限责任公司）在研发费用方面投入相对较少，最高年度为2010年，即482万元，但也仅占营业收入的0.154%。陕西汇森煤业公司是近两年进入全国100强的陕西省属大型煤炭企业，2012年研发费用投入3105万元，占营业收入的1.399%，接近全国100强煤炭企业的平均水平。

有投入就有产出，陕煤化集团正是依靠持续加大科技投入，实施“科技兴企”战略，创新驱动，促进了企业转型升级，取得了一系列成效。根据陕西省煤炭工业学会统计，截至2012年年底，陕煤化集团已完成科研项目227项，通过鉴定的80项科研成果中，达到国际领先水平7项，国际先进水平14项，国内领先水平32项。获国家科技进步奖2项、省部级科研奖项39项，累计获奖项目达76项；申请专利324件，获权专利103项。累计注册商标321项，其中著名商标4件。制定企业标准1944项，其中重装集团、神木煤化工、北元集团、陕钢等单位主持或参与制定国家或行业标准11项。建成了4个国家级科研机构；5个省级工程研究中心，7个省级企业技术中心；8个创新合作平台，1个技术创新联盟，1个院士专家工作站；10个企业研发中心和12个企业实验室[159]。陕煤化集团的科技创新驱动战略，也产生直接的经济成效，表现在：在原煤产量上，已从2004年的2832万t增加到2014年的1.27亿t，增加了近1亿t（图6－3）；同时2014年还生产了化工产品1313万t，钢铁产量790万t，发电量319亿KW·h。集团资产总额从2004年的

114.5 亿元增加到 2014 年的 4020 亿元。在营业收入上，2004 年仅 68.96 亿元，到 2014 年已增加至 1766 亿元，凭此收入使陕煤化集团在全球 500 强中位列第 416 位。

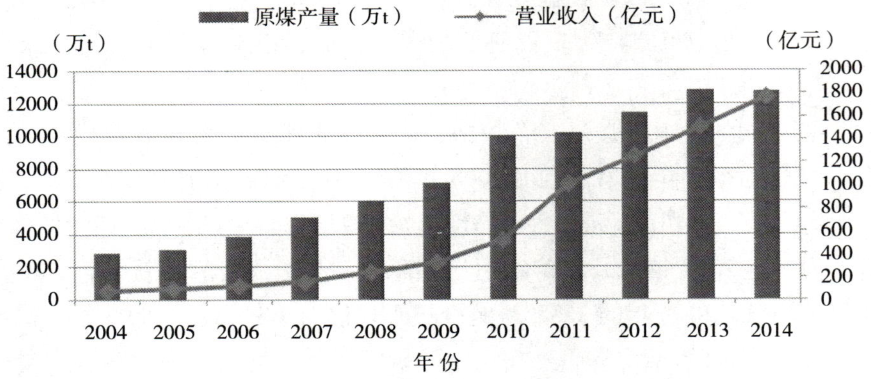

图 6－3　2004—2014 年陕煤化集团原煤产量与营业收入数据

注：原煤产量为主纵轴，营业收入为次纵轴。

资料来源：根据历年《中国煤炭企业 100 强分析报告》和陕煤化集团官网数据整理得到。

三、促进陕西煤炭业科技水平快速提升的政策建议

（一）明确科技创新战略方向和重点

实施创新驱动发展战略，强化煤炭企业自主创新，深化煤炭产业改革，打造中国煤炭业升级版，实现煤炭生产与消费利用的安全高效、生态清洁及低碳集约发展，是历史的必然。“十二五”期间，我国煤炭行业重点开展了深部煤炭资源开发、褐煤洁净高效转化、低品质煤利用提质、西部地质灾害防治、深部无人采掘装备、西部开采水资源保护等方面的基础理论研究，煤田地质勘探与矿井地质保障、大型矿井建设、煤炭高效开采、煤矿信息化与自动化、煤矿灾害预测与防治等领域的多项行业共性关键技术取得重大突破。千万 t 高效自动化矿井建设、绿色开采生态矿山、煤与瓦斯突出防治、高承压及深部矿井水防治、煤矸石开发利用、煤矿井下高效排矸等 9 个方面产业示范取得显著成效。按照“绿色、低碳、智能”的能源发展方向，“十三五”

期间，我国煤炭业将在深部煤炭资源安全开发、西部煤炭资源绿色开发、煤炭清洁高效利用等基础理论研究与关键技术攻关上取得突破；大型煤机、露天开采装备、洗选加工设备与煤化工设备实现国产化；安全科技装备水平大幅提升，煤矿隐蔽致灾因素探查取得进展；大中型煤矿基本建成绿色矿山；开展煤矿安全技术与管理、煤炭绿色开采、煤炭清洁高效利用等关键领域的标准制定。

对于陕西而言，抓住煤炭绿色、低碳、智能发展的战略方向，围绕保障安全、优化结构、生态环境保护与治理和节能减排等长期目标，可将科技创新重点领域确立为：煤炭清洁高效利用、智能电网等，重点创新方向确立为：煤层气、煤炭深加工、高参数节能环保燃煤发电、现代电网、大容量储能等。同时注重研发下列关键技术，即有利于提高煤炭产能和洗选提质的技术、新型煤化工技术、高效燃煤发电技术、生态环境修复技术、瓦斯治理和开发利用技术、液化煤层气技术等。

（二）深化体制改革和强化科技创新体系建设

继续深化科研院所体制改革，加强科研院所创新能力建设。加强科技管理体制改革，创新科技管理方式，重点深化科技计划管理体制改革，构建“定位清晰，各有侧重，衔接配套，运行高效”的科技计划体系和“公正，公开，规范，高效”的科技计划管理体系。对重大科技项目立项引入招投标机制，进一步增强科技项目管理的科学化和规范化。积极落实国家有关法律法规，及时研究制定地方性科技政策法规，推动科技创新法制环境建设与完善。

加强组织领导，建立一把手抓科技的工作机制和组织机制。建立以企业为主体、市场为导向、政产学研用相结合的创新体系。

（三）持续增加煤炭领域科技投入

继续加大对煤炭领域的财政科技投入强度，确保陕西煤炭业科技投入的稳定增长。整合财政资金投入渠道，提高资金使用效率，加大对重大项目和重点工作的支持力度。同时，加强对财政资金使用的监管，完善财政科技投入的绩效评估机制。

充分发挥财政资金的引导作用，激励企业、个人和民间资本不断增加投入，以建立健全多元化的科技投融资体系，即通过创新财政科技投入方式，引导和促进银行业、证券业、保险业金融机构及创业投资等各类资本创新金融产品，鼓励建立多元化的煤炭科技风险投资基金，加快形成多元化、多层次、多渠道的科技投融资体系。

（四）强化煤炭领域科技人才的引进与培养

加强煤炭人才队伍建设，鼓励引进高端人才，培育一批煤炭科技领军人才。加强煤炭科技领军人才的培养引进工作。结合陕西“三秦学者”“百人计划”等人才战略，做好优秀煤炭科技人才的培养、选进、引进及使用。同时，进一步完善对煤炭科技人员及其科技成果的奖励办法，充分发挥科技奖励的激励作用，努力营造鼓励科技创新的文化氛围，加强学术道德建设，为科技人员的成长创造良好的人文环境。

（五）努力推动知识产权的创造与应用

建设创造活跃、管理有序、产权明晰、保护得力的知识产权工作体系；建设知识产权展示交易平台和知识产权公共服务平台，争取设立国家知识产权西北数据中心。促进知识产权（专利、版权、标准、商标等）的创造与应用，大力发展知识产权产业，使知识产权成为陕西煤炭业科技发展的重要依托。同时，努力推动煤炭业科技资源开放共享，以切实提高煤炭领域科技资源的利用效率。

第四节　本章小结

我国煤炭业黄金十年一去不返，治霾成为全民诉求，深化煤炭产业改革，实现煤炭生产与消费利用的安全高效、生态清洁及低碳集约发展，是历史必然。然而，要实施创新驱动发展战略，打造中国煤炭业升级版，重视并迅速提升煤炭业发展的科学化水平，提高其科技贡献率，又是必由之路。未来一段时期内，绿色、安全、智能、清洁、高效将成为煤炭科技发展的主要方向。

近年来我国煤炭业日益重视科技投入。2013 年，规模以上煤炭企业研发人员全时当量达到 53713（人年），研发经费升至 156.55 亿元。然而与其他行业相比，我国煤炭业拥有专门研发机构的煤炭企业较少，开展研发活动的煤炭企业不多，新产品收入占主营收入比例还远低于全国平均水平。

基于2003—2013年的时间序列数据，运用广义的C－D生产函数进行的分析表明，研发投入对我国大中型煤炭企业经营绩效具有显著的正向作用，去除控制变量后正向作用更为显著。基于2005—2012年我国100强煤炭企业截面数据的实证结果，进一步证实了研发投入对煤炭企业经营绩效具有显著的正向作用。同时实证检验并分析了作为控制变量的资本投入和劳动投入对煤炭企业经营绩效的作用关系。研究认为，煤炭企业应进一步加大研发投入，以迅速转向集约、高效、安全与可持续发展轨道上来。

陕西省煤炭开采与洗选业近年来在科技投入上较为重视，在数量和占比上，2013年绝大多数指标均较前两年度有较好表现。陕西是煤炭业大省，煤炭业在陕西省国民经济与社会发展中占有重要地位，然而煤炭企业在科技投入与产出中的表现，却远远低于其“规模以上企业数量、工业总产值、从业人员平均数”等指标在全省总量中的百分占比。因此，从全省平均来看，陕西煤炭业科技投入与产出还有较大的提升空间。

第七章　陕西煤炭业安全生产

美国、澳大利亚、南非等先进产煤大国，安全生产水平较高，煤矿事故较少，煤炭行业已不再是高危行业。Burgherr[62]等对石化能源产业所发生事故的研究证实：在经济合作与发展组织（简称经合组织）及欧盟国家，石油生产链事故占主导，而非经合组织国家，则是煤矿事故居多。我国是煤炭大国，但也是世界上煤矿事故频发、死亡人数最多的国家。虽然自2006起我国煤炭安全生产情况逐步好转，煤矿生产事故致死亡人数和百万吨死亡率都以20%左右的速度逐年递减，然而与国际先进国家相比，安全生产形势依然相当严峻。例如，2014年我国共发生509起煤矿事故，致931人死亡；其中，较大以上事故60起，重大事故14起。陕西是我国煤炭大省，与国际先进煤炭大国澳大利亚的原煤产量相当。虽然陕西煤炭业近十年来安全生产形势总体向好，但近两年有反弹趋势，2014年发生煤矿事故32起，致52人死亡，分别较2013年增加了4起和21人。因此强化安全生产，减少甚至杜绝煤矿事故，仍然是陕西煤炭业不容忽视的重大任务。

第一节　煤矿安全事故原因分析

事故致因理论是阐述事故发生机理的理论，有利于人们认识事故发生、发展和形成过程，并应用于事故的预防和控制。该理论的提出始于20世纪初，海因里希（1936）提出的事故因果连锁论即为其中重要代表，它从人的角度探索事故成因。20世纪60年代以后，基于信息论、系统论、控制论等的诸多事故致因理论被提出，如瑟利模型、Hale模型等；通过分析人、机、环境的相互作用，探究事故的原因。进入21世纪，有学者认为事故是社会因素、管理因素和生产中的危险因素被偶然事件触发造成的结果（牛聚粉，2012）[160]。

国内已有诸多学者基于致因理论思想，探索煤矿矿难发生的机理。田水承等人（2006）[161]基于现代安全科学的观点及事故致因理论，提出了3类危险源理论，即能量载体或危险物质物的故障、物理性环境因素与个体人的失误，以及不符合安全的组织因素（包含组织人不安全行为、失误等）。并认为第一类危险源是事故发生的前提，第二类危险源是触发条件，第三类危险源是本质根源。韩斌君和俞秀宝（2006）[162]研究认为：事故发生缘于生产中存在的不安全因素和众多的社会因素及环境条件。煤矿事故的本质原因在于管理失误，直接原因是人的不安全行为及物的不安全因素，而间接原因则包含井下生产作业系统、地面操作指挥系统、外在环境系统、自然环境和社会环境等的相互影响。他们还建立了煤矿事故致因模型，进行了案例分析。高建宁（2013）[163]以《中国煤矿矿难暨专家点评集》中1500余个案例为基础，分析了煤矿矿难中自然因素致因，研究认为构成矿井自然因素包括瓦斯、煤尘、自然发火、水文地质条件、顶板条件、地质构造6大类，各类自然因素在不同程度上作用于矿难的发生，自然因素对矿难有较大致灾作用，并随着采深增加有加重趋势。曹树刚等人（2008）[164]研究认为，经济利益驱动是地方小煤矿事故频发的原始诱因，人的不安全行为，包括管理因素和职工因素等是小煤矿事故频发的直接原因，自然条件、技术/装备水平等物的不安全状态是地方小煤矿事故频发的间接原因。

学术界与实业界普遍认为，人的因素是导致煤矿事故的最大因素。此外，也存在影响煤矿安全生产的客观因素，即自然赋存与开采条件、机械化开采程度、生产结构与生产布局等。生产系统中人的不安全行为、设备的不安全状态、环境的不安全条件、制度的不安全条件相互作用，造成了我国矿难频发、死亡人数众多的煤炭安全生产现状。也有学者认为，制度与法规层面，官煤勾结、政府职能缺位与越位，使煤矿有恃无恐，追求利润最大化，从而减少安全投入，超能生产，促使煤矿事故频繁发生[76]。总之，有关我国煤矿事故频发的真正原因，学术界给予了大量关注，提出了“中小煤矿论、安全投入论、产权模糊论、员工素质论与政企合谋论”等多种观点。多数学者认为，“人、机、环境与制度”等不安全因素的交互作用，导致了我国煤矿事故频发和死亡率居高不下的现状。

第二节　我国煤矿事故特征与演变趋势

一、我国煤矿事故特征

总体上讲，在煤炭大国中我国是煤矿事故爆发最为频繁、死亡率最高的国家（见表7-1）。表7-1数据显示，在世界煤炭大国中，美国与澳大利亚安全生产水平最高，其次是南非与波兰，印度与俄罗斯略优于我国。

表7-1　世界煤炭大国百万吨死亡率（或百万工时死亡率）描述统计

	中国	美国	印度	南非	波兰	俄罗斯	澳大利亚
最大值	6.660	0.070	0.900	0.490	0.510	1.090	0.180
平均值	3.563	0.038	0.485	0.158	0.243	0.596	0.053
最小值	0.293	0.018	0.266	0.051	0.090	0.100	0.000
样本数	24	24	21	21	21	23	15

注：①中国与美国为1990—2013年24个日历年度，印度、南非与波兰为1990—2010年21个日历年度，俄罗斯为1990—2012年23个日历年度；②澳大利亚数据为1996—1997年及2009—2010年15个统计年度，统计指标为百万工时死亡率（FatalInjury Frequency Rate）。

具体而言，我国煤矿事故呈现地域、时间、煤矿类型、事故类型、伤亡等级等分布特征。在地域分布上，贵州、四川、湖南、山西、重庆、云南、黑龙江、河南8个省（市）是我国煤矿事故的多发地区，而50个煤矿安全重点县是煤矿事故的高发地区[113]。在时间分布上，房耀洲[165]等对2000—2006年的事故数据进行研究发现，7月与8月是事故高发期，而致3人及以上死亡事故更多发生于5月、7月和8月；日高发时点是上午11点。HaimiaoYu[166]等的研究发现，煤矿事故还存在季度分布特征。煤矿类型分布上，乡镇煤矿发生事故的次数多、频率高，其次为地方国有煤矿，而国有重点煤矿则相对较好[113]。在事故类型上，顶板事故发生频次高，约占事故总次数的50%以上；瓦斯事故是导致重大事故的最大元凶，约占重大事故的66.67%；水害与运输事故致死亡人数约占总数的20%[113]。在伤亡等级分布上，根据对2001—2012年《中国煤炭工业年鉴》及相关报道所披露数据的统计分析，发现2001—2013年致2人及以下、3～9人、10人及以上死亡的煤矿事故，其发生次数和致死亡人数占总数的比例分别为：91.12%和60.61%，7.44%和20.44%，1.45%和18.96%（见表7－2）。

表7－2　2001—2013年不同伤亡等级事故发生次数与致死亡人数描述统计

类型 年度	一般事故		较大事故		重大及以上事故		总事故	
	起数（起）	死亡人数（人）	起数（起）	死亡人数（人）	起数（起）	死亡人数（人）	起数（起）	死亡人数（人）
2001	2697	3068	336	1587	49	1015	3082	5670
2002	3967	4405	321	1423	56	1167	4344	6995
2003	3806	4116	286	1257	51	1061	4143	6434
2004	3352	3934	247	1085	42	1008	3641	6027
2005	3055	3322	193	877	58	1739	3306	5938
2006	2669	2930	237	1072	39	744	2945	4746
2007	2214	2398	179	815	28	573	2421	3786
2008	1798	1973	118	535	38	707	1954	3215
2009	1490	1647	106	475	20	509	1616	2631
2010	1269	1375	110	526	24	532	1403	2433
2011	1095	1202	85	421	21	350	1201	1973
2012	692	756	71	351	16	277	779	1384
2013	542	570	49	264	13	233	604	1067
合　计	28646	31696	2338	10688	455	9915	31439	52299
最大值	3967	4405	336	1587	58	1739	4344	6995
平均值	2204	2438	180	822	35	763	2418	4023
占比（%）	91.12	60.61	7.44	20.44	1.45	18.96	100	100

注：一般事故指致死亡人数2人及以下事故；较大事故指致死亡人数为3～9人事故；重大及以上事故指致死亡人数10人及以上事故。

二、我国煤矿事故演变趋势

在演变趋势方面，近年来我国煤矿安全形势有所好转，事故发生次数与致死亡人数均迅速下降，但与国际先进水平相比，总量依然很大，煤炭业仍然属于“高危”行业[113]。

1949—2013 年，根据表 7－3 的描述统计数据，我国煤矿矿难已导致约 271498 人死亡，平均每年约 4177 人死亡。最多死亡人数为 7625 人，发生在 1989 年，对应的百万吨死亡率为 6.670。最高百万吨死亡率值为 22.540（1949 年），最少死亡人数为 242 人（1951 年），最小百万吨死亡率为 0.288（2013 年）。

表 7－3　1949—2013 年我国煤矿矿难死亡人数与百万吨死亡率描述统计

	最大值	中位数	平均值	最小值	标准差
死亡人数（人）	7625	4819	4177	242	2332.05
百万吨死亡率	22.540	6.780	6.876	0.288	3.937

注：数据根据《中国煤炭工业统计资料汇编 1949—2009》及中国安全生产监督总局网站相关数据整理得到。图 7－1 与图 7－2 资料来源同。

从图 7－1 中可以看出，我国历年煤矿矿难致死亡人数多次起伏，并非平衡。明显的波峰有 5 个，对应年度分别是 1960 年、1978 年、1989 年、1994 年和 2002 年，表现出阶段性特征。1949—1960 年，死亡人数先由 1949 年 731 人下降到 1951 年 242 人，随后开始上升（1955 与 1956 年稍有回落），尤其从 1958 年起急速上升，到 1960 年达到 7072 人。1960—1965 年呈现迅速下降态势，降至 1104 人。但好景不长，煤矿矿难致死亡人数在 1965—1978 年总体又呈现上升趋势，其间 1966 年、1970 年、1971 年与 1975 年升幅较大，较上一年净增死亡人数（增幅）分别是 452 人（40.94%）、1010 人（50.07%）、739（24.41%）和 1024 人（27.24%）。1978—1982 年稳步下降，总降幅约 18.80%。1983—1989 年煤矿矿难再次飙升，事故致死亡人数升至历史最高值 7625 人，其间 1983 年、1985 年与 1989 年升幅较大（较上一年均超过 10%）。其后 1994 年又出现了阶段性峰值，事故致死亡人数达到 7239 人，而最后峰值出现在 2002 年，事故致死亡人数达 6995 人。从 2006 年起我国煤炭安全生产形势逐步好转，事故致死亡人数迅速下降，2013 年降至 1067 人，该数值仍高于 1957 年及其以前年度数值，但低于其后 55 年各年死亡人数。

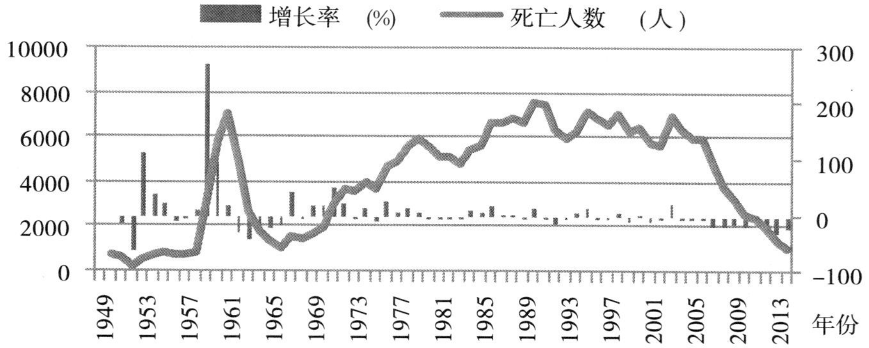

图7－1　1949—2013年我国煤矿矿难死亡人数（人）及增长率（%）

注：死亡人数为主纵轴，增长率为次纵轴。

图7－2展现了1949—2013年我国煤矿安全生产效率数据。与事故致死亡绝对人数的趋势相似，百万吨死亡率演变也非平稳，明显的波峰也有5个，对应为1949年（22.54）、1954年（9.49）、1961年（15.50）、1977年及1978年（均为9.94）、2000年（5.71）。所不同的是更多的波峰出现在改革开放以前。改革开放以后，我国煤矿安全生产效率逐步提高，虽然百万吨死亡率在1992—2000年稍有回升，但之后呈现快速下降态势，2013年降至历史最低位0.288。从百万吨死亡率较上一年度降低率指标看，改革开放以前的29个年度（1950—1978年）有15个年度的降低率为负值。而改革开放以后的36年（1978—2013年），仅有8个年度的降低率为负值，且从2006年起各个年度的降低率均超过20%。

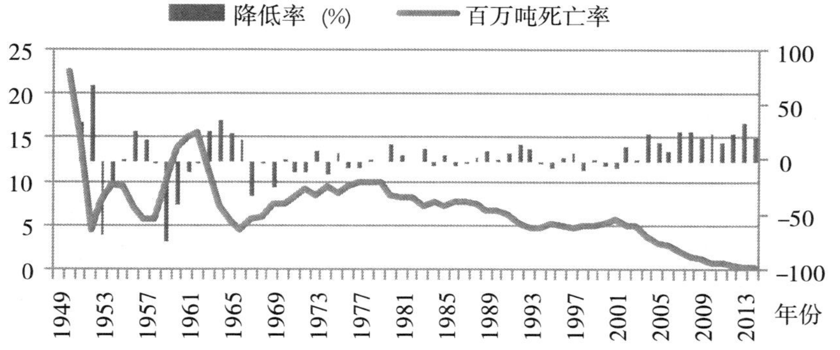

图7－2　1949—2013年我国煤矿百万吨死亡率及降低率（%）

注：百万吨死亡率为主纵轴，降低率为次纵轴。

综上，我国煤矿生产事故致死亡人数和百万吨死亡率演变趋势都并不平稳，几经起伏。但令人欣慰的是，2006 年以来这两个指标都呈现快速下降趋势（平均每年分别下降约 19.09% 与 24.62%），若持续这 8 年的平均降幅，到 2030 年，我国煤矿矿难致死亡人数与百万吨死亡率将分别降至约 29 人和 0.0024。若真如此，我国国民经济那时仍然倚重的煤炭能源业将摘掉“高危行业”的帽子，“血煤”将真正成为历史。

第三节　陕西煤矿事故特征与演变趋势

一、总体特征与趋势

陕西省煤炭资源丰富，探明储量在全国排名第四，仅次于山西、内蒙古和新疆。但在 2000 年及以前，我国煤炭生产大省（自治区）曾是辽宁、河北、黑龙江、山西、吉林等，陕西省原煤产量位居 10 名以后。从 2001 年起陕西原煤产量快速增长，2003—2004 年陕西省煤炭产量已居于第 5 位；2005 年原煤产量 1.563 亿 t，位居全国第 3 位；2006—2008 年陕西原煤产量位居全国第 4 位，从 2009 年起至今，一直稳居第 3 位，仅低于内蒙古和山西。

陕西煤矿在安全生产方面，总体呈现向好势头。图 7 - 3 展示了 1970—2014 年（1991 年和 1992 年数据缺）陕西煤矿事故致死亡人数和百万吨死亡率数据。从图中数据可以看出，1970—1975 年陕西煤矿事故致死亡人数和百万吨死亡率均呈上升趋势，1975 年达到阶段性高点，分别为 256 人和 22.440。1976—1986 年百万吨死亡率总体呈现下降趋势，最低点为 1986 年的 4.928；但事故致死亡人数有起伏，高点为 1983 年的 227 人。1987—1990 年煤矿事故多发，致死亡人数和百万吨死亡率均有上升，高点是 1989 年的 324 人和 10.289。1993—2003 年陕西煤矿百万吨死亡率总体呈现下降趋势，即由 1993 年的 7.731 降至 2003 年的 1.318；1993—1999 年事故致死亡人数均超过 200 人，高点是 1997 年的 368 人。2004 年铜川矿务局陈家山煤矿发生了致 166 人死亡的特别重大瓦斯爆炸事故，年致死亡人总数达 299 人，是 2000 年以后阶段性高点。此后，陕西煤矿安全生产情况持续好转，事故致死亡人数和百万吨死亡率总体上均呈现快速下降趋势。百万吨死亡率由 2004 年的 2.261 下降至 2014 年的 0.101；事故致死亡人数由 2004 年的 299 人下降至 2014 年的 52

人。其中2013年是安全生产状况最好的一年，煤矿事故致死亡人数为31人，百万吨死亡率为0.0629。

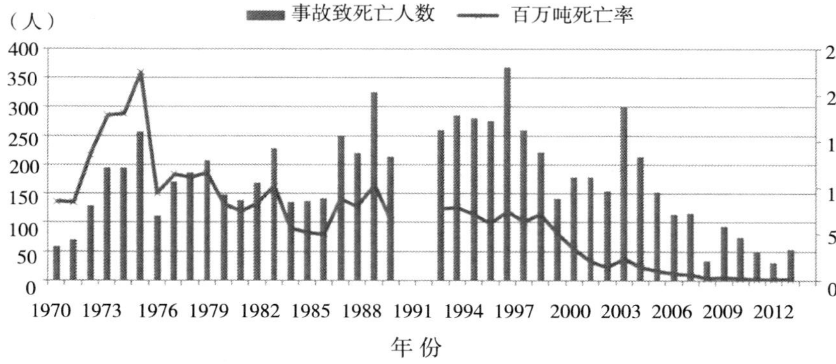

图7－3　1970—2014年陕西煤矿事故致死亡人数（人）及百万吨死亡率

注：事故死亡人数为主纵轴，百万吨死亡率为次纵轴。

资料来源：《中国煤炭志陕西卷》及陕西煤矿安监局网站（1991年和1992年数据缺）。

与我国煤矿事故高发省区相比，陕西煤矿安全生产情况较好，尤其是2000年以后，陕西煤矿百万吨死亡率低于全国平均水平，远低于事故多发的贵州、四川、湖南、山西、重庆、云南、黑龙江、河南等省、市、自治区。全国50个煤矿安全重点县中仅有一个来自陕西，即陕西渭南的韩城市。

二、具体特征与趋势

（一）煤矿事故的地域分布特征及演变

陕西各煤田和煤产地的煤层厚度悬殊、倾角差异大，顶、底板岩性和稳定性千差万别，瓦斯、煤尘危害程度各异，地湿、自燃与水文地质条件也存在差异，即各煤田和煤产地开采技术条件存在差异。相比较而言，陕北侏罗纪煤田和陕北三叠纪煤田开采条件最佳，而渭北石炭二叠纪煤田中的韩城矿区、黄陇侏罗纪煤田中的焦坪矿区的瓦斯、煤尘危害程度大；黄陵矿区北部，煤、气共存明显，开采条件差。陕北石炭二叠纪煤田煤层多赋存于垂深1000m与黄河水位以下，水害严重，南部天然气影响大，开采条件差。同时，2000年以前陕西原煤产地主要在渭北石炭二叠纪煤田，即铜川、韩城、澄合与蒲白四大矿务局所辖地，由于“九五”期间陕西省将神府、榆神、黄陵和彬长四大煤田建设纳入重点建设工程，因此2000年以后这四大煤田原煤产量与日俱增，至2014年已占陕西原煤产量的90%以上。正因为上述原因，陕西煤矿事故已呈现相应的地域分布特征。

2000年以前，陕西煤矿事故主要分布于铜川、韩城、澄合与蒲白四大矿务局所辖地，尤其是铜川、韩城矿区。表7－4不完全统计了1957—2014年（1991—1993年数据缺）陕西煤矿致死亡人数10人及以上的重特大事故。表中数据显示，在不完全统计的2000年及以前发生的31次重特大事故中，铜川矿区14次，韩城矿区6次，澄合矿区1次，合计占总数的67.74%。其中铜川矿区是重特大事故多发矿区。

2000年以后，随着神府、榆神、黄陵和彬长四大煤田产量的提升，这些煤田相继也发生了相应的煤矿事故。表7－4中显示，在2001年及以后发生的15起重特大煤矿事故中，虽然重灾区铜川和韩城矿区分别发生5起和4起，但榆林、黄陵分别发生2起，紧随其后。发展趋势上，铜川和韩城矿区自2006年起只分别发生1起致10人及以上死亡的重特大事故，而榆林分局则发生2起。

表7－4　1957—2014年陕西煤矿重特大事故统计

序号	时间	事故单位	事故分类	死亡人数（人）
1	1957－01－08	铜川焦坪煤矿	火灾事故	14
2	1960－01－19	铜川李家塔煤矿	透水事故	14
3	1960－06－21	韩城南沟煤矿	瓦斯爆炸	29
4	1960－11－08	铜川李家塔煤矿	火灾事故	32
5	1962－02－26	铜川史家河煤矿	火灾事故	30
6	1974－11－13	延安子长县南家嘴煤矿	瓦斯爆炸	50
7	1975－05－11	铜川焦坪煤矿前卫井口	瓦斯爆炸	101
8	1979－03－18	汉中勉县煤矿	瓦斯爆炸	15
9	1979－06－05	韩城马沟渠煤矿	瓦斯爆炸	17
10	1983－02－24	铜川徐家沟煤矿	火灾事故	24
11	1983－03－23	韩城燎原煤矿	瓦斯爆炸	12
12	1986－05－17	铜川金华山煤矿	瓦斯爆炸	22
13	1995－01－01	铜川郊区煤矿	瓦斯爆炸	16
14	1995－03－19	咸阳巡邑百子矿	瓦斯中毒	15
15	1995－04－09	韩城桑树坪康佳煤矿	瓦斯爆炸	13

续表

序号	时间	事故单位	事故分类	死亡人数（人）
16	1995－08－08	延安滦家坪红狮石沟道杨楼矿	放炮至爆炸	12
17	1995－09－08	咸阳巡邑百子矿	瓦斯中毒	15
18	1995－11－01	陕西铜川崔家沟矿	瓦斯爆炸	15
19	1996－04－03	韩城龙门矿	瓦斯爆炸	10
20	1996－10－19	陕西铜川崔家沟桃花洞矿	瓦斯爆炸	50
21	1997－04－24	延安子长南家嘴矿	瓦斯爆炸	17
22	1997－05－28	咸阳彬县水帘洞煤矿	瓦斯爆炸	23
23	1997－07－05	黄陵苍村乡德源矿	瓦斯爆炸	32
24	1997－11－13	黄陵太贤天龙煤矿	瓦斯爆炸	13
25	1997－11－27	铜川焦坪煤矿	瓦斯爆炸	29
26	1998－02－14	铜川金锁关崔家村	瓦斯窒息	10
27	1998－11－23	咸阳旬邑留石村煤矿	瓦斯爆炸	46
28	1999－05－10	铜川焦坪玉华煤矿	瓦斯爆炸	43
29	1999－06－11	韩城康德煤矿	瓦斯爆炸	13
30	2000－04－02	澄城尧头马家河	瓦斯爆炸	10
31	2000－11－08	铜川瑶曲片盘煤矿	瓦斯爆炸	15
32	2001－04－06	铜川陈家山煤矿	瓦斯爆炸	38
33	2001－04－21	韩城矿务局下峪口矿	瓦斯爆炸	48
34	2002－07－02	韩城桑树坪西沟煤矿	透水事故	15
35	2003－09－11	韩城桑树坪矿	透水事故	15
36	2004－06－15	黄陵矿业公司一号煤矿	瓦斯爆炸	23
37	2004－11－28	铜川陈家山煤矿	瓦斯爆炸	166
38	2005－04－28	韩城矿务局上峪口矿	瓦斯爆炸	22
39	2005－07－19	铜川金锁关第五煤矿	瓦斯爆炸	26
40	2005－09－15	黄陵苍村乡七丰村沟西煤矿	瓦斯爆炸	12
41	2006－04－29	子长县瓦窑堡煤矿	瓦斯爆炸	32
42	2008－07－01	神木汇森凉水井煤矿	放炮致中毒	18

续表

序号	时间	事故单位	事故分类	死亡人数（人）
43	2008－10－29	渭南市澄城县尧头斜井	瓦斯事故	29
44	2010－07－17	韩城桑树坪镇新鑫煤业公司小南沟煤矿	火灾致中毒	28
45	2011－10－16	铜川市照金镇田玉煤矿	瓦斯爆炸	11
46	2014－05－14	中煤榆林能源大海则煤矿	溜灰管坠落	13

注：①1957—1990 年资料来源于《中国煤炭工业志陕西卷》，1995—2014 年资料来源于历年《中国煤炭工业年鉴》及陕西煤矿安监局网站；②1991—1993 年的数据缺。

表 7－5 列示了 2006—2014 年陕西四大分局煤矿事故发生次数、致死亡人数与百万吨死亡率数据。表中数据显示，2006—2014 年榆林分局、铜川分局、渭南分局、咸阳分局合计分别发生了 141 次、101 次、109 次和 86 次煤矿事故，致死亡人数合计分别为 207 人、156 人、231 人和 113 人。平均而言，榆林分局每年发生 15.67 次煤矿事故，致 23 人死亡，百万吨死亡率为 0.115；铜川

表 7－5　2006—2014 年陕西四大分局煤矿事故、死亡人数与百万吨死亡率

年份	榆林分局			铜川分局			渭南分局			咸阳分局		
	起数（起）	死亡人数（人）	百万吨死亡率（人）	起数（起）	死亡人数（人）	百万吨死亡率（人）	起数（起）	死亡人数（人）	百万吨死亡率（人）	起数（起）	死亡人数（人）	百万吨死亡率（人）
2006	37	41	0.387	24	61	2.352	20	22	1.399	20	28	1.917
2007	31	41	–	12	12	–	20	41	–	14	19	–
2008	12	33	0.236	12	14	0.460	18	55	3.077	7	11	0.512
2009	8	8	0.043	10	12	0.331	9	9	0.508	4	5	0.187
2010	7	8	0.031	11	11	0.255	11	59	3.261	11	15	0.433
2011	15	18	0.060	16	27	0.534	5	16	0.736	13	14	0.420
2012	8	20	0.057	7	8	0.179	10	11	0.433	8	10	0.227
2013	11	13	0.037	5	6	0.109	6	6	0.191	4	4	0.109
2014	12	25	0.068	4	5	0.080	10	12	0.428	5	7	0.179
合计	141	207	–	101	156	–	109	231	–	86	113	–
平均	15.67	23.00	0.115	11.22	17.33	0.538	12.11	25.67	1.254	9.56	12.56	0.498

资料来源：根据历年《中国煤炭工业年鉴》及陕西煤矿安监局网站数据整理得到。

分局、渭南分局、咸阳分局依次为 11.22 次、17.33 人、0.538，12.11 次、25.67 人、1.254，9.56 次、12.56 人、0.498。可见，该期间榆林分局是煤矿事故多发地区，渭南分局是事故致死亡人数最多的地区。联系原煤产量即以百万吨死亡率衡量，渭南分局仍然是陕西煤矿事故重灾区，除 2006 年低于咸阳分局外，其余年度均远高于其他分局。从发展趋势上看，铜川分局和咸阳分局煤矿安全生产持续好转，百万吨死亡率已分别由 2006 年 2.352 和 1.917 下降至 2014 年的 0.080 和 0.179，已低于全国平均水平（2014 年全国平均值为 0.255）。渭南分局虽然总体有下降趋势，但起伏明显，2014 年的 0.428，也高于全国平均水平。榆林分局起点高，开采条件好，煤矿安全水平远高于全国平均水平和陕西其余三个分局，但发展趋势上起伏较大。

（二）煤矿事故的时间分布特征

我国煤矿事故在发生的时间上还存在一定的规律性，事故发生的频率表现出一定的季节集中和时段集中特征。袁显平等人（2014）[113] 基于 2000—2013 年数据的研究发现，重特大事故超过平均值的月度是 3、4、5、7、10 与 11 月份，其中 3 月与 11 月度发生的重特大事故均为 60 次，死亡人数分别达到 1216 人与 1592 人。基于 2001—2013 年的 2018 次较大以上事故数据的研究发现，5 月、7 月与 8 月发生次数居前三，分别为 220 次、215 次与 202 次，都远高于平均次数 168 次。在演变趋势上，近年来各月度发生较大以上事故次数差异在减少，呈现趋同态势。

陕西煤矿事故也呈现一定的时间分布特征。以表 7－4 不完全统计的重特大事故为例，4 月和 11 月是重特大事故频发阶段，均发生了 8 次重特大煤矿事故；其次是 5 月和 7 月，均发生了 5 次重特大煤矿事故，随后是 1 月、2 月、3 月和9 月，均发生了 3 次，12 月没有发生过重特大煤矿事故。2000 年及以后发生的 17 次重特大煤矿事故，4 月 5 次，7 月 4 次，9 月、10 月和 11 月各 2 次，5 月和 6 月分别发生 1 次。

（三）煤矿事故的煤矿类型分布特征

从煤矿所有制性质上看，我国煤矿分国有重点煤矿、地方国有煤矿与乡镇煤矿。不同性质的煤矿，其事故爆发的频繁程度有所不同。其中，乡镇小煤矿发生事故的次数多、频率高，百万吨死亡率最高；其次为地方国有煤矿；

而国有重点煤矿则相对较好。

陕西省煤矿事故也存在所有制分布特征。图 7－4 展示了陕西国有重点煤矿、地方国有煤矿和乡镇煤矿的百万吨死亡率数据。图中数据表明，总体上国有重点煤矿安全水平最好，除 2001 年和 2004 年数值较大外，其余年度均为最小值。地方国有煤矿安全生产水平总体上居中，但百万吨死亡率在 1998 年（3.926）和 2008 年（2.083）则远高于另两类煤矿。乡镇煤矿安全生产水平总体最低。在发展趋势上，根据图 7－4 可以看出，三类煤矿均呈现先升后降态势。其中，国有重点煤矿在 1995—2000 年百万吨死亡率控制在 1 以下，随后有反弹，2004 年高达 7.61，2005 年起又迅速下降，2011 年降至 0.101。地方国有煤矿和乡镇煤矿安全生产水平多次起伏，至 2011 年均降至较低水平，分别为 0.219 和 0.255。

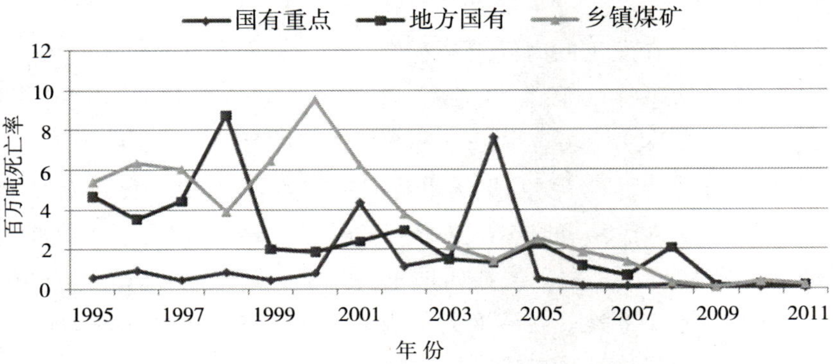

图 7－4　1995—2011 年陕西不同所有制煤炭企业百万吨死亡率统计

资料来源：历年《中国煤炭工业年鉴》及陕西煤矿安监局网站。

（四）煤矿事故类型分布特征

中国国家煤矿安全监察局将煤矿矿难分类为：顶板、瓦斯、机电、运输、放炮、水害、火灾与其他共 8 类。从全国看，在所有发生的煤矿矿难中，顶板与瓦斯事故一直占据重要位置，两者致死亡人数合计约占 60% 以上（袁显平等人，2014）[113]。其中，顶板事故发生次数多，约占全国各类事故总次数的 50% 以上，而瓦斯事故是导致重大事故的主要元凶。随后依次是水害事故、运输事故、机电事故、火灾事故与放炮事故。

陕西煤矿事故也存在类似的特征。表 7－6 列示了 2006—2014 年陕西煤矿事故分类数据。从事故发生次数上看，顶板事故排名第一，合计发生183次，占总数的41.22%；其次是运输事故，发生了111次，占总数的25.00%；再次是机电事故，发生了40次，占总数的9.01%；以后依次是瓦斯事故、放炮事故、火灾和水灾事故。从事故致死亡人数上看，顶板事故依然排名第一，共计致223人死亡，占总数的31.28%；其次是瓦斯事故，致155人死亡，占总数的21.74%；再次是运输事故，共计致127人死亡，占总数的17.81%；随后依次分别是机电事故、放炮事故、火灾事故和水害事故。从单次事故致死亡人数上看，瓦斯事故排名第一，每次事故平均致7.75人死亡，火灾和水害事故分列第二、第三位，每次事故平均分别致2.33人和2人死亡。综上，在陕西煤矿事故中，顶板事故发生频繁，次数多，事故致死亡人数也最多；瓦斯事故虽然发生次数少，但一旦发生后果严重，致死亡人数排名第二；运输事故呈现多发态势，致死亡人数9年间总数达到127人。与全国煤矿事故类型分布不同的是，陕西水害事故相对较少，这得益于陕西主产煤区所具有的干旱缺水的生态特征。

表7-6　2006—2014年陕西煤矿事故发生次数和致死亡人数分类统计

类型	煤矿事故		死亡人数		单次事故平均致死亡人数（人）
	次数（次）	占比（%）	人数（人）	占比（%）	
顶板事故	183	41.22	223	31.28	1.22
瓦斯事故	20	4.50	155	21.74	7.75
运输事故	111	25.00	127	17.81	1.14
机电事故	40	9.01	43	6.03	1.08
放炮事故	18	4.05	23	3.23	1.28
火灾事故	3	0.68	7	0.98	2.33
水害事故	3	0.68	6	0.84	2.00
其他事故	66	14.86	129	18.09	1.95
合计	444	100.00	713	100.00	1.61

注：资料来源于陕西安监局网站，少数无法查到的事故计入其他事故。

（五）煤矿事故等级分布特征

国务院颁布的《生产安全事故报告和调查处理条件》，将事故划分为四个等级，即一般事故、较大事故、重大事故和特别重大事故。一般事故，是指造成3人以下死亡，或10人以下重伤，或1000万元以下直接经济损失的事故。较大事故，是指造成3人以上10人以下死亡，或10人以上50人以下重伤，或1000万元以上5000万元以下直接经济损失的事故。重大事故，是指造成10人以上30人以下死亡，或50人以上100人以下重伤，或5000万元以上1亿元以下直接经济损失的事故。特别重大事故，是指造成30人以上死亡，或100人以上重伤（包括急性工业中毒），或1亿元以上直接经济损失的事故。

煤矿事故等级分布基本上遵循“冰山”原理或“海因里奇”法则（Heinrich's Law）即死亡事故、严重伤害、未遂事件、不安全行为形成一个像冰山一样的三角形，一个暴露出来的严重事故必定有无数不安全行为掩藏其后。正如前文所述，2001—2013年我国煤矿事故致2人及以下、3~9人、10人及以上死亡的煤矿事故，其发生次数和致死亡人数占总数的比例分别为：91.12%和60.61%，7.44%和20.44%，1.45%和18.96%（见前文表7-2），证实了一件重特大煤矿事故背后，必然有若干较大事故和更多的一般事故。

资料显示（见表7-7），1995—2014年陕西煤矿共计发生一次致死亡3~9人的较大事故175起，占总事故起数（2832起）的6.18%；发生致死亡10人及以上特别重大事故33起、死亡872人，分别占总事故起数（2832起）和死亡总人数（4797人）的1.17%和18.18%。分期间看，1995—2006年陕西煤矿共计发生一次死亡3~9人的较大事故100起，死亡429人，分别占总事故起数（1628起）和死亡总人数（2844人）的7.89%和17.24%；发生一次死亡10人及以上特别重大事故28起、死亡773人，分别占总事故起数（1395起）和死亡总人数（2844人）的1.72%和27.18%。2007—2014年，共

表7-7　1995—2014年陕西煤矿事故发生次数和致死亡人数分等级和期间统计

时间段	总计		一次死亡3~9人		一次死亡10人及以上	
	起数	死亡人数	起数（起）及占比（%）	死亡人数（人）及占比（%）	起数（起）及占比（%）	死亡人数（人）及占比（%）
1995—2006年	1628	2844	100(6.14)	429(15.08)	28(1.72)	773(27.18)
2007—2014年	1204	1953	75(6.23)	–	5(0.42)	99(5.07)
合计	2832	4797	175(6.18)	–	33(1.17)	872(18.18)

注：数据根据国家煤矿安监总局和陕西煤矿安监局网站披露的数据整理得到。

计发生一次死亡 3～9 人的较大事故 75 起，占总事故起数（1204 起）的 6.23%；发生一次死亡 10 人及以上特别重大事故 5 起、死亡 99 人，分别占总事故起数（1204 起）和死亡总人数（1953 人）的 0.42% 和 5.07%。

在发展趋势上，陕西煤矿致死亡 10 人以上特别重大事故的起数、致死亡人数和百分占比均呈现下降态势，1995—2006 年平均每年发生 2.33 起，致死亡人数平均每年 64.62 人，百分占比分别为 1.72% 和 27.18%；2007—2014 年变为年均发生 0.625 起，致死亡人数平均每年 12.375 人，百分占比也分别下降到 0.42% 和 5.07%。

第四节 提升陕西煤炭安全生产水平的政策建议

煤矿事故直接威胁到矿工生命，关系到社会的稳定和经济的健康发展。以人为本，发展不能以牺牲人的生命为代价。因此，积极预防和治理矿难，持续提升安全生产水平仍然是陕西煤炭业的重要工作之一。

（1）政府担当主导角色，推动煤矿安全攻坚治本。当前陕西煤矿事故仍然频发，安全生产水平还远落后于世界先进采煤大国，要快速降低矿难频次，提升安全水平，还需政府主导推动。通过建立健全安全法规与规章制度、安全检查、依法治理、严厉“打非治违”等综合措施，促进煤炭行业真正牢固树立“安全第一、生命至上”的理念。无数案例表明，虽然瓦斯、顶板条件、地质构造等自然因素具有致灾作用，但真正诱发其致灾的是人的因素，即人的非安全行为，利益和侥幸驱动下的疏忽、轻视与无视。美国与澳大利亚在治理矿难的共同经验类似，即通过依法治理，严厉打击，率先增强企业主和政府部门的安全责任感；通过系统培训，增强煤矿工人安全意识。

（2）进一步优化煤炭产业结构，淘汰落后产能。鉴于小煤矿矿难频次高的特点，要持续推动煤矿整顿关闭工作，把不符合标准条件的煤矿关实关死。同时完善安全准入标准，提高准入门槛，严把进口关。大力推进煤矿采掘机械化、自动化和管理信息化建设。采掘机械化和建立健全安全技术系统，也是国际先进采煤国家治理矿难的又一共同经验。采掘机械化，不仅有利于提高生产效率与效益，同时也可以减少生产中的人为干预，从而减少事故频次和死亡人数，提升安全生产水平。而安全技术系统，专注于安全生产管理，可以做到防患于未然。

（3）要深入开展隐蔽致灾因素普查，加大顶板、瓦斯等专项治理力度。针对陕西煤矿顶板事故频次高，瓦斯事故是重特大事故主因，运输事故居高不下等特点，要利用物探等方面的高新技术，同时借鉴其他领域的先进技术装备，全面详细勘查所面临的地压、瓦斯、水害等灾害分布及治理状况，健全专业队伍，研究制定相应政策，加大资金投入，落实和完善预防性保障措施。

（4）要强化煤矿安全避险“六大系统”建设，大力提升煤矿应急救援能力。建设并应用“煤矿监测监控、人员定位、紧急避险、压风自救、供水施救和通信联络”六大系统，可以提升自救能力，为矿难救援赢得时间，减少事故致死亡人数。煤矿应急救援能力，体现为快速反应、现场处置与高效救援能力，救援能力强弱将直接决定遭遇事故工人能否脱险，因此大力提升煤矿应急救援能力意义重大。

第五节　本章小结

我国是全球第一产煤大国，也是世界上煤矿事故频发、死亡人数最多的国家，关注煤炭业安全生产意义重大。陕西煤炭业近十年来安全生产形势总体向好，安全水平远高于全国平均水平，但近两年有反弹趋势，2014 年发生煤矿事故 32 起，致 52 人死亡，分别较 2013 年增加了 4 起和 21 人。因此强化安全生产，减少甚至杜绝煤矿事故，仍然是陕西煤炭业不容忽视的重大任务。

总体上，在全球煤炭大国中我国是煤矿事故爆发最为频繁、死亡率最高的国家。具体而言，我国煤矿事故呈现地域、时间、煤矿类型、事故类型、伤亡等级等分布特征。在演变趋势上，近年来我国煤矿安全形势有所好转，事故发生次数与致死亡人数均迅速下降，但与国际先进水平相比，总量依然很大，煤炭业仍然属于“高危”行业。

总体上，与我国煤矿事故高发省区相比，陕西煤矿安全生产情况较好，尤其是 2000 年以后，陕西煤矿百万吨死亡率低于全国平均水平，远低于事故多发的贵州、四川、湖南、山西、重庆、云南、黑龙江、河南等省、市、自治区。全国 50 个煤矿安全重点县中仅有一个来自陕西，即陕西渭南的韩城市。在具体特征上，陕西煤矿事故也存在地域、时间、煤矿类型、事故类型、伤亡等级等分布特征，个别具体特征与全国不完全类似，如陕西煤矿水害事故相对较少。

第八章 研究结论与展望

第一节 研究结论

本书综合运用了煤矿开采学、企业管理学、产业经济学等相关理论，采用系统分析法、比较分析法、综合评价法、调查法、实例法等理论与实证相结合的方法，在全面梳理和评述了国内外研究现状的基础上，系统地回顾和分析了陕西煤炭业及煤炭资源开发模式，盘点了我国煤炭业和陕西煤炭业在“黄金十年”所取得的成绩。随后在分析了国家能源政策、煤炭业发展背景和煤炭资源开发模式发展趋势的前提下，构建了煤炭资源开发模式综合评价指标体系，并对陕西煤炭资源开发模式进行了综合评价。深入探讨了现代化矿井评价指标与标准，探讨了陕西现代化矿井的建设模式。描述统计分析了我国和陕西煤炭业近年来科技投入与产出情况，探讨了煤炭企业研发投入与经营绩效的关系。探讨了陕西煤炭业安全生产情况。主要研究工作及结论如下所述。

（1）应用描述统计和比较分析法，对陕西煤炭业发展历程及地位、我国煤炭业和陕西煤炭业在“黄金十年”取得的成绩、陕西煤炭开发模式演变及现状进行系统的梳理和分析。研究发现：①陕西煤炭业取得了巨大发展，在陕西国民经济中和在全国煤炭开采领域占据重要地位。新中国成立以来（尤其进入 21 世纪以后），陕西煤炭开采取得了巨大发展：2014 年原煤较 1949 年增产了 51441.56 亿 t，净增长了 871.89 倍，年均增产 791.41 万 t，年均增长 13.41 倍。陕西规模以上煤炭开采企业生产总值占全省规模以上企业生产总值的比例已提升至10%以上，在陕西国民经济中占据重要地位。陕西原煤产量自2009年起至今一直在全国稳居第3位，仅低于内蒙古和山西，在全国煤炭开采领域已占据重要地位。②在2003—2012年的“黄金十年”里，我国煤炭业和陕西煤炭业均得到了快速发展，取得了优异成绩。③自新中国成立以来，陕西煤炭开发模式日趋完善。生产布局得到了较大改善，2014年榆林、彬长、黄陵等矿区优质煤炭产量达4.69亿t，占全省总产量的91.01%，大大提升了陕西煤炭业产品竞争力；生产结构得到较大优化，2014年大中型煤矿产量达4.8亿t，占全省总量的93.2%；机械化程度得到提高，建成的安全高效矿井采煤机械化程度均达到了100%，全省煤矿机械化采煤程度已达到90%以上；多元化经营、产业融合取得较大发展，“三个转化（煤向电转化、煤电向载能工业品转化、煤气油盐向化工品转化）”成绩斐然。

（2）基于对国家能源政策、煤炭行业发展背景，以及神华集团公司先进煤炭资源开发模式的分析，提出了煤炭资源开发模式综合评价指标体系设计的指导思想、评价指标选择的原则，并进一步完善评价指标选择依据，构建了煤炭资源开发模式综合评价指标体系，并对陕西煤炭资源开发模式进行了评价。研究结果如下：①综合评价指标体系一级指标包括六大要素，即产业布局与结构、开采现代化程度与效率、生态与环境保护、产业融合发展、安全生产，以及社会与经济效益。②通过参考文献和咨询专家，确定了最终的二级指标和三级辅助指标即19个二级指标和18个三级辅助指标。③通过问卷调查方法，进一步确定了6个一级指标（六大要素）和19个二级指标的权重，最终构建出煤炭资源开发模式综合评价指标体系。基于构建的煤炭资源开发模式综合评价指标体系，从六个方面综合评价了陕西煤炭资源开发模式。研究结果如下：①陕西在煤炭开采生产布局方面，已形成重点开发开采条件简单、开采成本低、市场竞争力强的煤炭资源，优质煤炭资源开采比重首屈一指。在规模化生产与产业集中度方面，在国内处于领先地位。但是结构不太合理，特大型企业尚可，居于全国领先水平；中大型煤炭企业数量偏少，中小型煤炭企业偏多。②陕西全省煤矿平均单井产量达到百万t以上，采煤机械化程度超过90%，在煤炭开采现代化程度与效率方面，远高于国内平均水平，已居于国内领先水平，个别已居于国际领先水平。③进入21世纪后，陕西生态与环境保护方面取得了相应成绩。但总体而言，由于煤炭资源的分布特点，以及拥有大量各自为政的地方国有和乡镇煤矿的生产结构，导致矿区环境保护及生态治理成效参差不齐，总体上不尽如人意。④陕西煤炭业在产业融合发展方面，近年来有了长足进步，现代化煤化工技术已处于世界领先水平；煤电一体化已居于国内重要地位。⑤陕西在煤矿安全生产方面，远高于国内平均水平，处于国内领先地位。⑥陕西煤炭业在陕西国民经济中居于非常重要的地位，创造的国民生产总值已超过全省总量的10%，解决的就业人数超过20万，同时也贡献了大量的利税，不足之处在于煤炭业层次整体偏低，与其他产业的融合度还有待加强。在经济效益方面，各项指标远远高于全国平均水平，处于全国领先地位。

（3）探讨了陕西现代化矿井评价应考虑的因素，随后从生产与营运效果、生产与营运保障两个维度，研究并提出了现代化矿井的评价指标与标准，构建了陕西现代化矿井的评价指标与标准体系，最后探讨了陕西现代化矿井的建设模式。研究认为：①在对陕西现代化矿井实施评价时，要考虑矿井的自然环境、资源赋存、开采条件等客观因素，以及矿井生产与保障系统、矿井生产及营运效果。②对陕西现代化矿井的评价，应基于“生产与营运效果”“生产与营运保障”两个层面进行。③描述分析了我国大型煤炭基地现代化矿井（即安全高效矿井）的建设情况，给出了其建设成绩及发展方向。最后，从建设规模、开采工艺、安全设施、信息化建设，以及管理体系建设与环保等层面，对陕西现代化矿井的建设提出了建设性意见和建议。④由于资源赋存、自然环境、开采条件等方面存在或多或少的差异，陕西各基地现代化矿井建设，不能搞一刀切和采用同一种模式。陕西现代化矿井建设，在规模上要上台阶，要向具有最大生产规模的矿井看齐，至少不低于本基地中位数规模。在开采工艺上，科学合理地划分井田，是实现规模高产高效开采的前提；长壁后退式综放、长壁后退式一次采全高综采、薄煤层机械化（如刨煤机开采）开采方法等是国内外现代化井工矿井在开采方法与工艺选择上的发展趋势。在安全设施上，各基地现代化矿井均应配备适合自身的国内外一流的安全设施，以防患于未然。为达成安全、高产、高效与低耗等目标，各基地现代化矿井还需重视信息化建设，现代化管理体系建设，以及加强环境保护和水土保持的力度。⑤整理得到有关我国各大型煤炭基地标杆现代化井工矿井的开拓方式、通风方式、开采方式与工艺、瓦斯等级，以及相关生产与营运结果数据。这些矿井多数已达到国内甚至国际一流水平，陕西三大煤炭基地现代化矿井建设，可以以它们作为标杆或参考。

（4）要实施创新驱动发展战略，打造中国煤炭业升级版，重视并迅速提升煤炭业发展的科学化水平，提高其科技贡献率，意义重大。未来一段时期内，绿色、安全、智能、清洁、高效将成为煤炭科技发展的主要方向。研究发现：①近年来我国煤炭业日益重视科技投入，然而与其他行业相比，我国煤炭业拥有专门研发机构的煤炭企业较少，开展研发活动的煤炭企业不多，新产品收入占主营收入比例还远低于全国平均水平。②基于2003—2013年的时间序列数据，运用广义的C－D生产函数进行的分析表明，研发投入对我国大中型煤炭企业经营绩效具有显著的正向作用，去除控制变量后正向作用更为显著。基于2006—2012年我国100强煤炭企业截面数据的实证结果，进一步证实了研发投入对煤炭企业经营绩效具有显著的正向作用。同时实证检验并分析了作为控制变量的资本投入和劳动投入对煤炭企业经营绩效的作用关系。研究认为，煤炭企业应进一步加大研发投入，以迅速转向集约、高效、安全与可持续发展轨道上来。③陕西省煤炭开采与洗选业近年来在科技投入上较为重视，在数量和占比上，2013年绝大多数指标均较前两年度有较好表现。陕西是煤炭业大省，煤炭业在陕西省国民经济与社会发展中占有重要地位，然而煤炭企业在科技投入与产出中的表现，却远远低于其“规模以上企业数量、工业总产值、从业人员平均数”等指标在全省总量中的百分占比。因此，从全省平均来看，陕西煤炭业科技投入与产出还有较大的提升空间。

（5）我国是全球第一产煤大国，也是世界上煤矿事故频发、死亡人数最多的国家，关注煤炭业安全生产意义重大。陕西煤炭业近十年来安全生产形势总体向好，安全水平远高于全国平均水平，但近两年有反弹趋势，因此强化安全生产，减少甚至杜绝煤矿事故，仍然是陕西煤炭业不容忽视的重大任务。研究发现：①总体上，在全球煤炭大国中我国是煤矿事故爆发最为频繁、死亡率最高的国家。具体而言，我国煤矿事故呈现地域、时间、煤矿类型、事故类型、伤亡等级等分布特征。演变趋势上，近年来我国煤矿安全形势有所好转，事故发生次数与致死亡人数均迅速下降，但与国际先进水平相比，总量依然很大，煤炭业仍然属于“高危”行业。②总体上，与我国煤矿事故高发省、市、自治区相比，陕西煤矿安全生产情况较好，尤其是2000年以后，陕西煤矿百万吨死亡率低于全国平均水平，远低于事故多发的兄弟省、市、自治区。全国50个煤矿安全重点县中仅有一个来自陕西，即陕西渭南的韩城市。在具体特征上，陕西煤矿事故也存在地域、时间、煤矿类型、事故类型、伤亡等级等分布特征，个别具体特征与全国不完全类似，如陕西煤矿水害事故相对较少。

第二节　展　望

本书主题由于涉及采矿、安全、地质、机电、信息化与自动化、环保，以及管理等方面的理论知识，属于系统工程和交叉学科课题，难以驾驭，难以完美。加之受时间、精力与学识所限，导致本书存在诸多不足之处，主要有以下三点：

（1）在研究方法上，主要应用了描述统计分析和问卷调查，局部应用了回归分析，方法上偏简单，这在一定程度上影响了本书某些结论的正确性。在研究内容上，没能涵盖煤炭业可持续发展的所有内容，有学者认为煤炭业可持续发展包括资源利用的可持续、环境生态的可持续、经济发展的可持续、人口和社会的可持续等内容，但在本书中还欠缺对陕西煤炭业循环经济的探讨等。

（2）在数据上，有的不够新，有的存在口径不统一情况。有关我国煤炭资源赋存、地质条件、安全生产条件等方面的、相对科学统一的数据是第三次全国煤田预测（1992—1997年）所提供的数据，由于已经过去二十来年，很显然这些数据在时效性上要打些折扣。由于国家或地方对煤炭资源的不断盘点，新数据不断产生，但由于在系统性上无法与第三次全国煤田预测数据相比，因此导致不同类型数据在统计口径上（如年度）存在不一致的情况。例如，有的还是1994年的统计数据，有的已是近年来的新数据了。

（3）在煤炭资源开发模式和现代化矿井建设模式上，只是点到为止，给出了粗线条的设想，并没能更加系统和深入地开展研究。当然，这是一个大课题，要完全弄清影响陕西不同矿区现代化矿井建设的某一个因素，如资源赋存条件，或地质条件，或安全生产条件，就得花较多的时间和精力，更何况要弄清全部。

着力探讨煤炭业可持续发展相关主题，研究煤炭资源开发模式和现代化矿井的评价指标及标准，探索煤炭业科技发展前沿及有效提升煤矿安全生产水平的方法与措施等，有着重要的理论和现实意义。一方面，可以进一步丰富煤炭业可持续发展方面的理论研究内容，为政府相关部门制定有关煤炭业可持续发展的相关政策提供理论依据；另一方面，可以为煤矿企业建设树立“标杆”，在其追求自身可持续发展上，提供借鉴与参考。因此，进一步研究并完善煤炭资源开发模式和现代化矿井的评价指标体系及标准，以及探讨如何快速提高煤炭业科技发展水平和科技贡献率、如何有效提升煤矿安全生产水平的方法与措施等，是后续研究的主要方向。

后 记

本书是在我近年来相关研究成果的基础上进一步修改、总结、充实而成的。在研究和写作过程中，充分参阅、吸收、借鉴了国内外诸多学者的研究成果，本书的创新之处，直接或间接得益于他（她）们研究成果的启迪。在此特向这些前辈和同行们致以由衷的感谢。

衷心感谢知识产权出版社对本书的出版给予的大力支持。知识产权出版社的编辑加工人员极其负责且认真地审校书稿，纠正了原稿中文字和内容的错误及不妥之处，使本书的文字和学术水平得到了进一步提升。

由于本人学术水平有限，书中不当之处在所难免，敬请各位专家、读者批评指正。

袁显平

2015 年 8 月 18 日于西安

参考文献

[1]中共中央,国务院.关于加快推进生态文明建设的意见[EB/OL].新华网(http://news.xinhuanet.com/2015－05/05/c_1115187518_4.htm.),2015－05－05.

[2]国务院环境保护领导小组办公室.《世界自然保护大纲》概要[J].自然资源研究,1980(2):67－69.

[3]世界环境与发展委员会.我们共同的未来[M].王之佳,柯金良,译.吉林人民出版社,1997.

[4]国务院.中国21世纪议程——中国21世纪人口、环境与发展白皮书[EB/OL].道客巴巴,http://www.doc88.com/p－11765263348.html.,2010－11－13.

[5]联合国可持续发展大会中国筹委会.中华人民共和国可持续发展国家报告[M].人民出版社,2012.

[6]魏同,潘惠正,等.中国煤炭工业可持续发展的系统分析[J].中国煤炭,1997,23(2):15－20.

[7]国家发展改革委.国家发展改革委关于印发煤炭工业发展"十二五"规划的通知[EB/OL].国家发展改革委网站(http://www.gov.cn/zwgk/2012－03－22/ content_ 2097451.htm.),2012－03－18.

[8]The U.S. EIA. Annual Energy Outlook 2012[R]. 2012. http://www.docin.com/ p－527450441.html.,2012－11－15.

[9]Mikael H., Kjell, A.. Historical trends in American coal production and a possible future outlook[J]. International Journal of Coal Geology, 2009, 78(3): 201－216.

[10]Subhes C. ,Bhattacharyya. Shaping a sustainable energy future for India: Management challenges[J]. Energy Policy,2010,38(8):4173 -4185.

[11]J. C. Diniz Da Costa, P. Prasad, R. J. Pagan. Modern environmental improvement pathways for the coal power generation industry in Australia[J]. Process safety and environmental protection,2004,82(3):191 -199.

[12]Stephan Schmidt. Coal deposits of South Africa-the future of coal mining in South Africa [EB/OL]. http://www.docin.com/p -397805819.html. ,2012 -05 -07.

[13]A. J. Minchener, J. T. McMullan. Sustainable clean coal power generation within a European context-The view in 2006[J]. Fuel,2007,86(14):2124 -2133.

[14]K. Kavouridis, N. Koukouzas. Coal and sustainable energy supply challenges and barriers[J]. Energy Policy,2008,36(2):693 -703.

[15]谢克昌. 实行可持续发展的战略建设山西能源经济基地[J]. 煤炭转化,1995,18(4):1 -10.

[16]尹守仁. 从洁净煤技术看可持续发展战略[J]. 自然辩证法研究,1997,13(12):65 -66.

[17]周德群,汤建影. 能源工业可持续发展的概念、指标体系与测度[J]. 煤炭学报,2001,26(5):449 -454.

[18]国家发改委能源研究所课题组. 西部可持续发展的能源战略[J]. 宏观经济研究,2003(11):35 -37.

[19]苗韧,周伏秋等. 中国能源可持续发展综合评价研究[J]. 中国软科学,2013(4):17 -25.

[20]张玉祥. 基于变权体系的矿区可持续发展综合评价模型研究[J]. 中国矿业,1998,7(10):58 -60.

[21]李龙清,秦国玉,田俊峰. 煤炭工业可持续发展的系统动力学模型[J]. 西安科技大学学报,2006,26(6):151 -153.

[22]李克健,史士东. 煤直接液化是中国能源可持续发展的一项技术途径[J]. 煤炭科学技术,2001,29(3):1 -3.

[23]倪维斗,陈贞. 煤的清洁高效利用是中国低碳经济的关键[J]. 太原理工大学学报,2010,49(9):454 -458.

[24]赵剑峰. 低碳经济视角下煤炭工业清洁利用分析及政策建议[J]. 煤炭学报,2011,36(3):514 -518.

[25]冯勤科. 陕北新型煤化工可持续发展思路[J]. 煤炭技术,2008,27(2):140－143.

[26]宋敏,李世平,王韶辉. 基于AHP的陕西能源产业可持续发展评估研究[J]. 统计与信息论坛,2009,24(7):79－81.

[27]王喜莲. 陕西煤炭工业可持续发展EERS系统研究[D]. 西安:西安科技大学博士学位论文,2010.

[28]袁晓玲,白天元,李勇. 主导工业产业效率下的经济可持续发展潜力研究——以陕西为例[J]. 西安交通大学学报:社科版,2013,33(4):21－27.

[29]张东升,张明,等. 高产高效矿井开采模式及其选择[J]. 中国矿业大学学报,2000,29(3):363－366.

[30]刘海滨,王立杰. 我国煤炭资源综合开发布局与建设模式[J]. 中国煤炭,2004,19(7):401－407.

[31]杨宏林,田立新,等. 西部开发中能源开采模型[J]. 系统管理学报,2007,16(1):32－35.

[32]秦增刚. 内蒙古煤炭资源节约与综合利用开发模式[J]. 西部资源,2008(6):20－21.

[33]刘海滨,郭正权. 论煤炭资源低碳发展利用的必要性及其路径选择[J]. 管理现代化,2010(6):15－17.

[34]潘克西,濮津,向涛. 中国煤炭市场集中度研究——中国煤炭市场集中度比较分析[J]. 管理世界,2002(12):77－88.

[35]耿海清,陈帆,等. 煤炭富集区开发模式解析——以锡林郭勒盟为例[J]. 地域研究与开发,2010,29(4):32－37.

[36]常明亮. 非煤企业煤炭开发模式研究[J]. 中国煤炭,2011,37(6):20－23.

[37]郭威. "以矸换煤"煤炭绿色开发模式初探[J]. 中国矿业,2012,21(5):59－61.

[38]张俊威. 晋煤集团采煤气一体化综合开发模式应用探讨[J]. 中国煤层气,2008,5(4):11－14.

[39]晋香兰. 煤矿区煤与煤层气协调开发模式的探讨——以晋城矿区为例[J]. 中国煤炭地质,2012,24(10):16－19.

[40]张万红,陈振斌. 基于层次分析法的和谐矿区评价体系研究[J]. 中国

矿业大学学报,2007,36(6):848 - 852.

[41]杨伟宁.煤炭企业清洁生产评价指标体系构建研究[J].科学技术与工程,2008,8(5):1239 - 1242.

[42]刘传宏.煤炭企业核心竞争力评价指标体系研究[J].经济师,2004(11):170.

[43]陈佳贵,黄群慧,等.中国工业化报告(2009)[M].北京:社会科学文献出版社,2009.

[44]王晓宇,卢明银,等.绿色开采评价指标体系研究[J].化工矿物与加工,2009(3):32 - 35.

[45]张金锁,刘春光,张伟,袁显平.煤炭资源安全绿色高效开发综合评价研究[J].2014,40(1):15 - 19、36.

[46]环境保护部.中华人民共和国环境保护行业标准(2008 年)(清洁生产标准、煤炭采选行业)[EB/OL].http://www.docin.com/p - 4642581.html.,2012 - 03 - 19.

[47]中国煤炭工业协会.关于加快推进大型现代化煤矿建设的指导意见[EB/OL].煤矿安全网(http://www.mkaq.org/html/2015/02/03/291546.shtml.),2015 - 02 - 03.

[48]潘士远,史晋川.内生经济增长理论:一个文献综述[J].经济学,2002(4):753 - 786.

[49]Romer P M. Increasing return and long-run growth [J]. Journal of Political Economy,1986,(94)5:1002 - 1037.

[50]Lucas, Robert E. Jr. On the mechanism of economic development[J]. Journal of Monetary Economics,1988,22(1):3 - 42.

[51]Griliches Z. Productivity,R&D,and basic research at the firm level in the 1970's[J]. American Economic Review,1986,76(1):141 - 154.

[52]David Corderi, C Y. Cynthia Lin. Measuring the social rate of return to R&D in coal, petroleum and nuclear manufacturing-A study of the OECD countries [J]. Energy Policy, 2011,39(5):2780 - 2785.

[53]范柏乃,江蕾,罗佳明.中国经济增长与科技投入关系的实证研究[J].科研管理,2004(5):104 - 109.

[54]殷林森,胡文伟,李湛.我国科技投入与产业经济增长的关联性研

究[J]. 中国软科学,2007(11):57 -63.

[55]李涛,黄晓蓓,王超. 企业科研投入与经营绩效的实证研究——信息业与制造业上市公司的比较[J]. 科学学与科学技术管理,2008(7):170 -174.

[56]田中禾,曹洁,张宏军. 国有企业科技投入产出绩效评价研究——基于C2GS2 模型[J]. 科技管理研究,2009(8):98 -103.

[57]郭研,刘一博. 高新技术企业研发投入与研发绩效的实证分析[J]. 经济科学,2011(2):117 -128.

[58]张曦,赵国浩. 我国大中型煤炭企业科技投入与产出的关联性研究[J]. 科技管理研究,2012(23):52 -58.

[59]徐海峰. 企业 R&D 投入与经营绩效关系的实证研究——基于辽宁省上市公司的经验数据[J]. 科学管理研究,2012,30(10):93 -96.

[60]张晓黎,覃正. 知识基础能力、研发投入与技术创新绩效关系研究[J]. 科技进步与对策,2013,30(11):140 -144.

[61]杜勇,鄢波,陈建英. 研发投入对高新技术企业经营绩效的影响研究[J]. 科技进步与对策,2014,31(2):87 -92.

[62]Peter Burgherr,Petrissa Eckle,Stefan Hirschberg. Comparative assessment of severe accident risks in the coal,oil and natural gas chains[J]. Reliability Engineering & System Safety,2012,105(9):97 -103.

[63]R. H. Peters,W. J. Wiehagen. Human factors contributing to groundfall accidents in underground coal mines:Workers' views[J]. Mining Science and Technology,1988,7(3):285 -294.

[64]M. Kobek,Z. Jankowski,Cz. Chowaniec,Ch. Jabłoński,Z. Gąszczyk-Ożarowski. Assessment of the cause and mode of death of victims of a mass industrial accident in the Halemba coal mine[J]. Forensic Science International Supplement Series,2009,1(1):83 -87.

[65]Karen Page. Blood on the coal:The effect of organizational size and differentiation on coal mine accidents. Original Research Article[J]. Journal of Safety Research,2009,40(2):85 -95.

[66]Abay Asfaw,Christopher Mark,Regina Pana-Cryan. Profitability and occupational injuries in U. S. underground coal mines[J]. Accident Analysis Prevention,2013,50(1):778 -786.

[67]Bennett,J. D. ,and Passmore,D. L. Correlates of coal mine accidents and injuries: A literature review[J]. Applied Ergonomics,1985,16(2):150 - 150.

[68]Gerald S. Poplin,Hugh Miller,Joseph Sottile,Chengcheng Hu,John R. M. Hill,Jefferey L. Burgess. Enhancing severe injury surveillance:The association between severe injury events and fatalities in US coal mines[J]. Journal of Safety Research,2013,44(2):31 - 35.

[69]Ashis Bhattacherjee, R. V. Ramani, R. Natarajan. Time series analysis of coal mine accident experience[J]. Original Research Article. Journal of Safety Research,1994,25(4):229 - 234.

[70]Jessica M. Patterson,Scott A. Shappell. Operator error and system deficiencies:Analysis of 508 mining incidents and accidents from Queensland, Australia using HFACS[J]. Accident Analysis and Prevention,2010,42(4):1379 - 1385.

[71] P. K. Chatterjee. Coal mining disasters in New South Wales and Queensland between 1920—1979——A technical appraisal:Proc Australas Inst Min Metall,1982,(3):37 - 43. International Journal of Rock Mechanics and Mining[J]. Sciences & Geomechanics Abstracts,1982,19(6):136.

[72]J. Maiti, Vivek V. Khanzode, P. K. Ray. Severity analysis of Indian coal mine accidents: A retrospective study for 100 years[J]. Safety Science, 2009, 47(7):1033 - 1042.

[73]J. Maiti,Vivek V. Khanzode. Development of a relative risk model for roof and side fall fatal accidents in underground coal mines in India[J]. Safety Science, 2009,47(8):1068 - 1076.

[74]J. P. Leger. Trends and causes of fatalities in South African mines. Original Research Article[J]. Safety Science,1991,14(3 - 4):169 - 185.

[75]陈鸿文,翁桂舫. 同行业竞赛促进了安全生产[J]. 水利与电力,1959, 8(6):20 - 23.

[76]袁显平,严永胜,张金锁. 我国煤矿矿难研究综述[J]. 中国安全科学学报,2014(8):132 - 138.

[77]木辛. 中国煤田地质与煤炭资源及资源分布特点[EB/OL]. 中国能源新闻网,2010 - 09 - 29.

[78]中华人民共和国国家统计局. 2009 中国统计年鉴[M]. 北京:中国统

计出版社,2010.

[79]中国煤炭工业协会.2008中国煤炭工业发展研究报告[M].徐州:中国矿业大学出版社,2008.

[80]中国煤炭志编纂委员会.中国煤炭志综合卷[M].北京:煤炭工业出版社,1999.

[81]中国煤炭志编纂委员会.中国煤炭志山西卷[M].北京:煤炭工业出版社,1995.

[82]中国煤炭志编纂委员会.中国煤炭志内蒙古卷[M].北京:煤炭工业出版社,1999.

[83]中国煤炭志编纂委员会.中国煤炭志陕西卷(一、二)[M].北京:煤炭工业出版社,1997.

[84]中国煤炭志编纂委员会.中国煤炭志宁夏卷[M].北京:煤炭工业出版社,1996.

[85]中国煤炭志编纂委员会.中国煤炭志新疆卷[M].北京:煤炭工业出版社,1997.

[86]中国煤炭志编纂委员会.中国煤炭志云南卷[M].北京:煤炭工业出版社,1996.

[87]中国煤炭志编纂委员会.中国煤炭志贵州卷[M].北京:煤炭工业出版社,1994.

[88]中国煤炭志编纂委员会.中国煤炭志河北卷[M].北京:煤炭工业出版社,1997.

[89]中国煤炭志编纂委员会.中国煤炭志河南卷[M].北京:煤炭工业出版社,1996.

[90]中国煤炭志编纂委员会.中国煤炭志山东卷(一、二)[M].北京:煤炭工业出版社,1997.

[91]中国煤炭志编纂委员会.中国煤炭志安徽卷[M].北京:煤炭工业出版社,1999.

[92]中国煤炭志编纂委员会.中国煤炭志辽宁卷[M].北京:煤炭工业出版社,1996.

[93]中国煤炭志编纂委员会.中国煤炭志吉林卷[M].北京:煤炭工业出版社,1997.

[94]中国煤炭志编纂委员会.中国煤炭志黑龙江卷[M].北京:煤炭工业出版社,1996.

[95]中国煤炭志编纂委员会.中国煤炭志甘肃卷[M].北京:煤炭工业出版社,1997.

[96]中国煤炭志编纂委员会.中国煤炭志江苏卷[M].北京:煤炭工业出版社,1999.

[97]中华人民共和国国家统计局.2010 中国统计年鉴[M].北京:中国统计出版社,2010.

[98]国家煤矿安全监察局.中国煤炭工业年鉴(2008)[M].北京:煤炭工业出版社,2009.

[99]王会敏.基于开采条件的煤炭企业公平竞争环境研究[D].阜新:辽宁工程技术大学,2006.

[100]田山岗,等.中国煤炭资源有效供给能力态势分析[R].北京:中国煤田地质总局,2001.

[101]中研普华.陕西当前煤炭总储量分析调查[EB/OL].中国行业研究网,http://www.chinairn.com,2013-09-03.

[102]佚名.大型煤炭基地资源环境状况基本摸清[EB/OL].兰格钢铁网.http://www.lgmi.com/info/detailnewsb_oldall.asp? infoNo=583131,2011-01-27.

[103]秦喜文.浅谈神东大型煤炭基地规划[J].陕西煤炭,2007(3):13-15.

[104]佚名.国家规划的 13 个大型煤炭基地及 98 个矿区名录[EB/OL].百度文库,http://wenku.baidu.com/view/949bcd3e0912a216147929fa.html.,2011-03-06.

[105]张子敏,张玉贵.瓦斯地质规律与瓦斯预测[M].北京:煤炭工业出版社,2005.

[106]陕西省统计局.1991—2014 陕西统计年鉴[M].北京:中国统计出版社,2014.

[107]Huang zhimin.2014 年陕西煤炭产销量分析[EB/OL].人民网(http://www.people.com.cn/),2015-01-07.

[108]佚名.陕西省煤炭资源储量 1660 亿吨[EB/OL].中国煤炭市场

网(http://shaanxi. jcoal. com/),2014 - 01 - 10.

[109]中国煤炭工业协会. 中国煤炭工业统计资料汇编 1949 - 1999[M]. 北京:煤炭工业出版社,2011.

[110]中国煤炭工业协会. 2010—2013 中国煤炭工业年鉴[M]. 北京:煤炭工业出版社,2014.

[111]佚名. 煤炭业黄金十年[J]. 中国经济和信息化,2013,(14):40 - 41.

[112]胡珺. 两成亏 八成降 2014 煤企业前 100 家利润大跳水[N]. 中国能源报,第 002 版,2014 - 09 - 01.

[113]袁显平,严永胜,张金锁. 我国煤矿煤难特征及演变趋势[J]. 中国安全科学学报,2014(6):135 - 140.

[114]中国煤炭工业协会. 2013 中国煤炭企业 100 强分析报告[M]. 北京:煤炭工业出版社,2013.

[115]陈奇,汤家轩. 中国煤炭工业高产高效矿井[M]. 北京:中国矿业大学出版社,2003.

[116]王显政. 中国煤炭工业安全高效矿井建设年度报告(2012)[M]. 北京:煤炭工业出版社,2013.

[117]中国煤炭工业协会. 关于命名 2012—2013 年度煤炭工业安全高效矿井(露天)的决定[EB/OL]. 中国煤炭工业网(http://www. chinacoal. gov. cn/templet/3/),2015 - 01 - 21.

[118]陕西发改委发展规划处. 陕西省国民经济和社会发展"九五"计划和 2010 年远景目标纲要[EB/OL]. 陕西省发展和改革委员会官网(http://www. sndrc. gov. cn /view. jsp? ID = 2650),2000 - 03 - 08.

[119]陕西发改委发展规划处. 陕西省国民经济和社会发展第十个五年计划纲要[EB/OL]. 陕西省发展和改革委员会官网(http://www. sndrc. gov. cn/xxgk/ view. jsp? ID = 27),2005 - 01 - 19.

[120]陶凤鸣. 2006 中国煤炭企业 100 强分析报告[M]. 北京:经济科学出版社,2007.

[121]陕西省煤炭工业局. 陕西省煤炭工业"十一五"发展规划及 2020 年展望[EB/OL]. 榆林市煤炭工业网(http://zixiaoyao. id666. com/mod3/ show _article. asp? id = 256089),2008 - 01 - 07.

[122]陕西省发改委. 陕西省十二五能源发展规划[EB/OL]. 西部

网(http://www.sndrc.gov.cn/view.jsp? ID=17405),2012-06-21.

[123]中国煤炭工业协会.2011中国煤炭企业100强分析报告[R].北京:中国煤炭工业协会,2011.

[124]王莉.陕西省煤矿采煤机械化程度达90%以上[EB/OL].陕西省发展和改革委员会官网(http://news.cnwest.com/content/2015-05/20/content_12556522.htm.),2015-05-20.

[125]高新民.陕西能源化工产业转型发展的思考[J].陕西煤炭,2014(2):9-15.

[126]国务院办公厅.能源发展战略行动计划(2014—2020年)[EB/OL].国务院官网(http://www.gov.cn/zhengce/content/2014-11/19/content_9222.htm.),2014-06-07.

[127]王显政.煤炭行业进入"四期"并存[EB/OL].中国能源网(http://www.china5e.com/news/news-888687-1.html.),2014-11-07.

[128]佚名.2015年一季度煤炭行业运行分析及2015年第二季度预测[EB/OL].中国煤炭工业网(http://www.chinacoal.gov.cn.),2015-04-17.

[129]佚名.2014年中国煤炭企业亏损面达到70%[EB/OL].中研网(http://www.chinairn.com/news/20150118/101753838.shtml.),2015-01-18.

[130]高立萍.90家煤企利润分化 神华独占近九成[EB/OL].第一财经日报(http://www.yicai.com/news/2014/09/4018654.html.),2014-09-15.

[131]国家能源局.全国煤矿生产能力情况(第1~7批)[EB/OL].国家能源局网站(http://www.nea.gov.cn/n_home/n_zwgk/n_gg/index.htm.),2015-03-31.

[132]刘海燕.神华集团44个煤矿荣登全国安全高效矿井榜[EB/OL].神华宁夏煤业集团公司(http://www.nx.xinhuanet.com/2015-03/04/c_1114514974.htm.),2015-03-04.

[133]神华集团.神华集团2014年度社会责任报告[EB/OL].中国神华集团官网(http://www.shenhuagroup.com.cn/cs/sh/index.html.),2015-04-25.

[134]神华集团.神华集团2013年度社会责任报告[EB/OL].中国神华集团官网,http://www.shenhuagroup.com.cn/cs/sh/index.html.,2014-04-28.

[135]中华人民共和国国务院.国务院关于促进煤炭工业健康发展的若干意见(国发〔2005〕18号)[EB/OL].新华网,2005-07-22.

[136]国家发改委.煤炭工业发展“十一五”规划[EB/OL].百度百科(http://baike.baidu.com/view/941524.htm.),2014-12-19.

[137]中共中央.中共中央关于制定国民经济和社会发展第十二个五年规划的建议[EB/OL].百度百科(http://baike.baidu.com/view/4594386.htm.),2010-10-28.

[138]煤炭工业部.现代化矿井标准(1986年)[EB/OL].http://www.docin.com/,2008-07-15.

[139]煤炭工业部.建设高产高效矿(井)暂行管理办法(1994年)[EB/OL].http://www.fsou.com/,1994-07-05.

[140]中国煤炭工业协会.煤炭工业高产高效矿井(露天)标准及评审办法(2005年)[EB/OL].http://www.coal.com.cn/CoalNews/ArticleDisplay_130823.html.,2005-01-01.

[141]中国煤炭工业协会.煤炭工业安全高效矿井(露天)评审办法(2007年)[EB/OL].http://www.fsou.com/html/text/chl/898/89836_1.html.,2007-01-10.

[142]中国煤炭工业协会.煤炭工业中长期发展思路[EB/OL].煤炭信息交易网(http://www.meitanwang.com/meitan/b4/588244.html.),2014-01-06.

[143]Huang Zhimin.2014年煤炭经济运行情况及2015年煤炭市场预判[EB/OL].中国能源网,2015-01-28.

[144]路耀华.去年煤炭产量迎来本世纪首次下降[EB/OL].金融界(http://futures.jrj.com.cn/2015/03/26122919019272.shtml.),2015-03-26.

[145]国家能源局煤炭司,中国煤炭工业发展研究中心.煤炭工业发展“十二五”规划重大课题研究[M].北京:煤炭工业出版社,2012.

[146]国家能源局.关于调控煤炭总量优化产业布局的指导意见[EB/OL].中国煤炭资源网(http://www.sxcoal.com/coal/3922340/articlenew.html.),2014-10-28.

[147]牛克洪.煤炭“十三五”:产业趋于“转型升级”技术趋于“两化融合”[EB/OL].煤炭自动化网(http://www.mkzdh.com/bencandy.php?fid=5&id=9111),2014-12-18.

[148]蒋水清.榆林煤打响煤炭品牌知名度[EB/OL].榆林网(http://www.ylrb.com/),2015-01-20.

[149]陕西统计局. 陕西经济新常态下煤炭行业运行分析[EB/OL]. 陕经网(http://www.sei.gov.cn/ShowArticle.asp? ArticleID=249901),2015-04-13.

[150]陕西省人民政府. 陕西省“十二五”能源发展规划[EB/OL]. 陕西省人民政府官网(http://www.shaanxi.gov.cn/0/1/65/364/857/1239/257.htm.),2012-09-03.

[151]王显政. 中国煤炭工业协会安全高效矿井建设年度报告(2012)[M]. 北京:煤炭工业出版社,2013.

[152]王显政. 中国煤炭工业安全高效矿井建设年度报告(2009)[M]. 徐州:中国矿业大学出版社,2010.

[153]徐明. 十二五将建14个大型煤炭基地[EB/OL]. http://www.sina.com.cn.,2011-01-06.

[154]国汉芬. 煤炭“十二五”规划中我国煤炭产业趋势与投资策略[R]. http://istock.jrj.com.cn.,2010-02-25.

[155]王颖春. 新疆成为第十四个大型煤炭基地[N]. 中国证券报,2011-01-10.

[156]环境保护部. 规划环境影响评价技术导则——煤炭工业矿区总体规划[S]. http://kjs.mep.gov.cn/hjbhbz/bzwb/other/pjjsdz/200903/t20090320_135492.htm., 2009-03-14.

[157]英国石油公司(BP). Statistical review of world energy-2015[EB/OL]. http://www.bp.com/,2015-06-30.

[158]陈雄兵. R&D与生产率增长:一个文献评述[J]. 统计与决策,2011(5):164-168.

[159]陕西省煤炭学会,科技创新驱动促进煤炭企业转型升级发展[J]. 陕西煤炭,2013(6):1-6.

[160]牛聚粉. 事故致因理论综述[J]. 工业安全与环保,2012,38(9):45-48.

[161]田水承,李红霞与王莉. 3类危险源与煤矿事故防治[J]. 煤炭学报,2006,31(6):706-710.

[162]韩斌君,俞秀宝. 我国煤矿安全事故致因研究[J]. 煤炭工程,2006(9):65-67.

[163]高建宁. 我国煤矿事故自然因素特征分析[J]. 煤矿安全,2013,

44(3):156－159.

[164]曹树刚,张立强,刘延保.小煤矿矿难致因模型及预防保障体系分析[J].煤炭学报,2008,33(6):629－634.

[165]房耀洲,刘明举,魏建平,刘秋菊.我国煤矿事故特征及对策研究[J].煤炭技术,2007,26(12):3－5.

[166]Haimiao Yu,Hong Chen. Production output pressure and coal mine fatality seasonal variations in China,2002—2011 [J]. Journal of Safety Research,2013,47(12):39－46.

附录　关于煤炭资源开发模式评价维度重要性程度的调研

为了有效评价煤炭资源的开发模式，基于对政府发布的有关煤炭业发展相关政策、煤炭业发展前景、煤炭开发先进模式等的分析，我们构建了煤炭开发模式的内涵，设计了评价指标体系。希望通过此次问卷调查，了解您对煤炭资源开发模式各评价维度及具体指标重要性程度的看法。

您的配合将有利于支撑和加速研究进展，为此特致以由衷感谢，顺祝工作顺利！

请在问卷调查表中您认为合适的比较重要性程度对应空格处划“√”。

示例：例如，A 因素相比 B 因素极端重要（或 B 因素相比 A 因素极端不重要），则在“极端重要”列和“A 因素与 B 因素”行的交叉空格里划“√”，如下列示例表：

示例表

因素	相对重要程度比较等级									因素
	极端重要	强烈重要	明显重要	稍微重要	同等重要	稍微不重要	明显不重要	强烈不重要	极端不重要	
	9	8	7	6	5	4	3	2	1	
A 因素	√									B 因素
……										……

问卷调查表（1/4）

因素	相对重要程度比较等级									因素
	极端重要	强烈重要	明显重要	稍微重要	同等重要	稍微不重要	明显不重要	强烈不重要	极端不重要	
	9	8	7	6	5	4	3	2	1	
生产布局与结构维度和其余五个维度相对重要程度比较										
生产布局与结构										开采现代化程度与效率
生产布局与结构										生态与环境保护
生产布局与结构										产业融合发展
生产布局与结构										安全生产

问卷调查表（2/4）

因素	极端重要	强烈重要	明显重要	稍微重要	同等重要	稍微不重要	明显不重要	强烈不重要	极端不重要	因素
	9	8	7	6	5	4	3	2	1	
生产布局与结构										社会效益与经济效益
开采现代化程度与效率和剩余四个维度相对重要程度比较										
开采现代化程度与效率										生态与环境保护
开采现代化程度与效率										产业融合发展

续表

因素	极端重要	强烈重要	明显重要	稍微重要	同等重要	稍微不重要	明显不重要	强烈不重要	极端不重要	因素
	9	8	7	6	5	4	3	2	1	
开采现代化程度与效率										安全生产
开采现代化程度与效率										社会效益与经济效益
生态与环境保护和剩余三个维度相对重要程度比较										
生态与环境保护										产业融合发展
生态与环境保护										安全生产
生态与环境保护										社会效益与经济效益
产业融合发展和剩余两个维度相对重要程度比较										
产业融合发展										安全生产
产业融合发展										社会效益与经济效益
安全生产和社会效益与经济效益相对重要程度比较										
安全生产										社会效益与经济效益

生产布局与结构维度下四个二级指标相对重要程度比较

优质煤炭资源开采比重和其余三个指标重要程度比较										
优质煤炭资源开采比重										单井产能

问卷调查表（3/4）

因素	极端重要	强烈重要	明显重要	稍微重要	同等重要	稍微不重要	明显不重要	强烈不重要	极端不重要	因素
	9	8	7	6	5	4	3	2	1	
优质煤炭资源开采比重										前4名煤企原煤产量占比
优质煤炭资源开采比重										前8名煤企原煤产量占比
单井产能和剩余两个指标重要程度比较										
单井产能										前4名煤企原煤产量占比
单井产能										前8名煤企原煤产量占比
前4名煤企原煤产量占比和前8名煤企原煤产量占比重要程度比较										
前4名煤企原煤产量占比										前8名煤企原煤产量占比

开采现代化程度与效率维度下三个二级指标相对重要程度比较

采煤机械化程度和其余两个指标重要程度比较										
采煤机械化程度										人均年产量
采煤机械化程度										工作面采出率
人均年产量和工作面采出率重要程度比较										
人均年产量										工作面采出率

生态与环境保护维度下四个二级指标相对重要程度比较

矿井水综合利用率和其余三个指标重要程度比较										
矿井水综合利用率										矸石综合利用率
矿井水综合利用率										塌陷土地治理率
矿井水综合利用率										原煤入选率
矸石综合利用率和剩余两个指标重要程度比较										
矸石综合利用率										塌陷土地治理率
矸石综合利用率										原煤入选率
塌陷土地治理率和原煤入选率重要程度比较										
塌陷土地治理率										原煤入选率

问卷调查表（4/4）

产业融合发展维度下两个二级指标相对重要程度比较

因素	极端重要	强烈重要	明显重要	稍微重要	同等重要	稍微不重要	明显不重要	强烈不重要	极端不重要	因素
	9	8	7	6	5	4	3	2	1	
工业原料原煤占比										非煤收入占比

社会效益与经济效益维度下五个二级指标相对重要程度比较

净资产报酬率和其余四个指标重要程度比较										
净资产报酬率										吨煤盈利水平
净资产报酬率										职工人均收入水平
净资产报酬率										国产设备利用率
净资产报酬率										社会贡献率
吨煤盈利水平和剩余三个指标重要程度比较										
吨煤盈利水平										职工人均收入水平
吨煤盈利水平										国产设备利用率
吨煤盈利水平										社会贡献率
职工人均收入水平和剩余两个指标重要程度比较										
职工人均收入水平										国产设备利用率
职工人均收入水平										社会贡献率
国产设备利用率和社会贡献率重要程度比较										
国产设备利用率										社会贡献率